批判与马克思主义心理学丛书

Critical and Marxist Psychology Series

王波 主编

心理学的批判
从康德到后殖民主义理论

[加] 托马斯·梯欧 著
Thomas Teo

王波 曹富涛 译

THE CRITIQUE
OF PSYCHOLOGY

*From Kant to
Postcolonial Theory*

北京师范大学出版集团
BEIJING NORMAL UNIVERSITY PUBLISHING GROUP
北京师范大学出版社

建基在自然之上者生长和增益，
而建基于意见之上者则各有不同。

（弗朗西斯·培根，1561—1626）

但是心理学建基于自然之上吗？

总序

心理学的批判与重建：一种马克思主义进路

海德格尔有言，哲学之必要性就在当前时代的"急难"中。"一切必要性扎根于一种急难中"。哲学须急时代之所急，而最大的急难就是"无急难之急难"（the lack of emergency）。"在自我确定性（self-certainty）已变得不可逾越的地方，在一切都被认为可以计算的地方，总之，在一个一切都已被决定，却不问一个先行的问题：我们是谁，我们要做什么的地方，急难最为匮乏。"而这恰恰是传统心理学（psy-sciences）正在遭遇的境况，它忙于将人类主体性的每一方面心理学化（psychologization），以心理学的方式重释并通约了我们的日常经验，却对这一先行问题鲜有问津："心理学是什么？它要做什么？"这一问题对传统心理学来说几无急难可言，而无急难之急难，恰是传统心理学最大的急难。

批判心理学扎根于传统心理学的急难之中。作为一种正在西方学界兴起，国内亟待关注的学术话语，它接续了从康德经马克思，一直到法兰克福学派的批判传统，致力于探究现代心理及心理学得以成立的前提与界限，反思传统心理学的原则框架和基本假设，及其与资本主义的内在勾连。批判心理学一方面指认了传统心理学如何置身社会据以再生产自身的专门化劳动过程中，试图生产和积累用以描述、预测与控制人类心理与行为的普遍的、中立的与客观的知识，并以此作为自身合法性的来源。同时揭示了在发达资本主义社会，这种心理学何以作为一种新型治理装置，通过"对行为的引导"（the conduct of conduct）使"助人的职业"接管了人们的日常生活。此即批判心理学在"破"的面向"批判心理"之蕴涵。另一方面，从对传统心理学的批判性反思出发，它致力于发展出一种既有价值承诺，又有科学基础的新心理学，以之作为方法论工具，批判和把握资本时代所塑造的人类精神生活的独特性质，同时打开心理学的想象力，为作为其他可能选择的人类主体性提供一种解放议程。此即批判心理学在"立"的面向"心理批判"之蕴涵。

马克思率先提出了关于心理与心理学得以可能的前提与界限的批判议程，以及对其进行社会批判的理论纲领和实践框架。批判心理学作为西方左派话语的重要组成部分和西方主流心理学的其他可能选择，进一步丰富和加深了人们对传统心理学与当代资本主义新变化之内在勾连的理解。其思想道路的核心问题包括：1. 心理学的"主体相关性"问题。传统心理学研究能检验某假设的效度或"技术相关性"，却无法检验其"主体相关性"。主体与其对环境（实验设置）的影响之间几乎是完全分裂的，而这种分裂正是资本主义社会化大生产与生产资料的私人所有之间的宏观分裂的具体而微者。它也是笛卡尔式意识的内在性与现实世界的形而上学对立的心理学表现。人生产自身生活条件的可能性在传统心理学研究中被系统地排除了。由于缺乏评价其理论重要性或相关性的科学工具，故而它经常不能决定互相竞争的理论中哪一个是更好的。而将与人类精神生活的本质方面直接关联的"主体相关性"作为标准，在总体性的社会政治层面重新考察其"合法性"，一项研究就可能具有相对恒久的意义，由此摆脱心理学知识的碎片化状态，促进心理学的知识积累与范式整合。2. 心理学基本概念和范畴反思。运用马克思所引发的"功能—历史分析"澄清心理学基本概念和范畴的前提与界限，亦即其本身作为充满弹性的现实抽象而具有的规范性和展演性，为心理学的研究主题及其方法论提供系统的范式性基础，并针对"一定的社会类型中的生活阶段"出现的特殊问题，提出创新的、革命性心理学概念和范畴。3. 心理学与马克思主义的解放议程。传统心理学所承诺的"心理学解放"，将推翻消极的、负面的、束缚人的"观念""同创造自由个性看成一回事"，此即马克思早就揭露过的观念解放。随着"人类社会"取代"市民社会",这种作为"虚假意识"的虚假心理解放,即颠倒了的"我对我环境的关系",最终将被人的解放所代替。是故科学的和革命的心理学的解放依赖于推翻限制了人的本质力量的对象化的资本主义,由此"人以一种全面的方式,就是说,作为一个总体的人,占有自己的全面的本质",从而将沉溺于"变量"的动物的或机器的心理学提升到人的、有意识的、社会历史的层次。

在心理学话语体系重构的层次,批判心理学的元理论反思可以从三个维度将之提升到一个新的思想高度:1.本体论重构要求澄清心理学(包括其原则框架、实践规范,乃至基本概念和范畴)何以是一定历史条件的产物,而且只有对于这些条件并在这些条件之内才具有充分的适用性,由此回应对心理学基本概念和范畴的本体论追问。更重要的是,区别于传统心理学将被试询唤(interpellation)到被操作性定义的具体范畴中,这种本体论重构还要站在无产阶级主体的立场上提出一整套将解放议程包含在内的革命性的范畴,由此重构心理学的基本概念和范畴乃至"心理"本身,以增强人民群众认识世界和改变世界的能力,为人的自由全面发展创造心理条件。2.认识论重构需要诉诸政治经济学批判所肯定的"科学上正确的方法",即从抽象上升到具体的方法论。以此勘破"心理学的狡计"(the cunning of psychology):基于对可见变量的操作获得的某种量值被直接等同于不可见的作为客观抽象的关系性质。从而认识到诸如感知觉、思维、学习,以至人格等研究对象不是一种透明地呈现在我们面前的、可以直接现成把握的作为"在手状态"(vorhandenheit)的无声客体,不是直观的"物"(Ding),而是作为客观抽象的人与人之间的社会关系(die gesellschaftliche beziehung der personen)。3.价值论重构反思传统心理学内嵌于现实物质生产与再生产之中的"是"与"应该"的关系。在狭义的"技术相关性"层面,揭示传统心理学中经常存在的"归咎于受害者"(victim blaming)以及"认识论暴力"(epistemological violence)倾向。在广义的"解放相关性"层面,基于对资本主义与心理学的内在勾连的客观分析，从主体向度开出质疑现状和改变世界的现实行动，以此建立一种既有科学基础、又有价值许诺的将无产阶级解放置入议程的心理学。

面对西方心理学的新进展以及与之勾连的西方资本主义的新变化，我们的心理学研究者在炙手可热的心理学化浪潮中似乎并未意识到自己遭遇双重迷失：于外热衷追逐西方心理学的主流方向，尤其是占主导地位的美国传统，而对其内部不断产生的反思性力量关注不够；于内常常无法自识其"方法论他者"以及心理学与中国人日常生活的契合性（compatibility）。其直接后果就是心理学往往被深锁于"科学"实验室的象牙塔中孤芳自赏，而日常生活中却充斥着种种伪心理学。各种壁垒森严的专业头衔似乎成了心理学逃避这种断裂带来的无能感的庇护所，而它屈尊对日常生活所作的于事无补的心理学化处理则反映了其理论想象力的真正匮乏，结果迷失在各种异质性概念的马赛克拼贴之中，有成为缺乏思想史坐标和现实生活土壤的无根基话语蒙太奇的危险。所以在这种"关键时刻"，通过这套丛书系统引介批判心理学的思想和方法，无疑具有深刻的学术意义和价值。它不止于一种简单的学术补白，更重要的是它有助于加深我们对心理学的性质及其与日常生活的内在联系，知识与权力的相互作用，以及资本主义心理治理新变化的理解。以此为契机，亦对建立和发展与中国人的心理与行为相契合的，直面中国人现实心理问题的，能与西方心理学平等对话的中国心理学话语体系大有裨益。同时充分利用这些成果提升国民心理健康水平和心理素质，培育良好的社会心态，在理论和实践层面积极响应习近平总书记关于"打造具有中国特色和普遍意义的学科体系""加大心理健康问题基础性研究"的号召，以及在党的十九大报告中提出的关于加强社会心理服务体系建设的要求。

总之，如果说传统心理学先行奠基并锁定了未来各种形式的心理学的可能性，那么批判心理学中的"critical"一词正召唤着对"关键"这一语词本义的关切（critical包含批判与关键两义）：关键既是锁定也是开启。传统心理学锁定了心理学的可能想象，它似乎成了某种不可逆转的固定之物。而现在对之进行的"关键"考察却是打开而不是闭锁，是重新揭示心理学所承担的意义和未来新的可能性，从而使心理学的源初构造再次鲜活呈现，并产生新的思想激荡。

在丛书的第一批著作中，《主体立场的心理学》集聚了克劳茨·霍兹坎普（Klaus Holzkamp）基于主体立场的批判心理学的散射光谱，是其主要著作和文章的集萃。霍兹坎普通过将个体与群体视为由一定的生产方式所决定的社会历史中实践的主体，从而将自身与被实证主义与资本主义建制化进而被心理学化了的西方传统心理学区别开来。霍兹坎普是德国柏林自由大学教授，作为第二次世界大战后德国最重要的理论心理学家，他与志同道合的朋友们共同创建了一种独特的批判心理学体系。这种以主体科学自称的理路致力于批判和重构传统心理学的基础假设、理论范畴和方法论，赋予心理学一种激进的、解放的、寻求社会正义和质疑现状的新路向。霍兹坎普所开辟的研究路向已在国际上被广泛讨论，而这是他的著作第一次被译成中文介绍给广大读者。

《文化心理学：心理功能与社会变革视角》启发我们，只要心理学未能深刻领会社会文化的性质及其对心理学的影响，那么它就不是对人类心理的一种科学描述。只有通过批判省思社会文化的全部性质，包括它成问题的基础和假设，心理学才能成为科学。该书在宏观文化的语境中审视看似微观而中立的心理学，将心理现象的本质追溯到宏观文化因素（社会制度、文化产物和文化概念）的源头。同时心理能力的实质性提高则被落实到对宏观因素的社会改造之上。该书是卡尔·拉特纳（Carl Ratner）教授关于文化心理学研究的一部集大成之作，在英语学界享有盛誉。拉特纳教授执教于美国洪堡州立大学等学府，并任加州文化与教育研究所所长。值得一提的是，20世纪80年代初，他在北京大学教过心理学，与费孝通先生、潘菽先生等都有交往。这很可能是改革开放后第一次邀请国外心理学家来华授课。

《心理学与日常生活》一书荟萃了当代活跃的西方批判心理学家的最新研究。它试图将日常生活行为的概念引入心理学研究的视野，推动心理学从实验室回到现实世界。日常生活行为是介于个体主体和社会结构之间的中间概念。基于批判心理学对主体和实践的强调，该书突出了人作为能动的感性主体如何在日常生活中行动，并以此理解其在当代社会所面临的各种困境与矛盾。在系统梳理了批判心理学之维的日常生活行为理论之后，该书检视了诸如债务经济的兴起、劳动力市场霸权、教育对数字技术的依赖等的心理学效果，以在主体与世界互动的心理学认识论层面把握心理现象的丰富性、复杂性。

《心理学的批判：从康德到后殖民主义理论》首创性地从批判视角出发，系统地重新审视和界划西方传统心理学的研究主题、方法论原则以及历史发展，揭示为传统心理学所遮蔽的沟壑、空白与沉默，最终批判地重建心理学历史发展的另类脉络。作为心理学从诞生之初就存在的关于它是否能成为科学的危机叙事的一部分，该书无疑为我们提供了一副全景式地展现心理学的内部辩论与其所遭受的外部冲击的立体画面。其作者托马斯·梯欧（Thomas Teo）是加拿大约克大学心理学教授，国际理论心理学会（ISTP）前主席，加拿大和美国心理学会会士。其研究领域包括哲学与批判心理学，以及理论心理学和心理学史，享有广泛的国际影响力。

最后要向北京师范大学出版社的周益群老师致以由衷的感谢和敬意！正是周老师的高效工作免去了漫长的等待。没有她的关心和支持，就没有这套丛书的及时翻译出版！

亭林先生曾曰："尝谓今人纂辑之书，正如今人之铸钱。古人采铜于山，今人则买旧钱，名之曰废铜，以充铸而已。所铸之钱，既已粗恶，而又将古人传世之宝，舂锉碎散，不存于后，岂不两失之乎？"在机械复制的时代从事学术研究，我们面临着比先贤更大的诱惑和挑战。而扎扎实实地把一些重要的外文原典翻译过来，作为第一手资料分享于海内同侪，亦当是一种采铜于山的努力吧。

王 波

庚子年谨识于紫金山南麓

目 录

前　言　/ 1

第 1 章　论心理学批判的历史编纂学　/ 1

第 2 章　元理论与心理学批判　/ 18
  心理学的诸视角　/ 18
  作为问题科学的心理学　/ 31

第 3 章　康德与 19 世纪早期的心理学批评家　/ 39
  康德对理性和经验心理学的批判　/ 42
  19 世纪早期的心理学批判家　/ 52

第 4 章　自然—科学批判　/ 61
  朗格对心理学的批判　/ 62
  思辨的问题　/ 71
  自然—科学心理学中的争论　/ 74

第 5 章　人文—科学批判　/ 80
  狄尔泰对自然—科学心理学的拒斥　/ 81
  德语语境　/ 88
  英语语境　/ 92

第 6 章　马克思主义批判　/ 97
  卡尔·马克思对哲学心理学的批判　/ 98
  维果茨基对心理学的批判　/ 102
  霍兹坎普对传统心理学的批判　/ 106

　　　　　来自法国的反思　/115

第 7 章　女性主义批判　/118
　　　　　女性主义对科学的批判　/122
　　　　　对心理学的主题及其相关性的批判　/126
　　　　　对主题、相关性和方法论的质疑　/129
　　　　　对方法论的反思　/134

第 8 章　后现代批判　/139
　　　　　元叙事的终结　/142
　　　　　知识的问题　/144
　　　　　主体与权力　/146
　　　　　伦理学　/152
　　　　　美学与"解放"　/154

第 9 章　后殖民批判　/158
　　　　　本体论的问题　/161
　　　　　认识论争辩　/165
　　　　　科学种族主义　/167
　　　　　隐藏的新殖民思维　/168
　　　　　问题化的问题　/175
　　　　　后殖民心理学之一例　/180

第 10 章　反思心理学的伦理—政治特性　/184
　　　　　科学—政治关系模型　/186
　　　　　科学—政治关系的评估场景　/187
　　　　　人文与自然科学中的事实与决定以及政治可供性　/190
　　　　　真理、政治与一种伦理—政治心理学　/192

注　释　/194
参考文献　/203
主题索引　/246

前　言

是什么为心理学学科的发展做出了贡献？传统的回答是新的经验证据。但是对心理学过去两百年历史的观照表明，事实的积累，问题的解决，归纳和对异例的解释扮演的只是配角。实际上，社会的、政治的和经济的因素塑造了心理学学科。而对这些因素的研究则对理解心理学的理论和实践动力学居功至伟。随着外在解释的转向，以问题为中心的历史与理论分析已黯然失色。但是，如果你同意古尔德（Gould, 1996）的阐述，"在推动科学进步方面，批评他人的结论与创获新的发现平分秋色"（p.25），那么研究心理学批判的历史就成为一项中心任务。因此，这本书的焦点不是社会历史语境，而是论辩，更具体地说，是批判性的论辩。它们关涉主流心理学在其不同的发展阶段遭遇的问题。这种批判通常，但并不总是，与一种更好的心理学的愿景，以及解决学科的理论、方法论和实践问题的承诺纠缠在一起。这样一种纲领要求强调逻辑、结构以及修辞的流动。它们在心理学史中发挥了重要作用，而且有助于我们理解其中主流和边缘的形变。对论辩的关注并不意味着社会历史传统无关轻重。正相反，外部维度对辨识各种变迁尤为重要，但是这并非下述重构关注的中心。

自从18世纪下半叶以来，书写心理学的批判史学的材料已经积累得相当充分。因此，应当拒绝这种观点，即对心理学的批判只是近四十年来基于后现代精神才在欧洲和北美出现的智识运动。本书中采用的所有对心理学的批判都对一定时期中居统治地位的心理学不满，它们也为不同的，甚至对立的认识论、本体论和伦理—政治世界观背书。但是面对这些对心理学有影响的和多方面的批评和争论,本书所提出的系统性的历史与理论仅能尝鼎一脔。

历史上的心理学批判可以划分为成功的和有影响的两种。前者可被界定为那些改变了整个学科的批判,而后者则意味着其话语塑造了心理学家的反思与实践的批判。本书兼而有之。它既讨论了诸如康德那样的成功批判,以及更为清晰的19世纪对心理学的自然—科学批判,又展现与反思了诸如人文—科学、马克思主义、女性主义、后现代主义,以及后殖民主义这样的有影响的批判。它们在心理学中开创了新的研究纲领,但从未形成主流。本书并不讨论某些批判是否应该或不应该产生影响,或者如何对这些批判进行排名和评估。这一元理论任务留给诸位读者思量。

梳理心理学批判的历史与理论这一工程,其意旨乃是积极的。它的目的不是为了建构问题,而是为帮助发展心理学学科提供智识工具。批判业已塑造了这一领域,它也正在改变这一学科,而且还将继续参与心理学的未来发展。批判者指认该学科的缺陷,并提出有关如何克服心理学不足的理念,在这些方面他们扮演了重要的角色。当然,对任何学科来说,无视和压制其自身的缺陷,并期望它们能够自动完善,都是徒劳无益的。在诚实和开放的反思中指出心理学有可能被淹没在问题当中,即使有时并未提供相应的解决之道,而不是事先假定心理学正做得很好,这恰是知识分子的义务所系。

第1章 论心理学批判的历史编纂学

为何从未有人写过一部有关心理学批判的有体系的历史作品？如果遵循传统的与批判的心理学史的区别，其原因将大不相同[1]。传统心理学史家对心理学的不足并不感兴趣，因为他们把注意力放在了这一学科的成功之上。而出于对不需要档案工作的思想史的怀疑，批判的或者新的史学也并未涉及对心理学的批判史学。这是因为它将使理论能力与历史知识变得同等重要，并且它还会让批判的心理学史自身成为对心理学的批判的历史的一部分。在反思这些争论之前，必须澄清这些术语。

传统的心理学史家一直关注的是心理学科的贡献者，以及他们在理论、方法论和研究上的创新。他们研究那些由于塑造了这一领域的视野而被看重的群体、个体或者伟人。从这一视角出发，这些个体可以被准确地称为伟大的心理学家（R. I. Watson & R. B. Evans, 1991）或者心理学的先驱（Fancher, 1996）。而其他史家则阐释了这一学科的时代精神，聚焦于某一先驱生活于其中的某一时期的知识、文化，有时是技术语境。在这一语境中他[2]发展了新的理论、方法和实践（见 Boring, 1950）。另一种传统观点则根据观念或者问题讨论心理学史。D. N. 罗宾逊（D. N. Robinson, 1976）追踪了其自身非学术和学术心理学思想史中观念转换的模式，而蓬格拉茨（Pongratz, 1984）则把心理学视为针对学科中那些被提出的问题所给出的观念、答案和解决方法的演进。他进而分析了这些演进的发展过程。

传统的史家[3]就如何编纂心理学史进行了反思。波林（Boring, 1950）

区分了有关历史的伟人主义和自然主义学说,而且R.I.华生和R.B.埃文斯(R.I. Watson & R.B. Evans, 1991)[4]也认同这种学说。相应地,历史的伟人主义说把焦点放在那些伟大的研究者个人及其在心理学发现过程中的能动性上。根据这种视角,精神分析得以推进归功于西格蒙德·弗洛伊德(Freud, 1856—1939)这位精神分析的显赫发现者。他不仅对无意识过程拥有深邃的见解,而且同时具备将这一发现推广给其支持者和更广大的文化的本领。而历史的自然主义说则涉及包括时代精神在内的各种语境。根据这一观点,在世纪之交的维也纳,精神分析的出现是不可避免的。得益于德索(Dessoir, 1902)的启发,蓬格拉茨(Pongratz, 1984)的历史编纂学反思指认了一种依照时间顺序排列的历史,它或者重新叙述心理学史上的重大事件,或者把心理学的历史划分成不同的时期[5]。传记史学关注的则是学科中的伟人及其弟子的生活与作品。而问题取向的历史学则审视心理学中的基本问题及相应解决方案的发展。

就批判的历史学而言,大家对批判在历史编纂学中意味着什么莫衷一是。就其一般意义而言,它暗示了这样一种视角,即不将自身与这一领域认同为一,而是在历史的与理论的距离之外审视心理学的发展[6]。存在着各种交叠的由卡尔·马克思(Karl Marx, 1818—1883)、弗里德里希·尼采(Friedrich Nietzsche, 1844—1900)、托马斯·S.库恩(Thomas S. Kuhn, 1922—1996),或者米歇尔·福柯(Michel Foucault, 1926—1984)所启发和促动的批判的传统。它们可能包括后现代或者社会—建构论视角、女性主义历史编纂学。较之于其他已经提到的视角,这些传统可能与之志趣投合,也可能各执己见。另外,后殖民主义历史编纂学也已开始在心理学中崭露头角(见Shouksmith, 1996)。在这些传统中同时也存在着大量不同的声音。有人认为马克思主义心理学史家仍然坐落在传统的历史观之内,尤其是当基于马克思主义的分析被认为是时代精神说的变种之时(见R.I. Watson & R.B. Evans, 1991)。而后现代思想家则认为马克思主义分析是现代(或者传统)理论类型的有力候选者(见Lyotard, 1979/1984)。

马克思与恩格斯(Marx & Engels, 1932/1964)认为统治阶级的思想就是居统治地位的思想，或者更确切地说，所谓主导思想就是居统治地位的物质关系的表现。马克思主义心理学史家[7]几乎都是从此出发的。人类科学不是独立的实体，而是现实的物质生产过程的产物。应用到精神生活的研究之中，这意味着必须在生产力和阶级关系的发展这一语境中研究心理学。心理学可被理解为从社会的经济结构之中突现而出的上层建筑。杰格和斯道博(Jaeger & Staeuble, 1978)曾经做了一项典型的历史研究。他们分析了心理学在社会历史过程中的关联和决定因素，并将心理学作为政治—经济语境的一部分进行理解。其他马克思主义史家则将心理学，尤其是美国心理学作为反动意识形态的一部分进行了探究(Jaroschewski, 1974/1975)。在他们自己看来，这种马克思主义批判史学的分析与马克思当年的政治经济学批判如出一辙，它提供的是一种批判的而非传统的历史学。

女性主义理论中的一支接受了马克思主义的观点，即居统治地位的思想来自于统治集团，但是他们把阶级换成了性别（见第7章）。实际上，在心理学的所有传统历史叙事中，我们注意到了对女性的惊人忽视。因此，有人建议审视历史叙事中对女性的排斥，并强调在学科塑形过程之中被压迫的女性声音。对这种观点的精确表达可以在古本(Furumoto, 1989)的著作中找到。她提倡一种从历史编纂学叙事中衍生出来的心理学的新历史学。传统的历史学专注于伟大的思想、伟大的人物、伟大的发现、伟大的洞见，以及伟大的日期，同时把研究者描绘成中立的和客观的捍卫真理反对错误的人。而与之对照，新历史学则质疑传统的历史学，接受主观性，并将科学的变革理解为世界观的转换（见下文库恩）。根据古本的观点，新史学涉及语境和被忽视的声音，其特征是历史主义的而不是当下主义的[8]，而且其在方法论上依靠的是第一手来源和档案资料。心理学的新史学这一研究和论证路线关注对女性的漠视（如Scarborough & Furumoto, 1987）。如今它已经如此引人注目，以至于教科书在叙述心理学学科的历史时已开始将克莉丝汀·拉德-富兰克林(Christine Ladd-Franklin, 1847—1930)和玛丽·惠顿·卡尔金斯(Mary Whiton Calkins, 1863—1930)的贡献纳入其中（如Benjafield, 1996; Goodwin, 1999）。同时它也更能洞察女性如何被系统性地排除在学术心理学之外。

后殖民史学运用从传统的(聚焦于人)到激进的解构分析等诸多方法论,提出了在心理学的欧洲或者美国框架中理解种族中心主义的各种理念。例如,古斯里(Guthrie,1998)讨论了心理学史中的种族主义,并列出了心理学史上那些重要的非裔美国人贡献者,包括他们的学术传记。我建议此处需对两种研究进行区分。一种关注在欧洲或者美国心理学史内部发生的种族中心主义和种族主义的过程,另一种则致力于研究对非欧美视角的排斥。前者包括克罗沃(Chorover,1979)对种族灭绝的重构,以及古尔德(Gould,1996)所讲述的关于在公共与学术领域中"有色人种"如何被建构为劣等者的历史,以及美国心理学的先驱人物如何参与并助长了种族主义理论和实践的历史。古尔德的分析因其历史的错误(Fancher,1987)遭到了心理学史家的批评,而且因其观点古尔德还被贴上了修正主义心理学史家(Harris,1997)的标签。尽管如此,他仍然提供了一种创新性的视角。在近来具有历史合理性的作品中,这一视角已被接受。比如理查兹(Richards,1997)就试图重构重要心理学思潮与"种族"研究之间的系统关联性。[9]

如果我们侧重于研究对某一群体或视角的排斥或忽略,那么就必须处理好一系列的具体问题:虽然我同意揭示心理学史上被忽视的非裔美国心理学家(以及女性心理学家)对当代西方主流心理学的贡献,但是我也承认这一事实,即主流心理学主要是由男性和欧美心理学的先驱者所塑造的。以这样一种估量作为出发点,既没有削减各种群体对心理学的贡献,又让我们得以将西方心理学的广大部分重构为一种男性的、欧美人的本土心理学。而这种本土心理学对出自其他背景和出身的人们以及女性可能存在着有限的相关性。

这种方法打开了一种完全不同的心理学史的大门,而且还让心理学家,无论是实践者还是研究者,都能关注其领域中的后殖民主义的发展。但是本土性的程度并不是被先验地建立起来的,而是必须在具体的分析中才能被展现。例如,帕兰杰佩(Paranjpe,1998)提供的[10]不仅是一种出色的西方和印度心理学的历史和比较,而且还展示了这两种传统之间令人惊讶的共性与显著差异。霍史达克(Holdstock,2000)表明欧美心理学可以从诸如非洲心理学等其他本土心理学中获益,而霍韦特和奥乌苏姆-本巴(Howitt & Owusu-Bempah,1994)则促进了一种反种族心理学的发展。事实上,后殖民主义历史学更能洞察对有色人群的排斥。它揭示了欧美心理学中隐蔽的本土性维度、种族主义,以及心理学的许多先驱者参与了种族主义评价和行动的事实。有趣的是,较诸提及心理学的一些重要先驱者的种族主义思想,诸如保尔·布洛卡(Paul Broca,1824—1880)、弗朗西斯·高尔顿(Francis Galton,1822—1911)、格兰维尔·斯坦利·霍尔(Granville Stanley Hall,1844—1924)和刘易斯·推孟(Lewis Terman,1877—1956),教科书更为开放地承认了非欧洲心理学框架对学科的贡献(见Goodwin,1999;Benjafield,1996),诸如道家和儒家,以及非裔美国心理学家,如弗朗西斯·塞西尔·萨姆纳(Francis Cecil Sumner,1895—1954)和肯尼斯·B.克拉克(Kenneth B. Clark,1914—2005)。

库恩(Kuhn,1962)通过研究自然科学中的理论发展,更具体地说是物理学的理论发展,开创了理解和重思科学哲学的重大变革,刷新了科学哲学对知识、真理和进步的认识。他论证了科学家并不遵循逻辑实证主义和批判理性主义提出的原则,并且指认了科学动态过程中的非理性时刻。众所周知,库恩还提出科学研究是被范式[11]界定的,它由理论、经典实验和可信的方法构成。这些范式决定了科学家进行的实验以及他们认为相关的问题类型。而范式转换则改变了基本概念和方法论,并导致了一种与旧的世界观不可通约的、有着质的区别的新世界观。为了剖析范式的接受过程,库恩甚至运用了心理学的解释。他提出学生之所以接受某些范式,并不是因为其证据,而是因为教师和教科书的权威。库恩认为在盛行的范式中问题可以得到轻易地解决,而那些不能被解决的困难问题甚至都不会被提及。他把科学教育比作一种非理性的传统惯例,并且将学术反思和研究的焦点转换到发现的语境和科学的社会历史维度之上。

就历史的发展而言,库恩发现了自然科学中的非积累性发展,并因此质疑了科学进步的传统观念。基于实验理性，这种观念认为知识是在积累性获取中进步的。该发现的一个结果将是历史学家应该以不同的眼光看待科学发展的不同时期。对常规科学阶段，应该根据公认盛行范式的积累性知识获取进行研究。这包括问题解决、理论阐述、测量的改进，以及将该范式应用于解决具体问题。相反，在科学革命阶段，历史学家应该审视各种社会学的、政治学的以及心理学的机制。这些机制导致反对者质疑现存的范式，而支持者则捍卫其世界观。他们要观察的不仅有传统的问题解决，还包括权力、修辞，乃至科学家的年龄。

库恩的分析一直难以运用到心理学之中，因为他怀疑社会科学是否已经获得了某种范式的地位。而大多数历史学家都会同意，理论的通货膨胀，众多相互矛盾的研究纲领，以及追逐时尚的现实，这些问题往往决定了心理学仍然是一门前范式科学(Teo, 1993；关于库恩在心理学中的角色的系统性文献综述参见 Driver-Linn, 2003)。巴勒莫(Palermo, 1971)曾将库恩的思想应用于心理学。但其工作是缺乏历史说服力的，因为他将心理学史置入一种未能公正对待心理学发展的复杂性的图式之中。更为重要的是，库恩认为心理学史不应该必然被视为积累的或者连续的。它不是一个进步的故事，而是一个多元化的故事。在故事的讲述中，社会因素很可能比单纯的学术或科学因素作用更大。有明确的证据表明，冯特(Wundt, 1832—1920)的内省主义、行为主义和认知心理学使用的都是各自不同的"语言"(概念体系)。有趣的是，最近有人对卢德维克·弗莱克(Ludwik Fleck, 1896—1961)提出的思维集体和思维风格观点产生了历史兴趣。这些观点确实影响了库恩的著作，而且库恩(Kuhn, 1962)本人在其序言中也承认了这一点。贝内特卡(Benetka, 2002)在对19世纪心理学的历史重构中明确地采用了弗莱克的观点。他优先考虑的是思维风格的概念，而不是范式。事实上，像哈金(Hacking, 2002)这样的哲学家很清楚这一概念对于知识社会学的重要性。

在 I. H. 费希特(I. H. Fichte, 1860)的《人类学》中，他就已经使用了心理学的批判史学这一观念来命名其著作。该书拒绝唯灵论建议的心身问题的解决方案。在他看来,这种方案不能为一种客观的人类研究奠定基础(p.170)。费希特也拒绝唯物主义方案,因其无法解释意识和观念的本质。费希特运用其批判的历史学攘斥斯宾诺莎(Spinoza,1632—1677)、康德(Kant,1724—1804)、黑格尔(Hegel,1770—1831)、赫尔巴特(Herbart,1776—1841)以及洛采(Lotze,1817—1881)。他应用心理学的批判史学之意旨在于重构以往心理学体系的理论死结,确认一种新的更好的心理学的条件,并推进他自己的体系发展,比如特定的解决心身问题的交互主义方案。尽管费希特采用了一种心理学的批判史学理念,然而他并未真正反思其理论甚或元理论地位。

批判的历史学这一概念可以追溯到尼采(Nietzsche,1874/1988)。在其论述历史学对生活的利与弊的文章中,他区分了纪念式的、好古式的和批判式的历史学。心理学的批判史学将这种观点运用于心理学,建议将目光从心理学的强有力的缔造者、心理学的伟人,以及对过去的保护与赞美中转移到与历史决裂,并质疑这一学科的根基,揭示那些向来被压制和忽略的问题上。我把后殖民主义作为对心理学的最新批判。作为一种反对好古主义的心理学的批判史学,它提议不要去收集那些令人印象深刻的见解、论证或者研究,而应该记录心理学的先驱者们的种族主义言行。在这个意义上,历史将变成心理学的伟人们所有恶行恶言的集合。它也能解释心理学史上为什么出现了那些在认识论上不充分,以及在道德上表现得粗暴的作品。

这样一种历史学使得我们有机会解构心理学的伟人们,打破他们作为思想巨子的神话,将其理性和科学的贡献与有偏见的贡献两相比较。这样一种历史学也将揭示一个伟大的理论家或者实验者可能在某一领域非常伟大,但在另一领域却微不足道、毫无逻辑、没有反思、不负责任[12]。我认为正是尼采(Nietzsche,1874/1988)特地引致了现在被称为修正主义或者当下主义的历史学。它可以追溯性地把性别歧视和种族主义这样的概念应用到心理学的先驱者身上。尼采对历史的理解强调的是实用主义维度,所以才会挑起这一观点。他反对仅仅为了知道而知道,而不是将其转化为行动。故而尼采批判的历史学与反抗的人们联系在一起。在这个意义上，心理学的种族主义历史学不只是一种道德力量，更是一种关心当下的行动力量(对尼采的不同阐释，参见 Greer，1977)。

尼采的纲领揭橥了重要的哲学问题(见 Habermas，1985/1987)，并深刻地影响了福柯。如果说库恩指向的是自然科学，那么福柯的对象就是人文科学(见 Dreyfus & Rabinow，1982)。福柯重构的并不是真理的发展，而是人文科学中在某一时段被视为真理之物的发展。他发展了针对互补主题的两种历史学科：福柯(Foucault，1969/1972)的考古学聚焦于围绕知识(求真意志)的话语重构，而其谱系学(Foucault，1975/1977)则追溯权力(权力意志)的历史，并对权力的发展做了有趣的分析。在真理生产的政治历史中，他展示了权力不是由一个人或者一群人来行使的。相反地，权力是每个人都被捕捉并卷入其中的网络。比如，酷刑废除的原因并不是监狱制度的开明进步，而是一种引入了规训的新型权力的出现。与历史的连续性相反，福柯强调(正如库恩所做的)历史的不连续性。区别于一种清晰的、线性的、进步的思想之流，他指认了可能或者不可能相互交叉和影响的多重发展线索。根据青年福柯的观点，人并不是行动、知识和言语的中心，而是由语言的无意识结构所驱使的(见第 8 章)。

由于这些概念的复杂性，福柯式的分析鲜见于心理学。在"混血种族"的建构这一语境中，我曾重构过心理学与人文科学的问题化技术。但是这些分析只涉及福柯的一个方面，并未真正地遵循他提出的整体的方法论和概念武库(Teo，2004)。问题化的提法肇端于这种观念，即在人文科学以及心理学的历史上，某一特定人群被看作是有问题的(见第 9 章)。为了将某一群体置入问题，可以使用各种概念或经验工具。无论结果怎样，检验"混血种族"被试之劣等性的假设就是一种问题化的经验工具。

福柯启发的分析，与心理学的历史与理论有关，主要来自学科之外。受福柯和吉尔·德勒兹(Gilles Deleuze，1925—1995)的影响，社会学家 N. 罗斯(N. Rose，1996a)将人是历史文化的产物这一理念运用到了主体化的谱系学重构之中。他分析了心理学科(心理学、精神病学、精神分析、心理治疗)在主体化和自我统一过程中的作用,并探究了人们于其中被理解和据以行动的实践与技术。心理学史就与指认心理学科在这种制度的谱系学中扮演的角色有关。他还对那些质疑身份(女性主义、劳动和反种族主义运动)概念的项目和运动感兴趣。因为身份不是被理解为解放[13]的来源,而是一种障碍。在罗斯看来,传统心理学史提供了连续性、进步性和统一性的叙事,而批判的历史学则应该包括经济的、专业的、政治的、文化的和父权制的因素。

对罗斯(Rose,1996b)来说,心理学的批判的历史学不同于历史和批判的循环。循环的历史学是规训性的,它为某一领域提供了同一性,认为现在是过去的必然结果,并塑造了未来。而当历史被书写成批判时,其研究就开始质疑现状,以开出不同的未来。在福柯的基础上,罗斯批评道,这种批判是否定的、还原的,并只能产生有罪的判决。罗斯还将它与其批判的历史学[14]这一概念进行了比较。批判的历史学应该运用对过去的研究反映现在,针对现在进行思考,并通过审查产生了这些经验的条件来质疑那些被认为理所当然的经验。罗斯认为批判的历史学应当包括对权力的分析,而且不是像传统权力理论那样将其视为否定性的,而是在观照构成了主体性的权力效果这一意义上,将其视为肯定性的。对于罗斯来说,批判的历史学应该打乱那些看起来坚固的东西,指认偶然性而不是必然性,审视不连续性而不是连续性。它应该审视主体性、真理和权力之间的关系,并理解心理学如何改造了社会。但是,正如我前面论证的那样,罗斯并未领会心理学的批判的历史学可以被重构为心理学批判的历史的一部分。

哲学家哈金(Hacking,1995)将福柯式的知识考古学应用到多重人格的概念研究上。他分析了多重人格在北美的社会建构。这包括诊断的通货膨胀(diagnostic inflation),诊断手册在该疾病建构中的作用及其变迁,围绕该疾病病因与治疗的话语,早期性创伤是其根源这种观念,伴随这一观念的赞成和反对的建构,以及虚假记忆的话语。哈金对这种疾病的真相并不感兴趣,他的目的是重构多重人格如何成为并被制造成知识的对象,围绕这一问题的各种观念,以及它如何改变了生活与科学。哈金还认为,对记忆概念以及对记忆反思的缩影而言，这种疾病都是范式性的。

历史学家和科学哲学家库什（Kusch，1999）受科学知识社会学影响更大，而不是福柯。他将心理学知识理解成一种社会建制。他提出科学理论与婚姻、货币或者君主制具有同等的本体论地位。正如货币的存在出于一种货币应当存在的共识，理论的存在是因为人们同意应当有关于心理的理论。将心理学知识作为一种建制，使历史学家能够追踪这一建制与其他建制之间的关系，及其在社会中的斗争。它还允许将个体与建制关联起来，并理解为何某些个人想要建立、摧毁、改变或者保存一种特定的社会建制（一种特定的心理学理论）。比如，历史学家可以指认围绕科学心理学理论而斗争的那些行动，并在涉及对特定理论的偏好时，有可能重构诸如提升某人在专业领域中的地位这样的动机。基于其方法论，库什得以为20世纪早期德国心理学知识提供一种重要而有趣的分析。他还对科学的与民间的心理学理论进行了比较，后者指谓的是缓慢地变化，且对稳固前者并无兴趣（而科学的理论与之相反）。

但是，较之于采用福柯的方法论，心理学家们更倾向于接受知识是一种社会建构（心理学中的讨论，参见Gergen，1985）的认识论观点。这一观点部分来自后现代主义的各种流派和知识社会学的修改（Berger & Luckmann，1966）。通过重构这一观念，即心理学知识，包括教材、表格、数字，实验室的实践等，都是社会建构的，心理学家丹兹格（Danziger，1990）已经做出了一些最重要的历史研究。心理学家个体并不是在智识的或者制度的真空中行动的。实际上，诸如忠诚、权力和冲突这些心理学方面使他们相互关联。科学家共同体的共识与其说是一个理性问题[15]，不如说是一个社会问题。而且在传统心理学史中，这一问题一直被排斥在外，并未得到审视。社会维度不仅可以在对数据的解释中被识别，更重要的是它在知识的生产中（发现的语境）也能被辨认。对于丹兹格来说，心理学史成为对研究实践之发展的研究。它包括实验者和参与者之间的关系史、实践规范史、兴趣中心史、研究群体与更广泛的社会之间的关系史等。与展示实验者和研究对象之间关系的历史和文化共识变迁并行（Danziger，

1990),他还论证了心理学基本范畴的变化,使它们成为一种社会的,而不是自然的类别(Danziger,1997a,借用自 Hacking,1992)。很显然,丹兹格代表了心理学新史学家的原型。较之于厚今论、连续性、内在说和颂扬倾向,他的作品表现出对历史主义、不连续性、外在论,以及反思和批判的偏爱。

然而,对新史学的元批判表明,把厚今论(presentism)和历史主义(historicism)作为两种基础的和独立的观点是有误导性的(参见 Teo & Goertzen,2004)。我们建议更合适的做法是区分天真的厚今论、厚今论的历史主义和历史主义的厚今论。在天真的厚今论那里,过去的表现是按照当代标准来描述和评价的。厚今论的历史主义认识到不可能彻底根除当前视域对研究的影响,或者因为问题和兴趣都是从当前的情况中产生的,研究者意识到历史研究是由当前的兴趣驱动的,但同时他们也打算公正地对待历史语境的影响。在历史主义的厚今论那里,研究者使用历史材料以阐明当前的主题。在处理诸如"种族"之类的问题时,这些方法论之间的差异变得尤为显著。类似的论点适用于连续性和不连续性的区分。传统历史学家把焦点放在连续性上,而新史学家则放在不连续性上。在我看来,这两种立场都各有依据,而且似乎只是侧重点不同。的确,就这一点而言,在最近的一篇短篇文章中,丹兹格(Danziger,2003)强调了新史学的历史主义和不连续性偏见。

为了公正地对待连续性/不连续性问题,理查兹(Richards,1996)提出了小写心理学(小写"p")与大写心理学(大写"P")之间的区别。就前者而言,他指的是在心理学被建制化成一门学科之前一直被研究的一种话题。而后者则指的是 19 世纪中叶以来建立和发展起来的心理学学科。对于理查兹来说,心理学的批判史学具有一定的服务功能,如通过提供关于某事物如何发展的信息来阐释当下;建立一种长期记忆,使心理学家不至于重复先前的理论和实践;提供随时间而变迁的信息。但更重要的是,批判的历史学应该反思心理学的道德维度。因为心理学家不是置身事外的观察者,而是社区和文化参与者。他们所做的和所说的都会对其他人产生影响。批判的历史学也应当关注心理学概念的改变。因为心理学语言就是一种心理现象。由于理查兹不相信在语言之前存在一种独立的心理现实,即在引入描述这些现象的概念之前,现象是不存在的。所以他认为在弗洛伊德之前,没有人具有俄狄浦斯情结;在巴甫洛夫(Pavlov,1849—1936)和华生(John B. Watson,1878—1956)之前,没有人被条件强化;在智商概念发展之前,没有人具有所谓的高智商。新的概念生产了新的现实。

斯密斯(R. Smith,1997)持有类似的立场,他认为将现代的、学术的心理学学科投射到过去是"不可接受的"(p.27),因此只把心理学看作是一种晚近的现象,更具体地说是20世纪人文科学历史内部的现象。他认为必须根据过去自己的说法(历史主义)来理解过去,并以此与心理学史上最具规范性的教科书进行了对比。在认识论上,他对人文科学中那些曾经被认作真理的东西并不太感兴趣。他关注的是那些导向被视为真理之物的过程。他的人文科学史研究包括哲学、心理学、法律理论、历史、生理学、政治经济学、文献学、人类学、社会学、生物学,以及其他反思作为人类究竟意味着什么的学科。

沃德(Ward,2002)提出了一种社会学驱动的历史学。他解释了为什么在20世纪的美国,心理学在指导北美人民的生活方面取得了成功。统一性的缺乏是许多理论心理学家感兴趣的话题。沃德认为,这种统一性的缺乏恰恰是成功的源泉。它允许心理学在美国各地以组织和团体的形式结成联盟。心理学家把心理学知识输出给教育、学校、工业、卫生、监狱、父母等。他还强调了拥有强大的盟友的重要性,这有助于加强知识网络,而不是提升知识本身。另一个众所周知的心理学成功的因素是它与自然科学的结合。根据沃德的说法,这是一个政治决定。与此同时,心理学还不得不把江湖郎中排除在外,以便为这个新兴的学科划出新的边界。心理学也被看作是一种商业产品。它需要市场营销、广告、制造需求、服务和产品的销售。例如,在性问题领域即是如此。其结果是诸如亲子关系、父母和孩子都被心理学化了。心理学成功的另一个因素是心理学在物质形式上的可转用性(transportability)。此处沃德指的是心理学生产了需要专业知识的机器和措施。遵循涂尔干的思想传统，沃德认为心理学的实验室、机器和措施构成了维持心理学集体认同的仪式的一部分。

从认识论的角度看，批判的史学家面临着真理概念的两个层面。第一个层面指的是心理学研究。在这方面，是将心理学理解成一种知识的进步性积累，而且其理论对应于自然和社会的对象和事件，还是将知识构念为社会建构，将真理理解为共识问题。这两者对于心理学史家来说大异其趣。第二个层面是指心理学的历史编纂学和历史研究中的知识与真理概念。我认为许多批判的史学家都不得不过着一种双重生活。他们在把心理学研究中的知识和真理看成是一种社会建构的同时，还要将历史研究作为历史对象和事件与历史描述和解释之间的对应关系来进行。承认历史学方法论也可能是一个社会建构问题，甚至倾向于成为历史编纂学中一时的风尚，或者是另一种共识的案例，意味着批判的历史学是心理学批判史的一部分。分离和识别复杂网络中的特定问题，以及关注这些问题，这涉及一种共识的过程，其中也包括批判性的共识。当从历史的视角[16]审视心理学研究，或者质疑传统的历史编纂学时，目前大多数批判史学家都坚持共识论的或者社会建构论的真理观。然而一旦涉及批判的历史编纂学（或者他们自己的历史编纂学）时，他们则是实在论者。

哈里斯（Harris，1997）批评了颂扬式的历史学。这种历史学认为现在是过去进步的结果。他指出对华生和雷纳（J. B. Watson & Rayner，1920）的小艾伯特实验的描述其实是行为主义的神话，因为最初的研究与教科书中的实验描述是相互矛盾的。他拒绝传统的心理学史，因其从心理学的历史中清除了政治语境。但哈里斯同时也谴责他所认定的批判的修正主义心理学史，其中的代表人物有里昂·卡明（Leon Kamin，生于1924年）和史蒂芬·J.古尔德（1941—2002）（在上文中曾作为后殖民历史学的一个例子提到过）[17]。我并不关心他对传统的以及其他批判的历史学的批判。然而，当一个读者或学生面临两种对立的历史学时，一个新的问题就出现了：他们必须要么评估原始研究本身，要么信任一种先验判断，即新史学家发现了更为准确的历史。不过，从这本书的视角来看，批判的历史编纂学并不具有特权性的认识论地位,实际上,它成为心理学批判史的一部分。

心理学史家必须在写作心理学的通史(a general history)或者心理学的专门史(a specific history)之间做出选择。心理学的通史需要重构心理学学科中那些被认为最重要的总体发展。在实践中,这样的通史集中于主流心理学的历史、传统心理学的发展,或在学术上最为广泛地接受的心理学的历史。心理学的专门史集中在学科的具体细节上。这些细节可能被认为或多或少地与塑造这一领域有关。例如莱比锡大学的心理学史、1933年至1945年德国心理学史、精神分析史、华生的心理学史、发展心理学史、印度心理学史等。鉴于近年来历史编纂学、元理论和哲学认识论的争论(Teo & Febbraro, 2003),我们可以认为,在其本来意义上,心理学的通史是不可能的,所有的历史都是特定的。因此,专门报告和总结西方心理学史的心理学史研究实际上并未公正地对待通史的观念。而那些以为自己撰写了这样一部心理学通史的心理学史家其实都弄错了。然而,强调德国、英国、法国和美国的传统,写作一部占统治地位的西方心理学的通史仍然是可能的。这部历史也就是关于学术上的主流心理学的来源和轨迹的历史。不过,按照心理理论在世界各地各自发展的方式进行报告的心理学通史永远都不会充分完成。

批判的历史学家对心理学批判的历史不感兴趣,因为这将使他们的批判的历史重构变成这一历史的一部分。批判的历史学家也不关注对普通心理学的重构。然而,心理学批判的历史学的拟订计划就是致力于一种通史,因为它应该包括对主流心理学的一些最重要的批评。当然,"主流"这个词在不同的时期有不同的含义。19世纪初的主流不同于20世纪初心理学的主流,而这一主流又与当前心理学又有很大的不同。心理学批判的历史也是一种专门史,因为它提供了关于主流的边缘化立场的论据。它没有解决那些边缘化立场中的冲突,例如,霍兹坎普(Holzkamp)的马克思主义心理学是如何被另一种形式的批判心理学所批判的(Busch, Engelhardt, Geuter, Mattes & Schulte, 1979),或者一个品牌的女性主义理论批评是如何批判另一个的(Benhabib, Butler, Cornell & Fraser, 1995)。当然这里也存在着批判的偏好，亦即根据他们的批评，试图发展出一种新的心理学。它认为本书中的批评应该以主流心理学的宏大立场为鹄的，而不仅仅是主流中的特定问题（例如，我不会讨论路径分析是否构成了一种自然科学意义上的因果关系）。

这一历史将提及那些有影响力的批评，诸如华生对冯特心理学的批判和诺姆·乔姆斯基（Noam Chomsky，1928—　）对行为主义的批判。但它们将只以粗略的方式呈现，因为对其他自然科学取向的心理学的自然科学批判在教科书中都有很好的记录（例如 Leahey，2001）。就 20 世纪而言，我对综合性的批评更感兴趣，即从边缘化的立场出发对主流做出重大的挑战。根据心理学批判的历史和理论这一理念，本研究将包括那些在历史和理论上的重要批评。基于这样一种框架，固然在当前学术心理学的自我理解中，对精神分析的批判发挥着中心作用，但对其的概述将不被囊括在本书之内。由于其材料的范围，它应该是另外一本不同著作的焦点。

这样一种心理学批判的历史和理论在某种意义上是传统的，因为它着眼的是人们在其发表的著作中提出的智识的发展和理念的历史。但在反思这些批判的理念和观点时，文化精神、社会语境、政治、经济和军事背景也不会系统地一一详述，尽管它们在对这门学科的塑造中也很重要。做出这个决定基于如下观念：观点已经改变了并将继续改变现实。这种重构对于理解那些作为建制的理论、审视各种研究实践，或者完成一种知识考古学来说并不重要，但在允许被边缘化的重要声音（例如后殖民主义的声辩）被听到，并促进对这些观点的理解方面，却是至关重要的。厚今说会认为心理学批判是当代心理学的一种现象。揭露这种观点的历史性误导非常关键。实际上本书的主题就是批判地审视心理学的历史，研究对心理学的历史批判，并将这种批判的历史本身理解为历史过程的一部分。

这一历史带有库恩式观念的意味，即强调作为动力的说服和修辞在科学革命（和科学发展）语境中的作用，因为它侧重于理性争论和修辞在心理学史上所发挥的作用。争论和证据是一门学科发展的关键特征（Lyotard，1979/1984），但与一些后现代思想家相反，我对争论和证据的理解是，它们并不是非理性的,在特定的共同体语境中它们是理性的。尽管目前有共识不认同争论在科学发展中的作用(参见 Ward,2002 年,p.31),但我还是强调争论的力量。修辞在学科发展过程中很重要,但是这种心理学批判的历史在理解诸多争论时,并非仅仅将之作为一种政治形式的说服(尽管我也会指出一些批判中的修辞策略)。我认为争论比以前认识到的更重要,而且在塑造这一学科方面往往比经验证据更重要(这并不是说其他因素,诸如政治的和经济的,在塑造一门学科中就没发挥作用)。遵循福柯的路数,这种心理学的历史和理论所感兴趣的是话语的发展。这种话语发展涉及对其研究主题的批判,心理学的方法论和伦理—政治维度。我认为这是心理学史上不断出现的批判主题(参见第 2 章)。这代表了话语分析的一种形式。

尽管我认为在话语和制度之中争论可以是强有力的,但是在论及各种心理学纲领所从事的研究时,这一历史并不需要诉诸一种真理的符合论。考虑到本书的历史性质,更富有成效的做法是审视那些在特定时期被视为真理之物,考察"范式",或者更进一步省思具有代表性的主流研究纲领的不同语言游戏及其批评者,评判出于某一特定共同体的世界观形成的共识。如果心理学中的真理是一个共识问题,那么就有必要检视心理学家所提出的论辩结构,以及考察挑战共识的话语。与其研究那些从未在心理学的理论发展中发挥主导作用的经验证据和实验结果,不如基于认识论、本体论和伦理学的差异,重新构建涉及心理学的主题、方法论和伦理政治维度,以及对各种问题的不同解释的观点。在对这些话语做出重构之时,我力图做到真实和准确。

我将从康德对理性心理学和经验心理学的批判开始。因为他对 19 世纪德国心理学的发展产生了巨大的影响。在心理学从哲学的事业转型到自然科学的事业的过程中,19 世纪可谓非常关键,且特征正是心理学从哲学中分离出来的时期(参见 Green,Shore & Teo,2001)。处在元理论位置的论辩如何被用来质疑现状,这一点得到了展示。然后,我将介绍对心理学主要观点的批判:针对哲学心理学的自然—科学心理学批判;源自人文—科学心理学的对自然—科学心理学的批判；以及由相关性激发的纲领（马克思主义、女性主义、后现代主义和后殖民主义理论）出发的对主流心理学的批判。

这里要说明一下我关于理论和历史之间关系的最后一个想法（另见Hacking, 2002）。在我的重新建构中，理论和历史相互补充，而且就其本义而言，心理学批判的历史和理论建基于这一事实：历史和理论问题往往是相互交织在一起的，它们是两个学科的一种知识融合。理论有助于回答当前的历史问题，而历史则可以帮助更充分地理解理论问题。较之于过去对自身的理解，你可以（按照解释学的原理）更好地理解过去。鉴于心理学史上的各种批评众多，我将这一重构的重点放在了在过去的 250 年中贡献了重要论辩的那些心理学视角之上，并且聚焦于伴随心理学的三个主题上：心理学的研究主题，方法论和伦理—政治维度。最后一个主题有时也作为心理学的相关性被讨论。从某种意义上说，这种心理学的历史和理论也可以被标记为一种主题分析（见 Holton, 1973）。它涉及心理学史上反复出现的主题以及心理学的主要视角对它们的批评。当然，心理学批判本身不仅是一个反复出现的主题，而且也是一种反复出现的实践。为选择某些心理学视角和主题进行辩解，恰恰是元理论的一部分。这一点将在下一章中进一步讨论。[18]

第 2 章 元理论与心理学批判

对历史不了解的心理学家可能会认为心理学批判是随着 20 世纪 60 年代和 70 年代西欧和北美的社会运动而出现的一种智识发展。然而，心理学批判具有悠久的历史和理论传统。如果我们同意历史连续性的观点，它至少可以在西方思想史上追溯到亚里士多德（Aristotle，翻译于 1941 年、2001 年）对柏拉图哲学的批判。例如，他对形式存在的性质的批评（pp.786-789）[1]。然而，在理解当前心理学的前景方面，对心理学最重要的批判是由伊曼纽尔·康德做出的。这种批判成为本书的时间起点，并将本书的研究限定在 18 世纪末、19 世纪、20 世纪和 21 世纪初。而这样的限定的依据来源于丹兹格（Danziger，1997a）关于历史不连续性的观点。他认为作为一个独立的研究领域的心理学在 18 世纪以前是不存在的，因此他把那些从希腊人讲起的心理学史教科书都视为无知的产物（p.21）。尽管我同意传统历史编纂学错误地强调了历史的连续性这一观点，但同时我也认为，存在着比批评者所认为的更多的连续性，并且把焦点置于康德之上，其道理不仅在于智识，而且在于实用。

心理学的诸视角

为了呈现尚未系统梳理过的心理学批判的历史，必须经由一种元理论的视角。通过这一视角，批判的话语得以识别，而其重要性也得以评估。接下来的元理论反思是用以应对心理话语中存在的大量批判性信息的工具。从理论的角度来看，自 18 世纪头 10 年以来，至少有五种基本的心理学学术视角可以被识别出来，而每一种视角都对心理学的主题、方法论和伦理—政治维度做出了不同的假设。出于这些视角以及对这些视角的反驳，也产生了那些主要的批评。形而上学心理学表现为理性心理学和经验心理学的形式（见第 3 章）。哲学心理学在 19 世纪上半叶虽然仍被困于形而上学的思辨，但是在保持哲学沉思的首要地位的同时，它已将自然科学的成果纳入其中。自然—科学心理学[2]系统的和有组织的历史固然可以被追溯到亚里士多德（公元前 384—前 322），或者如果我们选择更为严格的标准，则至少可以溯及勒内·笛卡尔（Descartes，1596—1650）[3]。然而，它在心理学中的主导地位仅是在 19 世纪中叶和末期才出现。与自然—科学心理学平行并部分回应其的，人文—科学心理学的观点也得到了发展。但它到 19 世纪晚期才得以命名（见下文）。不过如果我们认同历史的连续性，则可以将其根源追溯到西方思想史上的希腊古典时代。当然，人文—科学心理学有其形而上学和哲学心理学的基础。[4]

最后，还有另外一种心理学视角。它与其他一些视角相伴随，可以被称为批判心理学（或者更好以批判心理学的复数形式称呼之）。这种心理学质疑并设法处理特定主流心理学的相关性（在实践中，对工人阶级、对女性、对可见的少数群体、对非西方文化等）问题。这种视角在过去和现在往往是通过一种伦理—政治命令（imperative）（马克思主义、女性主义、后现代主义、后殖民主义可能是最突出的例子）[5]的形式表现出来的。从这个视角来看，由于多种不同的方法的并存，与其说批判的视角是一种具有内部一致性的纲领，不如说是反思作为一门学科的心理学的各种框架的混集（其当代的版本可见 Fox & Prilleltensky, 1997; Sloan, 2000; J. A. Smith, Harré & Langenhove, 1995）。在自然科学和人文科学的话语中也出现了对心理学的元理论批判反思。但是本书的侧重点在于那些具有强烈的伦理—政治含义的批判性框架。这一视角随着 19 世纪学术心理学的巩固而出现，但直到 20 世纪才达到了顶峰。

从历史的角度来看，任何类型学都是有问题的，因为它将重叠的和历史上不连续的发展都变成了独有的模式（关于重叠学科的观点，参见Bunge, 1990）。然而，从理论角度来看，这样一种类型学是应对历史复杂性的一个有用的工具，并且有助于认识到心理学批判由于其出发点不同，产生了彼此迥异的观点。这些被提出的观点对心理学具有各自独特的愿景、问题评估和解决方案。自然—科学纲领的代表观点质疑了人文—科学心理学的不科学性质，并赞成将心理学与自然科学联系起来（参见第4章）。人文—科学心理学反对自然—科学心理学的还原主义特征，并促使心理学与历史等人文科学彼此联合（参见第5章）。心理学中的伦理—政治批判视角对两者都提出了挑战，并倡导对心理学的状况进行伦理的、认识论的和本体论的反思（参见第6至9章）。当前最受关注的问题是自然—科学批判、人文—科学批判和伦理—政治批判，而形而上学心理学的哲学批判则往往被遗忘了。

在一定的时间点上哪种批判占主导地位，这主要取决于主流学术心理学的发展情况。因此，在自然—科学心理学占主导地位之前，主要是受自然科学启发的那些批判主要集中在哲学和后来的人文—科学心理学缺乏精确性和清晰度上。随着自然—科学心理学的成功，及其最终取得支配地位，来自人文—科学心理学的批判已经触及了自然—科学心理学的本体论和认识论缺陷问题。当然也不能忽视在同一视角内的研究纲领间出现的批判这样一种情况，比如一种自然—科学研究纲领批判其他的自然—科学研究纲领（例言之，行为主义拒绝结构主义，认知主义反驳行为主义）（参见第4章）。尽管从心理学的早期就产生了对心理学进行批判的视角（马克思主义和女性主义），但对于自然—科学和人文—科学心理学缺乏政治的、伦理的和实践的相关性的批评，则仅是在1945年之后才在主流心理学中引起关注（由于社会历史背景的变迁）。

在对心理学的历史和理论重构中，重点往往聚焦于自然—科学和人文—科学心理学之间的二元分裂。尽管在这里我强调的是这种分裂提法的启发式功能，而且在心理学话题上彼此矛盾的话语确实存在，但是自然—科学和人文—科学心理学的核心分裂可能会在心理学概念的二元性质中得到支持。诸如记忆等概念，既可以从严格的自然—科学的角度研究，又可以从纯粹的人文—科学的角度探索。如果一个人是从记忆的生理学基础及其功能、原理、"规律"和区分来研究记忆，那么他/她并不一定对个体化地发展的记忆，也就是记忆的内容本身感兴趣。一个人对其过去经验的独特记忆赋予了这个人身份的意义。这是文化—历史轨迹的一部分，也是人文—科学视角的研究主题。从自然—科学的视角来看，研究记忆的意义是成问题的，而从人文—科学的视角来看，可以认为记忆的生理学基础有其重要性，但是对心理学来说则并不是特别重要。这两种方法都为它们对心理学主题的特定概念化提出了非常不同的本体论、认识论和方法论。如此这般就能够理解，尽管不是出自概念的性质，而是在于人类探究的性质，但是有关这种分析的相关性的问题就已经被提出来了。

从建制化的角度来看[6]，自然—科学心理学和人文—科学心理学之间的传统的交叉现象在当代北美和欧洲心理学的院系设置中得到了复现。这些院系有时被放在文学院，有时则被置于理学院（或两者兼而有之）。而它授予本科毕业生的学位要么是文学士学位，要么是理学士学位。这些心理学院系的项目和教师都试图确保学生能同时接触到文学课程和理学课程。然而，基于概念进行的课程分类可能是任意的，因为比如就知觉而言，人们不仅可以从传统的自然—科学视角进行研究，而且还可以从人文—科学的视角做出探索（参见 Merleau-Ponty，1945/1962）。这种二元论甚至是日常意识的一部分。例如，大学生们原以为心理学关心的是精神生活的意义，因此期待心理学中那种人文—科学取向的研究，但是当他们发现实际上心理学研究的是统计模型或生物—生理过程时，往往会大失所望。[7]

心理史家、元理论家和心理学家一直在设法解决自然—科学心理学和人文—科学心理学的二元论问题。心理学史家克莱姆（O. Klemm，1911）将形而上学心理学与经验心理学区别开来，前者处理灵魂问题，后者通过内省探究心理现象。他认为两者之间的关系是相辅相成的，因为形而上学心理学包括心灵的经验联系，而经验心理学则处理形而上学的问题。根据科学的线性发展模型，人们可以认为形而上学心理学发展成为哲学—经验心理学，然后又发展成为自然—科学心理学。然而在威尔海姆·狄尔泰(Wilhelm Dilthey，1833—1911)看来，对历史更准确的描绘是，在19世纪末，形而上学心理学的大多数部分转化成为人文—科学心理学，而经验心理学则转化成为自然—科学心理学。

这两种心理学体系之间的区别在德语传统的心理学中发挥了历史性作用。这两种研究视角不仅共同存在，而且直到20世纪中叶仍然得到公众和学术界的支持。两种心理学体系的明确区分可以追溯到基督教传统的克里斯蒂安·沃尔夫(Christian Wolff，1679—1754)，他将心理学分成了理性的和经验的两个分支(参见第3章)。赫尔巴特(Herbart，1816)跟随沃尔夫之后，将他的教科书分为经验的和理性的部分。这种正式的安排实乃赫尔巴特有意为之(p.8)，即使他拒斥沃尔夫心理学的内容。根据这些区分，福拉(Fortlage，1855)在思辨的心理学和经验的心理学之间进行了辨别。前者(以综合的模式)捕捉灵魂的本质，而后者则以分析的方式研究精神生活[8]。福尔克曼(Volkmann，1884)将其心理学的二元论建立在科学的综合(synthetische)和分析(analytische)过程之上。综合的心理学结合那些作为结果涌现的心理现象，而分析的心理学则将心理现象进行分解。他还认为，较之于低级心理状态，需要一种不同的心理学来研究高级心理状态。

通过将心理学区分为描述性(人文—科学)和分析说明性(自然—科学)两个部分，狄尔泰(Dilthey，1894/1957)为两种不同类型的心理学进行了一种系统性的奠基。在狄尔泰所处的时代，两种心理学对统治地位的争夺正达到最高点。尽管狄尔泰承认一种自然—科学心理学的重要性，但是他仍然坚持在人文—科学传统中提倡心理学，认为心理学的主题是人类经验，因此其方法必须是理解(参见第5章)。作为直接的回应，艾宾浩斯(Ebbinghaus，1896)却认为心理学是一门自然科学。它需要的不是理解的方法，而应该依靠自然—科学的说明和实验方法。文德尔班(Windelband，1894/1998)并没有使用自然科学和人文科学这样的概念，而是基于制定法则的(规律科学—什么是)和描述特征的(事件科学—过去什么是)这两种经验方案之间的方法论对立提出了他的二元论。闵斯特伯格(Münsterberg，1899)却拒绝这两种科学之间的区分，即制定法则的科学应该产生一般事实，而描述特征的科学则确立心理学的个殊事实。这说明闵斯特伯格深知心理学的二元论状况(Münsterberg，1903)。

德国体系实验心理学之父冯特(Wundt，1921)将他的心理学区分为一个实验的分支和一个民族心理学[9]的分支。前者专注于对意识的基本过程的精确分析，而后者则涵盖在价值观、习俗和语言的背景中伴随人类共同体和精神产物发展的心理过程，或者也可以将之称为复杂心理过程。冯特承认实验法适合于简单心理过程，而产生于文化和社会的复杂心理过程则要求一种非实验心理学(亦参见 Rieber&D. K. Robinson，2001)。实验心理学并非完全没有用处，因为在一种民族心理学的语境中，实验程序的训练磨砺了观察者的洞察力和心理学的思考能力(Wundt，1921，p. vi)。

遵循狄尔泰的观点，斯普朗格(Spranger，1914/1928)将基于自然科学的心理学称为解剖心理过程的元素心理学。他将这种心理学与哲学心理学区分开来，后者被称为结构心理学(参见 p. 8)。它在一个有意义的背景下将心理现象作为一个整体进行处理。这种做法显然是提倡结构心理学，因为如果试图解释一个人的决定，人们不会把其判断分解为思维、感情和欲望。与之相反，人们会在历史意义与价值复合体的语境中把决定理解为一个整体。雅斯贝斯(Jaspers，1913/1997)在他的元理论反思中不仅吸收了这种二元论，而且将其应用于精神病理学领域。他把自己的研究分为一种*verstehende Psychologie*(可翻译为有意义的心理联系)以及一种*erklärende Psychologie*(可翻译为心理生活的因果联系)。他认为人们通过共情来理解一个心理事件是如何从另一个心理事件中涌现的，他相信两者之间的相互联系。但是，基于心理现象是以有规律的方式联系在一起的经验，人们则可以"用因果关系进行解释"(p. 301)。

在北美传统中，正是奥尔波特(Allport，1937，1940)以文德尔班的思考为基础，为一种制定法则的和描述特征的心理学观念做好了思想准备。具有批判性的是，他观察到了心理学中日益增长的制定法则的承诺，但是也呼吁将描述特征的取向纳入科学心理学之中。马斯洛（Maslow，1966/1969）区分了心理学中的机械主义科学和人本主义科学。而心理学史家所使用的术语，即第三势力心理学将人本主义心理学和存在主义心理学定位为行为主义和精神分析的反对者。然而，在诸多被提出的理论反思中，行为主义被认为从属于自然—科学视角的心理学，而精神分析和存在主义或人本主义心理学则被认为是人文—科学取向的一部分。克隆巴赫（Cronbach，1957）则将心理学区分为相关心理学和实验心理学两个学科。这一区分众所周知，但不太适用于他所建议的体系。我认为这种基于方法的区分直观地承认了存在着本体论和认识论的理由，这些理由证明了不同种类的心理学存在的合理性。在最近的论述中，基于方法论将心理学划分为定量的和定性的分支已经变得很流行。我再次建议心理学家要认识到，在心理学中存在着可证明为正当的各不相同的视角，而这些不同的视角则需要不同的理论和实践。

显然，元理论话语支持对心理学的二元论理解。批判心理学的视角似乎代表了厚今论的关切。基于知识与兴趣两者之间的关系和社会理论的认识论基础，正是哈贝马斯（Habermas，1968/1972）提出了三种科学的区分：经验—分析的科学，历史—解释的科学和批判导向的科学。三种类型的科学的共同特征在于，一种特定的基础性认知兴趣指导着其对知识的追求。就经验—分析的科学而言，其动机是生产法则性知识，以实现对过程或对象的技术控制。历史—解释的科学的动机则来自对解释和意义理解的实践兴趣。批判理论具有解放的兴趣，并将自我反思作为调查研究的基本原则。哈贝马斯并没有将这种研究纲领与心理学知识联系起来，而是在一般而言的人类知识层面上进行了讨论。他将精神分析和意识形态批判指认为批判性科学的原型。这种取向并不同于此处提出的心理学视角（另参见McCarthy，1978）。

部分基于哈贝马斯的认识论理由，我建议将当前的心理学分为三个部分：科学的、文化的和批判的。它们涉及心理学的不同知识功能（参见Teo，1999a）。伦理—政治的心理学（作为批判心理学），与其道德动力一起,并没有被限制在道德领域。实际上它已经占据了20世纪下半叶的话语权。但是伦理—政治的心理学并没有作为一种总体的伦理研究纲领获取明确的身份和自我理解(他们认为自己是马克思主义的、女性主义的、后现代的或后殖民主义的心理学家,而不是伦理—政治批判心理学家)。伦理—政治的心理学也可以从心理学学科之外产生,然后再进入心理学的讨论(实际上,这适用于所有讨论到的研究纲领)。

批评的视角并不代表一种连贯的视角,而是表达了所关心的不同的观念和声音。批判心理学可以还包括一个专注于研究主题和方法论问题的分支,而并不需要直接涉及伦理—政治关切。然而,为本书的目的计,我将聚焦的则是涉及伦理—政治领域的批判心理学(对于后现代心理学是否受到伦理—政治关切的驱动,可能存在一些怀疑。参见第8章)。心理学史家可能不愿意将伦理—政治视角当作一个独立的视角,但自19世纪中叶以来,对相关性问题的关切在心理学中就已经屡见不鲜。例如,贝内克(Beneke,1845)就认为,在心理学的帮助下可以克服政治、社会和宗教骚乱。但是他没有勾画出这样一种关于社会行动的政治心理学的具体纲领。他抱怨学术心理学是关于理论的而不是关于实践的,德国哲学感兴趣的问题是绝对虚无(absolutes Nichts),而不是社会现实(参见 p. viii)。

从共时性的角度来看,不同心理学体系的代表对心理学应该如何运作各有其牢固的看法。赫尔曼(Herrmann,1979)最为清晰地表达了对战后自然—科学的、制定法则的心理学的自我理解。他认为,"对于假设性的性格,科学心理学家制定出了类规律性的表述"(pp. 17-18),他们将理论和方法形式化,检验理论假设,使用客观可靠的测量手段,提供解释和预测,并且维护"作为获得知识的最重要途径的实验"(p. 18)[10]。这样一种自然科学的视角与吉奥尔吉(Giorgi,1990)的人文—科学视角大异其趣。他认为客观性"不是将基于主观性的数据转化为客观性数据的问题,而恰恰是在主观性的自我展现中把握主观性的一种方式。也就是说,以其主观性来把握主观性就表明了客观性"(p. 32)。科赫(Koch,1981)表达了他对心理学的认识论批判的视角。尽管心理学已经具有了一个世纪的知识积累,尽管在已经发表的卷帙浩繁的论文中存在着大量假设，然而他对这些研究中发现的数以千计的法则性事件产生了怀疑。这里面没有一种陈述能达到自然科学意义上的规律的标准，甚至连能被普遍接受的标准都达不到。普瑞勒腾斯基和福克斯（Prilleltensky & Fox，1997）则表达了批判心理学的立场，当他们去"评估心理学的理论和实践如何维持了不公平和让人不满意的现状时"(p.3)，就已经纳入了伦理—政治的维度。

从理论的视角来看（见 Teo，1999a），自然—科学心理学生产了关于某一心理学的对象或事件，或其细节的知识。在这里研究的主题心灵被分成了部分。在这个视角下工作的心理学家意图提供法则性知识，使用肢解心理学对象或者事件的分析方法，探索被明确定义的、详细的和具体的研究问题。自 20 世纪以来，实验的和定量的方法一直被认为是适当的。自然—科学心理学也与传统的科学哲学联系在一起。比如经验主义（Hume，1748/1988），逻辑经验主义（Reichenbach，1938）或批判理性主义（Popper，1935/1992）。它们经常被标记为实证主义认识论（这对波普尔来说是不对的）。自然—科学心理学得以运转的前提是，关于某一对象的真理可以通过更好的、更强大的、更复杂和更深入的研究获得，而且这一体系中的心理学家相信关于人类心理的知识是不断进步的。不仅是生理心理学，连结构主义、机能主义、行为主义、认知心理学和生物心理学都有意遵循这种自然科学的模式，尽管它们之间有根本性的区别。然而，司空见惯的是自然—科学心理学通常意味着完全吸收自然科学的方法论。

人文—科学心理学主要为某一主体生产关于某个主题的意义知识（这个主体可能是个人、一个社区或者整个文化）。其基本方法论可以被描述为综合性的，因为它要把心理学的部分放到一个更大的整体中，或者其研究已经集中在了人类心灵的整个图景上。人文—科学心理学的研究主题是人类心理的整体图景。解释学认识论（例如 Gadamer，1960/1997）已经被认为是与之相应的知识论哲学，而质性方法在传统上则被认为适合于这种知识功能（Rennie，1995）。这种心理学视角的前提指向了这样一种假设，即意义的提供可以使个人、社区和文化成为更好的个人、社区或文化[11]。心理干预的动机则出于这样一种观念：个人的现状可以被转化为更好的东西。应该在此枚举的是解释学的，以及一些现象学的、存在主义的、人本主义的和对话的心理学，包括精神分析（尽管它最初的自我理解是一门自然科学）。

第三个视角指的是批判心理学。它生产关于心理学的批判性知识。这种视角的处境与其他的知识功能不同，因为它的研究水平通常是元心理学的，而且其运作与心理学的其他视角保持一定距离。对心理学或者心理学主题的批判性研究在心理学中可能比许多其他学科更普遍，这很可能是由于心理学主题的复杂和心理学概念的二元论性质所导致的（见上文）。批判心理学得以运作的假设是批判性反思改变了学术心理学共同体的理论、方法、概念和实践。

心理学的批判视角不仅存在于过去的四十年，而且在心理学作为一门科学学科甫一诞生之时就出现了，并且从那时起就开始与心理学如影随形。在有超过一百年历史的关于心理学危机的讨论中，人们可以很容易地看到批判心理学是心理学史的一部分。这种反思的很大一部分针对的是认识论和本体论的问题，最近则是心理学的伦理—政治维度。在这一点上，斯拉夫和威廉姆斯（Slife & Williams, 1997）甚至建议将理论心理学视为心理学的一个正式的分支学科，以此促进有关心理学理论和实践状况的交流，并将理论心理学家设想为针对心理学中那些隐藏的假设的顾问（类似于统计学家）。

正是威利（Willy）在1899年出版了很可能是第一本关于心理学中的危机的书，也就是在19世纪末就已经宣布了心理学的一种慢性危机（p.1）。他的主要观点是，思辨并未从他那个时代的心理学（包括冯特）中被清除掉[12]。其他著名的例子是彪勒（Bühler, 1927/1978）关于这场危机的反思，而维果茨基（Wygotski, 1985）则在同一年讨论了这场心理学危机的历史意义。从那以后，对心理危机的反思已经雾起云涌，并且包含涉及心理学子领域（例如社会或临床心理学）的大量危机文献。回顾1945年以后的文献，可以看到在各种语境中对心理学危机的讨论，比如社会心理学、人格心理学和实验心理学危机，心理测量学危机，发展心理学的身份危机，统计危机，方法论危机，科学危机，哲学危机，理论危机，人类学危机，实务危机，伦理危机，政治危机，德国心理危机，心理学劳动力市场危机，出版危机，危机宣言危机等（综述可见 Bakan，1996；Gummersbach，1985；Herzog，1984；Mos，1996；Teo，1993；Westland，1978）。[13]

一些心理学家将他们的批判主要放在认识论和本体论问题上，如研究主题（如 Eberlein & Pieper，1976），心理学方法论（如 Smedslund，1988）或者伦理—政治相关性，其中就包括心理学的实践相关性（如 Prilleltensky，1994）。应该从普遍性和特殊性的角度来处理实践和伦理—政治相关性问题。人们可以质疑心理学在实践中的相关性及其对人类的普遍适用性或对某些人群的意义。基于心理学作为一门资产阶级学科的观点，马克思主义心理学质疑了心理学对劳动人民的（解放性的）相关性（如 Bruder，1973）。女性主义心理学设法解决心理学作为男性科学以及对女性的错误测量问题（Tavris，1992），另外还有对女性的关切和经验的忽视问题（Gilligan，1982）。后殖民心理学处理的问题是在美欧文化中对少数族裔的忽视，以及对非西方文化的心理学概念的排斥（或者把少数族裔和其他文化视为劣等之物），同时主流心理学被视为一种白人的西方学科（Teo & Febbraro，2003）。其他心理学家更倾向于后现代主义，致力于解决心理学对当代文化的有限相关性问题，并认为心理学的语言游戏已经过时了[14]（参见 Gergen，1985）。批判性反思也针对心理学的分支学科，如发展心理学（Broughton，1987；Burman，1994；Morss，1992；Teo，1997；Walkerdine，1988）或社会心理学（Cherry，1995；Gergen，1994a；Parker，1989；Parker & Shotter，1990；Potter & Wetherell，1987；Wexler，1996）。[15]

有人强调，心理学的这些视角并不是相互排斥的，其兴趣、前提和目标是重叠的。从这个意义上讲，区分只是一种认识工具，以便更充分地理解历史、理论和冲突。这些重叠的存在可以通过审视心理学家的个人传记得以最好地理解。一个心理学家可能能够同时或者在其职业生涯的不同阶段涉及所有这些视角（见 Teo，1999a）。一些研究人员指出，批判性反思在学术生涯的后期才会出现(Oeser,1988),心理学中可能存在着一个理论的旺季(Ross, Febbraro, Thoms-Chesley, Bauer & Lubek, 1996),或者在一个人职业生涯晚期出现的朝向反思的成熟转向(Edwards & Endler, 1987)。尽管从自然—科学心理学转向批判取向的例子不胜枚举,然而我想提请注意两位非凡的人物:西格蒙德·科赫(Sigmund Koch, 1917—1996)成为了一位杰出的心理学批评家(将 Koch, 1959—1963 与 Koch, 1981 进行比较)。而简·斯梅德隆(Jan Smedslund)从对心理学的自然—科学理解转变为一位指认心理学的伪经验维度的批评者(比较 Smedslund, 1963 和 Smedslund, 1994)。然而,这也不妨碍心理学家在他们的整个职业生涯中只捍卫和提倡一种视角。或许除了在制度上的限制之外,心理学家没有理由不应该在其职业生涯的各个阶段都采用自然—科学、人文—科学和批判性的视角。

在自然—科学心理学系统中工作的心理学家获得了认同,但同时也要考虑到一般受过教育的公众对人文—科学关切更感兴趣。一个著名的例子是西格蒙德·弗洛伊德。他作为生理学家接受的是自然科学的训练,在研究心理现象时具有自然—科学的态度(见 Fancher, 1973)。与此同时,弗洛伊德的方法作为一种人文—科学的方法曾经发挥了作用,并且仍然在广泛发挥作用。尽管当代自然—科学倾向的心理学家不再将精神分析视为科学。然而,人文—科学的弗洛伊德通过阐释艺术和笑话等文化产品,及其在日常生活中的意义,为个人和群体提供了意义,并且允许将精神分析的理念应用于电影、文学和大众文化之中。另一个众所周知的例子是伯尔赫斯·弗雷德里克·斯金纳(Burrhus Frederic Skinner, 1904—1990)。他是自然科学方法的代表,并通过小说和流行杂志阐述了自己的一些观点(例如,Skinner, 1971;参见 Rutherford, 2003)。鉴于他有别于其自然—科学旨趣的对人文—科学的兴趣,斯金纳比新行为主义者克拉克·L. 赫尔(Clark L. Hull, 1884—1952)或爱德华·C. 托尔曼(Edward C. Tolman, 1886—1959)引起了更多的公众注意,就不算奇怪了。

这种将心理学区分为不同的视角的提法,其基础不仅在于历史和一直以来的传统，也在于心理学主题的特征。从规范性的角度来看，人们可以争辩说，在两种视角之间需要某种均衡(见 Teo, 1999a)。视角之间的均衡这种想法并不意味着心理学家不应该在每个视角中都讨论问题。一方面，人文—科学心理学在质疑自然—科学心理学的部分内容时(比如质疑它并未解决真正的人类心理问题)，或者在揭示其研究缺乏道德反思时，可以采取批判的立场。另一方面，自然—科学心理学在声称人文—科学心理学的部分内容立足于思辨，并且人文—科学心理学近似大众心理学时，可以采取批判的立场。这些讨论可能会引发关于人文和自然科学如何区别对待方法论的讨论。从规范性的角度来看，心理学视角之间的均衡意味着应该有对学科进行反思和提出批判性问题的空间。

基于这些理想类型的重建，人们可能会认为自然—科学和人文—科学的视角在学术界享有相同的地位。从处理权力问题的事实的观点来看，很明显这些视角之间并不平等。自然—科学心理学的历史是一部成为主流的历史，这也意味着人类心理生活的重要方面和维度被忽视了(从人文—科学心理学的角度来看)。历史告诉我们，心理学的所有分支的殖民化在本体论、认识论和伦理学方面都不利于心理学。并且整个领域的殖民化，例如行为主义式的，并不会导致知识的进步。当问题化的研究被提出并被证明是自然科学的时候，也会出现种种问题。这在心理学家参与"种族"研究，以及对认识论(本体论和伦理学)假设缺乏反思这些方面变得最为明显(参见 Teo 和 Febbraro, 2003)。如果将"种族"视为"自然品质"而不是社会、文化和历史建构的概念，那么人们会把一种社会历史意义上的建构再生产出来(参见 Danziger, 1997a)。虽然可以肯定的是，这种建构(例如黑人的劣势)可能会给某些群体带来意义，但它与真正的自然科学并没有什么关系。

自然—科学心理学对人文—科学心理学和主流的殖民化过程并不是一个关于更好证据的问题。根据沃德(Ward, 2002)的分析，心理学本可以成为人文科学的一部分。而它之所以并未如愿，则可以与政治问题联系在一起，因为"将自己捆绑到弱势的领域是没有意义的"(p.56)，或者将自己捆绑到被视为弱势的领域也是没有意义的。另一方面，自然—科学心理学在主流中的主导地位导致了最具批判性的反思都聚焦到主流心理学的问题上。因此，本书将更多地集中在对自然—科学心理学和主流心理学的批判上，并解决相关问题。不幸的是，由于批判研究朝向的是少数的批判心理学家，或者批判心理学正成为学科内部的一个建制化的分支，批判心理学有可能会削弱它对主流心理学的反思。从积极的方面看，这意味着专注于自然—科学心理学的心理学家可以学习人文—科学心理学和批判性反思。而从消极的方面看，批判视角的建制化可能会导致反思的退化。无论如何，缺乏批判性的自我反思可能会导致心理学成为一门缺乏自我意识的学科，而这样一种学科则很容易产生自我误解和防御机制。

作为问题科学的心理学

考虑到学术界仍然存在着心理学的三种相互矛盾的观点，它们表达学科的问题，同时经常性地相互挑战，由此研究人员将心理学标记为一门有问题的科学就是可以理解的了（参见 Woodward & Ash，1982）。心理学之所以成为问题科学，是因为揆诸其形形色色的观点，在构想心理学的主题、方法论和相关性方面存在着根本差异。作为问题科学的心理学，也是对心理学进行批判的历史和理论的前提。而某一具体批判的形式和内容则取决于对精神生活所采取的视角。

自然—科学视角质疑了人文—科学心理学的形而上学特征，人文—科学视角则挑战了自然—科学心理学的还原论特征，而心理学中的伦理—政治视角对这两者的相关性都提出了异议。此外，心理学的问题特征源自对立的观点，这些观点根据一种排他性的特定视角提出问题解决方案。从自然—科学心理学的视角来看，缺乏自然—科学的精确性是心理学问题的原因。这种情况应该通过更进一步的科学严谨、形式化和对心理学的自然—科学概念化来克服。从人文—科学心理学的视角来看，问题正在于被自然—科学心理学视为解决方案的地方：将心理学构想为一门自然科学恰恰是一个问题，因为这不能公正地对待心理学的特定主题，以及心理学中研究者和研究对象之间独特的，在根本上和性质上与自然科学不同的关系。从这个视角来看，问题解决策略支持的将是作为人文科学的心理学的发展。

尽管在视角上存在着这些差异，但人们还是能够确定一些关键因素。在过去的两个世纪中，一些最重要的批判正是集中在这些因素之上。从历史和理论的观点来看，这些问题可以根据三个基本的复合体进行分析：心理学的主题、心理学的方法论、心理学的相关性（对于实践或者无权者）。这三个因素并不是彼此独立的，因为对某种特定方法论的承诺可能决定对主题的某种特定理解，并且对某一主题（例如，行为）的承诺则会引发对某种方法论的承诺。此外，两者都可能与相关性问题密切相关。在一般意义上，这三个基本问题平行于三个哲学领域的讨论：主题问题是一个本体论问题；方法论问题是一种认识论问题；而相关性问题则对应于伦理学问题。

正如在讨论心理学的各种视角时所强调的那样，问题评估（历史的和理论的）所关注的这三个因素是用于组织关于心理学批判的大量材料的启发式工具。[16]这里所选择的对心理学的各种批判就搭建在这三个因素的脚手架之上。如果你的意图只是描述心理学的问题话语，那么理解因素的数量和因素的作用其实无关宏旨。但是在涉及给出一个危机干预计划时，以及在问题情形和危机的实质与现象之间存在着巨大区别时，这种反思将变得至关重要。例如，如果假设心理学的理论—实践问题（缺乏实践相关性）是危机的实质，那么此时所使用的问题解决方案，肯定不同于将主题视为问题所在时所使用的解决方案。[17]主题、方法论和相关性问题尽管可能在几种现象中都有表现，但人们应该意识到任何问题评估都取决于某种心理学的视角。例如，从自然—科学的视角来看，任何对心理学主题的哲学概念化都是问题，而从人文—科学心理学视角来看，对心理学主题狭隘的概念化就是问题。

我将以现象学的方式列出关于本体论和认识论的一些批判性讨论，而伦理—政治视角则将在第 6 至第 9 章中详细探讨。在我的分析中，有一个经常提到的危机现象，它与主题问题密切相关，而且所有系统的心理学家都面临着这一问题，此即心理学共时性缺失统一(synchronic missing unity of psychology)的问题(参见 Staats & Mos，1987)。威利(Willy，1899)在19 世纪末就已经指出过这一点。从人文—科学心理学的视角来看，心理学学科的特点就是在生产小而孤立的经验结果。它们缺乏理论整合，对于寻求意义的人缺乏具体意义。而且即使从自然—科学的视角来看，缺乏理论整合或者心理学的统一，仅仅在自然—科学视角的内部，也是一个主要问题(Staats，1991)。缺乏统一性也表明主流心理学缺乏范式性地位。这对自然—科学心理学是一个重要的问题，因为它追随自然科学，寻求看似统一(当然是范式性)的地位。鉴于人文—科学心理学蕴含着心理学知识的历史性，在我看来，统一不是一个问题。在哲学中，没有哪位专家会考虑将不同的哲学领域与不同的世界观统一起来，并将之作为一个有意义的目标。如果心理学更像是一种哲学性的，而不是自然—科学那样的学科，那么统一问题就不会成为一个问题(参见第 4 章)。

此外，如果假定心理学的两个基本纲领在其对主题和方法论的理解方面都不相容，那么这两种视角的统一问题则是不可能的。就算统一在理论上是可以实现的，那也不是在这两种基本视角之间，而是在每一视角之内。然而，自然—科学心理学的潜在统一甚至会进一步加强对人文—科学心理学的排斥。另一方面，任何过早的对统一的理论拒绝(Krantz，1987)似乎都是没有根据的。实际上，历史学家已经指出了统一话语中历史理解的匮乏(例如，Richards，2002)[18]。这种统一的缺失也体现在不同的地理区域之间。例如，可以将在 20 世纪已经占主导地位的美国心理学与具有长期解释学传统的德语心理学进行比较。该心理学包括哲学、历史、人类学和其他人文科学，并且持续地拒绝美国化的心理学(参见 Tolman，1989，1994，2001)。

与这种心理学的共时性不统一相伴随的是知识的历时性停滞，这意味着在自然—科学和人文—科学心理学中缺乏明确的知识增长，这两者积累的都是大量的经验信息。从批判的角度来看,自然—科学心理学的许多统计显著的结果,其理论意义是模糊的,因为它们的基础是不相容的理论和研究纲领的增殖,而这些理论和研究纲领则运用于不同的人类模型和不同的研究实践(参见 Holzkamp,1983)。冯特(1832—1920)的内省实验心理学与当代的实验心理学截然不同。但是,冯特的实验并没有被证伪。这些实验只是被忽视了,因为心理学发展出了不同的研究视野和实践。而认知心理学则忽视了行为主义的大量经验研究结果。这也并不是因为所有这些结果都被证伪了,而是因为焦点转换了。

从实在主义认识论角度来看,思想的形式和内容应该能够表征一个对象或事件的特征。然而,这种表征却与心理学建制内外的兴趣和各种事物交织在一起。很明显,有关心灵的内隐或外显的概念、模型、隐喻或理论决定或影响了研究人员能够和想要看到什么,以及他或她如何能够或想要做研究(方法)。这强调了对心灵、心理生活和研究主题的概念化是一个核心科学问题,同时也是争议和批判的问题。在理论与实证研究之间存在着一种紧密的联系,即某种特定的概念化导致了居于该概念化之内的结果,而作为预设的概念化本身则未经过检验(参见 Holzkamp,1983)。对于心理学的诸种视角而言,这意味着自然—科学心理学基于自然科学的自我理解生产实证研究,而人文—科学心理学则基于其自身前提生产经验知识。

就自然—科学心理学而言,我认为尽管假设检验可能是受人尊敬的,但它并不是真正的检验,而是对特定研究纲领中有意义的假设的说明。因此,研究人员的目标就成了产生不拒绝假设的情况和条件。人文—科学心理学并不承认不相容的世界观,而是重复这样的论点:通过研究大脑中的化学过程,不能充分探索最高水平的心灵,即传统上称为意识或主体性的东西。只研究一个人的行为,并不能澄明其主体性。即使某种研究方法在生化或生理水平上可能非常有用,但它不能自动转换到人类的心理生活中。自然—科学心理学也不承认不相容的世界观,它认为作为人文科学的心理学是不客观,不可靠和价值不中立的。

在自然—科学心理学中,精神生活或者过去所称的官能的碎片化,绝不只是在自然—科学取得胜利的过程中从天而降的智识行动，而是有其处于社会环境中的来源（见 Ash&Geuter，1985；Lück，Grünwald，Geuter，R. Miller，&Rechtien，1987；Jansz&Drunen，2004）。斯道博（Staeuble，1985）从社会历史的角度指出，精神生活的特别化与现代资本主义社会巩固中的建制发展并行。在教育体制中，权力、纪律、服从、成就等等至关重要；在卫生体制中，健康问题是在个体层面被识别和修复的；在法律体制中，人们关心的是肇事者的责任和证词的可靠性。一方面是一系列的生理学、物理学和化学这些自然科学研究的成功，另一方面是社会及其建制的政治—历史发展，二者导致了对心理学的实证主义理解。人们感兴趣的不再是对心理生活的理解，而是对其实证主义的解释，这意味着"变量之间的函数关系"（M. H. Marx，1951，p.6；另见 Winston，2001）。这样一种重构当然已经是批判历史的视角。

对传统的自然—科学心理学主题概念化的反思性批判有两种形式。认识论的和本体论的批判指的是对心理学主题的概念化的不足，例如，使用机器隐喻来研究人类精神生活，这是心理学中一个非常重要的传统（见 Sullivan，1984）。人们批评人类主体被错误地概念化为一种被动的和反应性的机器，它由诱因以及可以加起来的组件（如遗传和教养）驱动。随着众多技术变革使得基于技术创新（从钟表和引擎到计算机）的新心理学理论成为可能，机器隐喻很有吸引力。伦理—政治批评认为，心理学再生产了主体的功能，并且在这样做时，支持了社会的现状。心理学再生产了一种异化的、个体化的、男性的欧洲人，而同时导致异化、个体化和种族中心主义的因素却被忽视了（另见 Habermas，1968）。

攻击主流心理学方法论的话语比研究主题的本体论问题更广泛，这是关于心理学问题的第二个主题。自然—科学心理学已经发展出了若干反对人文—科学心理学的论据，并且出于一定程度的狂热反对精神分析。然而，大多数对作为自然科学的心理学的批评针对的都是主流心理学的方法论。从批判的角度来看，我们可以把那种方法已经事先规定了主题的研究实践称为"方法论中心主义"（Teo，1993）。这一概念类似于巴肯（Bakan，

1961/1967)曾使用的"方法论崇拜"(p.158)。同样,图尔明和利里(Toulmin & Leary,1985)提到了对经验主义的崇拜,而丹兹格(Danziger,1985)则称之为"方法论律令"。

方法论中心主义意味着方法主导着问题,对问题的选择从属于受尊重的方法,心理学必须毋庸置疑地采用自然科学的方法。从历史上看,不难理解成功的自然科学方法对心理学家非常有吸引力,并且方法是作为可以保证心理学的科学地位和可信度的来源出现的。即使是人文—科学心理学中最有影响力的代表弗洛伊德,也曾希望通过自然科学解决心理学的理论和实践问题(见 Habermas,1972)。从人文—科学心理学和批判心理学的角度来看,科学应该根据其问题和主题选择其方法。甚至可以说,关于研究主题的方法论的充分性应该是一个核心的科学标准。如果不了解针对主题的某种方法的充分性,那么科学价值和所有其他客观化标准都是模棱两可的(Holzkamp,1983)。

自然—科学心理学的方法论中心主义导致了各种各样的次生问题。从认识论和本体论批判以及人文—科学的角度来看,考虑到心理主题的本质,以及人与其能力的现实性,心理学实验的价值有限(例如,仅适用于基本的心理过程)[19]。与这一讨论相伴随的是对主流心理学将其自身认同为律则性(nomothetic)科学的批判,其中条件和效应之间的因果关系是其核心。作为一门律则性学科,心理学应该提供普遍的规律、解释和预测。然而,心理学的许多研究结果都不足以成为普遍规律,特别是在涉及高级的心理过程之时。从建构主义的角度来看,那些假设的因果过程实际上是由研究人员构建出来的(Holzkamp,1968)。

最近的批评认为,心理学把理由作为原因了,而且经验性假设检验并不是一种检验,而是应用了好的理由(Holzkamp,1986)。在一些重要的心理学研究中,如果—那么陈述(if-then-statments)具有暗示性特征(Brandtstädteret al.,1994)。心理学并不是一种经验科学,因为心理学中的有效陈述是对常识的解释,因此必然为真(Smedslund,1988,1994)。而心理学实验(在社会心理学中)是循环的,并生产了不可证伪的自明之理(Wallach & Wallach,2001)。那些试图检验必然为真的陈述的研究被称为伪经验论(Smedslund,1995)。看起来假设检验和实验安排对实验者在构建时间、空间和被试方面的技能提出了挑战，但它并不检验其自身的意义。最后，操作性定义因为能够克服形而上学的定义，故而似乎对自然—科学心理学而言是一个巨大的优势。但从批判心理学的角度来说，这却是定义的一种通货膨胀。事实上，珀西·W. 布里奇曼(Percy W. Bridgman, 1882—1961)的初衷并非将之应用于心理学(参见 Green,1992)。其他问题涉及诸如使用统计学作为探索工具以发现显著差异的做法，而这一做法并未在论文发表时公开，并且不管怎么说，在心理学中发表非显著性结果的情况非常罕见。

我区分了两种形式的批判心理学，一个侧重于认识论和本体论批判，另一个侧重于伦理—政治问题的批判。但它们经常结合起来，这一点可以在本书的后半部分看到。从强调相关性(relevance)问题的批判心理学的角度来看，由于缺乏对伦理—政治领域的反思，这阻碍了心理学成为一门有意义的科学。心理学缺乏相关性是指自然—科学和人文—科学心理学都缺乏实践相关性。有人认为，统计学和实验设计的进步，以及日益复杂的数据分析软件的帮助，与将研究结果应用于现实世界情境的能力成反比(Holzkamp,1972)。缺乏相关性也意味着自然—科学心理学与受苦受难者或被压迫者无关(然而它却可能与社会中的强者有关)。缺乏相关性也表明，心理学与女性无关，因为心理学是男性占主导地位的学科。而由于种族主义的历史，它与可见的少数群体和非西方文化同样无关。

伦理—政治语境中的一些问题是指意识形态对心理学理论和实践的影响。从自然—科学心理学的角度来看，当心理学家在研究中具有一种政治良知时，就表现出了意识形态的影响。从那些在发现甚至在辩护的语境中强调伦理—政治维度的心理学家的角度来看，对伦理—政治领域的压制正是核心的问题。人们总是在某种社会历史和文化语境中生活和行动，这样的事实使得心理学容易受到意识形态的影响。例如，临床心理学家(无论是在自然科学还是在人文科学背景中接受过训练)由于受到保险公司的压力，这样心理学就失去了解放相关性。在马克思主义的相关性批判中，主流心理学代表了统治阶级的信仰和思想；在女性主义批评中，主流心理学反映了男性的世界观；在后殖民主义批评中，它表现了美国和欧洲白人的利益。而文化批评家则认为，美国心理学的主导地位与美国的经济实力有关(Parker，1989)。

  鉴于心理学面临的各种问题，毫无疑问心理学作为一门学科需要对其本体论、认识论和伦理学进行系统的反思。在接下来的章节中，我将更系统地介绍其中一些问题。接下来的章节主要关注对心理学的早期批判，其次是对心理学的自然—科学批判，对心理学的人文—科学批判，以及围绕马克思主义、女权主义、后现代主义和后殖民主义心理学话语的相关性批判。

第 3 章　康德与 19 世纪早期的心理学批评家

19 世纪一直被认为是心理学从哲学转向自然—科学事业的关键时期（参见 Green，Shore & Teo，2001）。更确切地说，它可以被描述为一种心理学从哲学中松绑和分离的过程（见 Windelband，1892/1958）。关于这一时期，值得一提的是两个历史观点：首先，大多数心理学史学家关注的是 19 世纪下半叶，并在古斯塔夫·西奥多·费希纳（Gustav Theodor Fechner，1801—1887），赫尔曼·冯·赫尔姆霍兹（Hermann von Helmholtz，1821—1894），威廉·冯特（1832—1920）和赫尔曼·艾宾浩斯（1850—1909）等人的语境中讨论心理学。但在这些开拓者之前发生了什么？许多哲学心理学家没有直接影响心理学的进程（他们间接地产生过影响）这一事实，并不意味着心理学在 19 世纪上半叶不是一个充满活力的话题。其次，在论及 1850 年之前的德国心理学时，人们通常只提到几个名字：康德、赫尔巴特和洛采。洛采之所以经常被括定在这一时期，不是因为其作品的出版日期（最重要者出版于 19 世纪 50 年代和 60 年代），而是因为较之于自然科学，他更偏向于哲学（见 Boring，1950）。这种局限性的聚焦点错误地反映并影响了后来的实验心理学讨论的哲学话语的多样性。

我们可以观察到，将 19 世纪下半叶作为历史焦点的做法不仅见于北美地区，也适用于讲德语的地区。在贝内特卡（2002）最近的一本分析 19 世纪心理学的著作中，再次只提到了康德、赫尔巴特、费希纳、冯特、艾宾浩斯、威尔海姆·狄尔泰（1833—1911）和弗兰兹·布伦塔诺（Franz Brentano，1838—1917）（在教科书中也能观察到同样的情况，如 Pongratz，

1984)。有趣的是，德国史学在对18世纪心理学的研究方面积累了比19世纪上半叶更多的知识（例如，Eckardt, 2000; Jaeger & Staueble, 1978）。没有被完全表征的还有心理学与应用性的和相关学科的相互作用，如医学（见Lotze, 1852）和法学，它从心理学中寻求建议（参见法医心理学教科书：Ideler, 1857; Wilbrand, 1858）。事实上，心理学史需要审视1860年费希纳出版《心理物理学纲要》之前的话语。根据波林（Boring, 1950）的观点，这是"实验心理学的历史可以恰如其分地开始"的年份（p. ix）。

在这一时期内，心理学在诸多欧洲国家和北美都有重要的发展（见Rieber&Salzinger, 1998）。即使在心理学史上经常被忽视的国家，例如印度，也出现了心理学的重要发展（见Paranjpe, 1998）。然而，心理学史家也一致认为，德国心理学在心理学家今天都了解的学科发展中发挥了至关重要的作用。实验心理学之"父"冯特被心理学史家"排在有史以来最杰出的心理学家之列的首位"（Benjafield, 1996, p.69）。仅举几例，他在自己的实验室中训练出了斯坦利·霍尔、詹姆斯·麦基恩·卡特尔（James McKeen Cattell, 1860—1944）、雨果·闵斯特伯格（1863—1916）、爱德华·布雷福德·铁钦纳（Edward Bradford Titchener, 1867—1927），以及赖特纳·韦特默（Lightner Witmer, 1867—1956）等人（另见Rieber, 2001），由此在塑造北美心理学的前景方面发挥了重要作用。

波林（Boring, 1950）重绘了第一次世界大战之前的中欧地图，其中主要列出了德国大学城的名称，并强调了德国背景的重要性。其他重要的德国实验先驱包括冯特的学生奥斯瓦尔德·屈尔佩（Oswald Külpe, 1862—1915）、卡尔·斯图姆夫（Carl Stumpf, 1848—1936）和乔治·E.缪勒（Georg E. Müller, 1850—1934）。讲德语的心理学先驱还包括西格蒙德·弗洛伊德（1856—1939）、格式塔心理学家马克斯·韦特海默（Max Wertheimer, 1880—1943）、库尔特·考夫卡（Kurt Koffka, 1886—1941）、沃尔夫冈·柯勒（Wolfgang Köhler, 1887—1967）和库尔特·勒温（Kurt Lewin, 1890—1947），以及解释学心理学家路德维希·宾斯旺格（Ludwig Binswanger, 1881—1966）、爱德华·斯普朗格（Eduard Spranger, 1882—

1963)和卡尔·雅斯贝斯(Karl Jaspers，1883—1969)。实验心理学的很多理论概念是从形而上学与哲学心理学之中得出的，而思想史指认这些概念的任务仅仅是部分地被展现了出来。比如，根据丹兹格(Danziger，1983)，以及巴德文思、D. J. 莫瑞和班德米尔(Boudewijnse, D. J. Murray, & Bandomir，1999，2001)的观点，对赫尔巴特的研究就处于这种状态。

19世纪上半叶的德国心理学被认为是哲学的一部分(或者心理学被认为是哲学的基础；Beneke，1845；Waitz，1846)。支配它的观念是古典希腊哲学(亚里士多德)、神学，以及戈特弗里德·威廉·莱布尼茨(Gottfried Wilhelm Leibniz，1646—1716)、克里斯蒂安·沃尔夫和发挥了较小作用的约翰·尼古拉斯·特滕斯(Johann Nikolas Tetens，1736—1807)的心理学(见 Siebeck，1880，1884；Hartmann，1901；Dessoir，1911；O. Klemm，1911)。德国唯心论者伊曼纽尔·康德、约翰·戈特利布·费希特(Johann Gottlieb Fichte，1762—1814)、格奥尔格·威廉·弗里德里希·黑格尔(Georg Wilhelm Friedrich Hegel)和弗里德里希·威廉·谢林(Friedrich Wilhelm Schelling，1775—1854)是当时哲学中的炙手可热的人物。德国哲学产生了伟大的思辨哲学体系，与新兴的自然科学成就形成了鲜明的对比。但是费希特、谢林和黑格尔也对德国哲学的认同危机进行了解释(参见 Schnädelbach，1984)。

康德并不属于绝对唯心论学派，因此他对哲学的复兴具有重要意义。对于1855年的赫尔姆霍兹(Helmholtz，1903)而言，不是康德，而是谢林和黑格尔毁掉了哲学，而康德的认识论则可以被理解为与自然科学相一致。这导致了从19世纪中叶开始，康德在各种形式的新康德主义中的复兴(Köhnke，1991；Teo，2002)。自然科学日益增加的可信度已经反映在魏茨(Waitz，1849)和贝内克(Beneke，1845)著作的名称中。这些著作将心理学视为自然科学(参见 Drobisch，1842)。然而，魏茨(Waitz，1849)非常清楚自然科学家会将他的教科书称为"哲学的"。甚至黑格尔主义者乔治(George，1854)也强调了将心理学发展成自然科学的重要性。然而，对于乔治来说，心理学中的经验论视角并不排斥"真正的思辨"(p. vi)。

康德对理性和经验心理学的批判

在康德之前对心理学的批评性评论就已经出现了,尤其是在亚里士多德(公元前384—前322)对柏拉图(公元前427—前347)心灵观念的挑战中(参见Green&Groff,2003)。在中世纪期间,对心理话题进行过广泛的讨论。一些突出的问题包括诸如意志或理性[1]的首要地位问题,以及围绕普遍性出现的争议。在近代,笛卡尔(Descartes,1637—1641/1996)关于先天观念的思想受到了洛克(Locke,1689/1996)的批评,而后者又遭到了莱布尼茨(Leibniz,1765/1996)的批评。尽管这些批评和争议很重要,但它们并没有系统地质疑整个研究领域。而正是这种对心理学的批判史所由开始的康德提供了这样的挑战。这位哲学巨人对心理学进行的批判最为显著地影响了心理学的发展。这主要表现在他激发了针对他的批判所做的研究,而这些批判的对象就是心理学的主题和方法论(心理学的核心问题,见第2章)。约翰内斯·缪勒(Johannes Müller,1801—1858)和赫尔姆霍兹(1821—1894)等新康德主义者采纳了康德的认识论,但拒绝了他的心理学思想。同时他们在对心理学主题的自然—科学研究方面表现出色。心理学史家德索(Dessoir,1911)称之为"一种历史的讽刺,不管怎样,心理学的基础进展是由(康德的)批判引入的"[2](p.154)。更为广泛的是,波林(Boring,1950)指出,康德"在整个19世纪的德国思想中留下了自己的印记"(p.204)。

为了理解康德对心理学的批判,有必要简要概述心理学的背景。18世纪下半叶的德国心理学是一门生动而多面的学科。克里斯蒂安·沃尔夫引入了对理性和经验心理学的系统划分,这也是康德批判的双重目标。但它只是学术哲学心理学的一部分,另一部分则是自然—科学心理学。灵魂的生理学家们已经要求心理学家应该研究生理学和大脑的解剖学。当时首选的是医学方法,而不是哲学取向(参见Dessoir,1902)。18世纪也带来了流行心理学的表达,并且创建了几家在受过教育的公众间发行的心理学杂志，例如由卡尔·菲利普·莫里茨（Carl Philipp Moritz，1756—1793）编辑的 *Magazin zur Erfahrungsseelenkunde*（经验心理学杂志）。它在1783年到1793年之间出版（参见 Eckardt，2000，2001）。德索（Dessoir，1902）也提到了一种分析心理学，它侧重于对内心情感的详细说明，以及对个人思想、情感和欲望的描述。

亚里士多德（Aristotle，2001）在其《论灵魂》（*De Anima*）中提出了灵魂的五种官能（能力）[3]："营养、嗜欲、感觉、运动和思考的能力"（p.559）[4]。沃尔夫又在德国振兴了官能心理学[5]。通过各种官能来说明灵魂的这种思路正奠定在其坚实的基础之上。各种心理现象通过诉诸这些官能得到说明，而对这些官能解释则甚为广泛。由于接受了灵魂的官能概念，那么指认心理官能的种类和数量就成为首要任务。德索（Dessoir，1902）确定了对这些问题的三种基本解决方案（pp.381-382）。首先，官能可以源自心理生活的经验内容。人们可以将这些经验标记为灵魂的结果，并且因为结果皆有原因，其原因应该是灵魂的官能。其次，可以根据解剖学或生理学来识别官能。例如，人们可以认为因为存在着五种感官，所以必然存在着基于其上的五种官能。最后，可以从心灵的对象来建立官能。例如，记忆的官能对应于过去的对象的表征，而远见的官能则对应于对未来的对象的表征。[6]

在一般意义上而言，影响了18世纪德国学术心理学的最重要的思想家是莱布尼茨、沃尔夫，在某种程度上还包括特滕斯。后者作为康德的同时代人，将心理学视为一门自然—科学学科。这意味着他采纳了观察法。特滕斯认为内省应该在心理学研究的一开始时就进行，并且这一研究应该以形而上学的综合（而不是反之亦然）来结束。在事实和假设之间应该进行严格的划分，而且大多数的心理学解释都具有假设的特征。（见 Carus，1808；Dessoir，1902）。他还反驳了灵魂转世的观点，以此试图更充分地理解身体和灵魂的关系。特滕斯是官能心理学的追随者，其旨归在于将灵魂还原为其基本官能。他也因为将心理官能划分为感情（Gefühl）、理解（Verstand）和意志（Wille）三种基本过程的权威三分法而闻名于世。而这恰恰成为康德批判哲学的系统基础（参见 Windelband，1892/1958）。[7]有趣的是，正如卡鲁斯(Carus, 1808)指出的那样，特滕斯将感情放在第一位。康德并没有挑战基本官能的概念，他正是根据这三种基本能力(Meyer, 1870)擘画了其著名作品(Kant, 1781/1968；Kant, 1788/1968；Kant, 1790/1968)。

在一般意义上，康德受到所谓的莱布尼茨-沃尔夫思想传统的影响。莱布尼茨是德国哲学家、数学家、物理学家、历史学家、外交家，以及微积分的共同发明者。他铸就了康德哲学的灵魂。对于莱布尼茨（1720/1930）而言，世界是一个由无法进一步还原的灵魂般的单元组成的力量网络。众所周知，他将之称为单子。根据其感知的清晰度，层级化组织的各种单子构成了这个世界。位于层级结构底部的是简单的单子，隐德莱希(entelechy)，它具有模糊的和未分化的感知。当感知变得有些清晰时，单子就是灵魂，心灵可以区分各种想法，但又不能与这些想法分开。这些有感知觉的单子具有欲望、表征、知觉和记忆的能力。当单子能够理性思考时，它们就变成了理性的单子，即人类的有意识的灵魂。他们具有感知和统觉的能力（自我意识和推理）。统觉是一种清晰的认知，其中"我"与各种观念的内容相对立。在这一层次结构的顶层是最高级的单子，从其感知中构建了所有其他的单子。鉴于所有单子都是由这个至高无上的单子创造的，莱布尼茨引入了单子之间的先定和谐这一概念。而这一点在其身心平行论中也有所体现（参见 Dessoir，1911；Fancher，1996）。

沃尔夫将先定和谐的概念局限于心身问题，并放弃了单子的概念，因为表象只对具有意识的灵魂才得以可能（见 Dessoir，1911）。这一系列探究涉及一种特定类型的心理学，沃尔夫称之为理性心理学(Wolff, 1740/1972)，并将其与经验心理学区分开来(Wolff, 1738/1968)。理性心理学被界定为通过人类灵魂得以可能的科学："理性心理学者，即任何借由人类灵魂得以可能之科学也"(Wolff, 1740/1972, §1, 原文为拉丁文)。它不仅与本体论和宇宙论密切相关，而且也与经验心理学密切相关（见§3）。沃尔夫将经验心理学理解为通过经验来确定关于人类灵魂中实际发生的事情的原理的科学："经验心理学者，即通过经验建立原理之科学也，并据此为人类灵魂中所发生之事提供理由。"(Wolff，1738/1968，§1，原文为拉丁文)。

理性心理学尝试使用演绎方法（当代心理学家将其称为形而上学心理学）[8]，即从原则推演到经验来识别灵魂的本质，而经验心理学则是从经验归纳到原则（参见 Wolff，1738/1968，§5）。沃尔夫的理性心理学涵盖了灵魂的实体性、简单性、非物质性、不朽性等，以及心身问题（心身互通，原文为拉丁文）。这些概念是在一种理性的过程中被描绘出来的。例如，对于沃尔夫来说，灵魂是一种单纯实体，因为它既不是身体，也不是一种复合实体，并且"因为每个实体不是复合的，就是单纯的……灵魂必然是一种单纯实体"(Wolff，1740/1972，§48)。[9]灵魂也必然是一种实体，因为灵魂是一个持久的和可修改的对象。灵魂的本质在于它表征宇宙的力量(§66)。灵魂的官能并不是不同的实体，因为如果这样的话，那么灵魂将是若干种实体的集合体。而根据沃尔夫的观点，这将是不协调的，因此灵魂的官能并不是不同的实体(§82)。

沃尔夫还在灵魂的能力和灵魂的官能之间进行了区分，前者指的是行动的持续不断的过程，后者则指行动的可能性。为了评估人类灵魂中实际发生的事情，需要诉诸经验，这正是经验心理学的研究课题。沃尔夫在其经验心理学中涉及了灵魂的认识和欲求能力，灵魂和身体的互动，灵魂的官能，等等（见 Dessoir，1902）。在将灵魂区分为各种各样的官能方面，他是一位大师。而且他坚定地认为，所有观察到的心理表现背后都有心理官能在发挥作用。他将这些官能划分为两大类：认知官能，或者去认识的官能(de facultatis cognoscendi)，以及嗜欲官能，或者欲求的官能(de facultatis appetendi)。每一类又被分为高级和低级的部分。低级的认知官能包括，例如，知觉、感觉、想象、记忆、遗忘和回忆，而高级认知官能则包括注意、反思和推理。低级的欲求官能指的是人类的各种情感，而高级欲求官能则是指意志。这里值得注意的是，沃尔夫将官能划分为理论领域（认知官能）和实践领域（欲求官能），但他并没有将感情作为独立的官能囊括进来（如特滕斯那般，见上文）。冯特(Wundt，1874/1910)指出，莱布尼茨将意念和嗜欲作为单子的基本力量，而沃尔夫的这种双重划分正是从莱布尼茨那里继承而来（参见 p.22）。最后，理性和经验的这种分离在科学史上是如此重要，以至于华生和埃文斯（Watson & Evans，1991，p.237）认为，经验主义和理性主义之间恶名昭彰的认识论二分始于沃尔夫，而不是笛卡尔和洛克（1632—1704）。

  康德派的学者指出，在一般意义上，康德关于理性心理学的观点受到了特滕斯、莱布尼茨和沃尔夫（R. I. Watson & R. B. Evans，1991，则强调了沃尔夫）的影响，尤其是特别受到了沃尔夫芬·马丁·克努森（Wolffian Martin Knutzen，1713—1751），广为人知的德国启蒙哲学家赫尔曼·塞缪尔·莱马卢斯（Hermann Samuel Reimarus，1694—1768）和摩西·门德尔松（Moses Mendelssohn，1729—1786）（Meyer，1870）的启发。他们都为理性心理学的发展做出了贡献。克莱默（Cramer，1914）甚至认为应该在更为广大的思想语境中理解康德关于理性心理学的思想。除了上面提到的人物之外，还包括沃尔夫芬·亚历山大·戈特利布·鲍姆嘉通（Wolffian Alexander Gottlieb Baumgarten，1714—1762）、沃尔夫芬·弗里德里希·克里斯蒂安·鲍迈斯特（Wolffian Friedrich Christian Baumeister，1709—1785）、弗里德里希·卡西米尔·卡尔·冯·克鲁兹（Friedrich Casimir Carl von Creuz，1724—1770），沃尔夫和莱布尼茨哲学的反对者克里斯蒂安·奥古斯特·克鲁修斯（Christian August Crusius，1712—1775），逻辑学家约阿希姆·格奥尔格·达耶斯（Joachim Georg Darjes，1714—1791），颇为流行的哲学家约翰·乔治·海因里希·费德（Johann Georg Heinrich Feder，1740—1821），沃尔夫芬·乔治·弗里德里希·迈尔（Wolffian Georg Friedrich Meier，1718—1777），以及重要的逻辑学家戈特弗里德·布鲁盖（Gottfried Ploucquet，1716—1790）。因篇幅所限，对于这种影响的细节，此处不予讨论，就康德在理性心理学方面观点的变化和发展，也不予置评。这里的重构将把康德对理性心理学的批判限定在他的巨著《纯粹理性批判》之上，而他对经验心理学批判则将被限定在其《自然科学的形而上学基础》之上（Kant，1786/1970）。[10]

为了理解康德批判理性心理学的逻辑，我们在这里将其认识论反思的基本要义做一总结。在他的纯粹理性批判中，康德（Kant，1781/1968）试图研究知识可能性的条件，这一方案可被称为超验哲学。简言之，通过强调经验在知识获取（被理性主义所忽视）中的作用，并指出人类知识始于经验，康德试图促成理性主义和经验主义的和解。但与忽视理性作用的经验主义相反，康德指出并非所有的知识都来自经验。知识有两个方面，即感性（Sinnlichkeit）和知性（Verstand）。其中康德特别感兴趣的是先验感性（空间和时间，也称为直观形式）和知性的先验原则，以及心灵的范畴。[11]这些知性的先验范畴将自身施加于或被添加到感觉经验之中。例如，如果有人认为所有人都有一个父亲，那么这一信息不可能自感觉经验而来，因为人们并无法经验到所有人都有父亲。当人们使用"所有"这个词时，就运用了全体性的范畴。[12]

由于将范畴施加于感觉经验这一过程，人类的知性和知识就被局限于现象界，即显象世界。另一个世界则是本体的世界，亦即所谓物自体。与一些当代的解释相反，这并没有诱使康德否认外部世界的实在性。康德同时也在知性（Verstand）和理性（Vernunft）之间做了一个重要的区分。他认为在试图把握绝对之时，知性转化了感觉经验，而理性则转化了知性。理性旨在超越现象界去把握实在性的本质。然而，理性在被应用于这些抽象观念之时难免会遇到问题：在处理灵魂时，理性被困在谬误推理之中；而在把握宇宙时，理性又陷入了二律背反之中（这意味着一个陈述互相矛盾的部分都可以被证明为真，例如世界具有开端对立于世界没有开端）。为了客观地对待上帝，理性被不可避免的问题所迷惑。康德对理性心理学的批判见于谬误推理这一部分。

谬误推理最初由亚里士多德（Aristotle，2001）在他的《诗学》中给出了定义："无论何时，如果 A 存在或发生，结果 B 就存在或发生，人们会认为，如果 B 存在，那么 A 也存在——但这一结论是错误的"（p.1482）。[13]康德（Kant，1781/1998）区分了逻辑的和先验的谬误推理。前者被定义为"由于其形式而产生的三段论谬误"（p.411；A 341 / B399），而后者——理性心理学的谬误推理就属于这一类别——被理解为具有"由于其形式而错误推断的先验基础"(p.411；A 341 / B 399)。根据康德的观点，我思(cogito)(笛卡尔的"我思故我在"，A 346 / B 404)正是理性心理学的主题。整个理性心理学都建基于这一原则之上。对于康德来说，理性心理学的全部智慧皆基于我思。康德对理性心理学的批判认为，理性心理学的主题(我思)是一个结果(亚里士多德的 B)，而理性心理学家却在此基础上对灵魂(亚里士多德的 A)的实质性、单纯性、同一性和各种关系做出了错误的结论(见 Caygill, 1995)。换句话说，理性心理学认为，基于自我意识的统一，灵魂是一种单纯、同一和关系性的实体。或者正如迈耶(Meier, 1870)所说的那样：理性心理学错误地认为，思维的单纯性、统一性和独立性代表了思维着的实体的单纯性、统一性和独立性。

康德(Kant, 1781/1998)描述了第一种谬误推理，他是用以下方式来处理灵魂的实体性问题的：我的判断的绝对主体和不能用来规定另一物之物可被定义为实体。我思是"我所有可能判断的绝对主体，而我自己的这种表征不能被用作任何其他事物的谓词"(pp. 415-416；A 348)。因此，理性心理学得出的结论是，作为灵魂，我是实体。然而，这个结论是错误的。正如康德早前在其纯粹理性批判中指出的那样，实体的范畴本身并没有客观意义，只有当一种感知被包含在其中时它才有意义。实体性的概念所指的仅仅是一个想法，而不是实在性。灵魂是实体的观念只有在仅将其作为概念之时才有意义。

就第二种谬误推理而言，康德讨论了灵魂的单纯性。他澄清到，如果一事物"其活动，永远都不会被认为是多个活动着的事物协作的结果，"(p. 417；A 351)那么它就是单纯的。由于灵魂(思维着的我)正是这样一种事物，因此理性心理学得出了灵魂是单纯的这一错误结论。康德指出，作为理性心理学基础的我思是一种主观条件，它形成了思维存在的概念。灵魂的单纯性不能从我思中得出，它只是直接统觉的一种表现。事实上，对于康德来说，这与笛卡尔的我思故我在一样是同义反复。然而，思维统一性的观念并不能证明灵魂的单纯性。对灵魂单纯性的断言只有在为了将其自身区别于物质（灵魂不是有形肉体）之时，才具有价值和意义。即便如此，这样的断言也未能为灵魂与物质之异同的讨论酌留余地。我们能说的只有，思维的主体不是有形肉体，它被表征为内感官的对象，而不是外感官的对象。

康德的第三种谬误推理涉及"人格性"(Personalität)。它首先断言，在不同时刻意识到自身在数目上的同一性的东西可以被定义为个人。因为灵魂在不同的时刻意识到自身在数目上的同一性，所以人们错误地得出灵魂即是个人的结论。然而，根据康德的说法，人们无法就灵魂的人格性得出这样的结论，因为它具有与自我意识相同的地位，照此灵魂的人格性是先验地有效的。理性心理学的这种说法所陈述的只不过是我意识到自己，并且不可避免地在我自己的意识中遭遇了我自身的同一性。我自身意识的同一性是我思想的形式条件，但它并没有证明任何东西。

最后，康德的第四种谬误推理与外部世界的观念性有关。在当代思想中，这属于认识论本身，而不是（理性）心理学。这种谬误推理的前提是"凡这样一个东西，即其存在只能当作所与的诸知觉之一原因而被推断这样的一个东西，它只有一纯然可疑的存在"(Kant, 1781/1998, p. 425; A366)。因为一切外部现象就有这样一种性质，即它们的存在不能被直接知觉，但是人们可以将它们假定为给定知觉的原因。这样人们就做出了错误的结论："外感官的一切对象的存在都是可疑的"(p. 425; A 367)。康德认为这大谬不然。依此他认为观念论者不是一个否认外部对象之存在的人，而是一个相信人们不能基于经验确定现实的人。从这种观念论出发，康德区分了先验观念论，它将所有的现象都视为表象，而不是物自体，而空间和时间则被理解为只是我们的直觉之感性形式，而不是对象的条件。另一方面，先验实在论者认为空间和时间独立于感性。尽管如此，"先验观念论者是一种经验的实在论者"(p. 427; A 371)，他认为现实作为现象是被直接知觉的（而不是被推断出的）（根据康德的批判性评论，先验实在论的基础是经验观念论）。

对谬误推理的所有反思的结果是理性心理学不是一个系统的知识体

系，而是一个限制了理性思辨的学科。这一结果拒绝唯物主义和唯灵论，并认识到应该从无用的思辨转向对理性的实践运用(B 421)。康德对理性心理学的批判在很大程度上是当代心理学家难以理解的，因为他们已经丢掉了关于灵魂话语的知识。他的批判在19世纪也引起了其许多追随者的负面评论(参见Meyer，1870年的早期概述)。就心理学方面而言，康德的论证表明，由于理性心理超出了人类理性能力的界限，研究人员只有从经验的角度来研究灵魂的机会。但是根据康德的说法，经验心理学又不是一门科学，而只是一种有关心理的点点滴滴的集合。

事实上，康德在其《自然科学的形而上学基础》(Kant，1786/1970)(Boring，1950；Fancher，1996)之序言中所表达的对经验心理学的批判，在当代的讨论中更广为人知，在心理学史教科书中也屡屡被提及。在其纯粹理性批判中，康德(Kant，1781/1998)认为哲学有两个基本主题：自然和自由(见A 840)。自然哲学涉及自然法则(什么是)，而道德哲学则涉及道德法则(应该是什么)。在《形而上学基础》中，康德关心的是自然(不是自由)，将对自然的研究(在其物质意义上)分为两部分：物理学(Körperlehre)考虑外感官的对象，而心理学(Seelenlehre)则关注内感官的对象。除了这种区别之外，康德还增加了科学的不同层次，或者可以说是科学的层次结构(参见Plaass，1965)。

在层次结构的顶端矗立着纯粹自然科学，它根据先验原则研究其对象，并显示出可以确切证明的确定性。它需要一个纯粹的部分，因此包括自然的形而上学。事实上，只有在其中发现了数学之时，才能确定自然科学的严格性。康德头脑中的模范是物理学。不那么纯粹的自然科学根据经验法则研究其主题，并且显示出经验的确定性，但仅此而已。化学配不上严格自然科学的名称，因为在康德看来，化学是一门系统的艺术，一种实验性学说。心理学位于层次结构的底层，它不能满足诸如物理学这样严格自然科学的条件："这是因为数学不适用于内感官的现象及其规律"(Kant，1786/1970，p. 8)。但是心理学不仅与物理学等严格的自然科学分开了(后者能够根据各种原理系统地组织完整的知识体系)，而且还与不那么严格的作为实验学说的化学分割开了。因为心理学只能发展成为一种包含有被罗织起来的事实的关于灵魂的实验学说。心理学"只能成为一种关于内感官的历史性的(就其本身而论,充其量)和体系性的自然学说,或者对灵魂的自然描绘。它不是关于灵魂的科学,甚至不是一种心理实验学说"(p.8)。这一表述引发了重要争议,它鼓动研究者们证明康德是错误的。最近,托尔曼(Tolman,2001)再次拾起了康德的观点,以便表达他对当前心理学的怀疑态度:"自然—科学心理学注定要从一开始就遭遇失败。只有在心理学同时是道德的和自然的时,它才有能力超越仅仅是经验的心理学"(p.182)。

但是,从形而上学领域被放逐,并被理解为应用哲学的经验心理学是如此重要,不容我们忽视。实际上,它被包含在康德的人类学之中,这就是于1798年出版的《实用人类学》,其中涵盖了各种心理学主题(Kant,1798/1968)。在这本书中,人类学教授法的第一卷涉及认知官能(Erkenntnisvermögen),并讨论了感觉、观念、意识、理性、想象、知性、认知精神病理学和内省等。第二卷则讨论了愉快和不愉快的感受(Gefühl der Lust und Unlust),对美的感受。第三卷则抓住了欲望能力(Begehrungsvermögen)(情感、激情、道德的善等)。正如前面在讨论特滕斯时指出的那样,康德提升了愉快和不愉快的感受的地位,将之作为其他两种官能之间的桥梁,并认为所有的心理官能都可以追溯到这三种基本的能力。康德的人类学的特性则调查了个人、性别、民族、"种族"和种类(Gattung)的特性。从后殖民主义的角度来看,必须指出康德关于"种族"和族群的人类学反思当然没有达到经验性学说的水平,因为它们充满了偏见(见Bernasconi,2001;Teo,1999b)。康德当然不是"德国传统中唯一真正没有含糊之处的哲学家"(Habermas,1997,p.84)(见第9章)。

康德(Kant,1798/1968)在其人类学中对自我观察法的批评(见BA11-BA15)也值得注意。康德在注意(bemerken)和观察(beobachten)之间做了区分。其中观察指的是按部就班地收集关于我们的自我的观察材料,它可用作日记的材料,但是受到容易导致偶像化(Schwärmerei)甚至疯狂

(Wahnsinn)这些问题的困扰。根据康德的观点，关注自我是必要的，但是不应该在日常交流中进行，因为这会导致尴尬或怪异。与尴尬或怪异相反的是坦率，这是一种对自己没有被他者负面评价的信心。康德关注的焦点集中在自我观察(内省)之上，因为这种方法会导致混乱。人们只能发现自己心中所想的东西，这些东西可能是讨人喜欢的，也可能是令人恐惧的。如果想象力的活动是它们在被有意召唤之后观察到的，那么它们可能还值得被反思。但是，对无意的心理过程的观察将会颠倒知识的自然顺序，可能会被当作疯子对待。

19世纪早期的心理学批判家

赫尔巴特于1809年被召唤去柯尼斯堡(Königsberg)接任康德的教席。他是19世纪哲学、心理学和教育学的巨人之一。早期的心理学史学家认为他是心理学的主要参与者之一(Hartmann, 1901; Dessoir, 1911; O. Klemm, 1911)。赫尔巴特在当代心理学史上受到的关注较少，尽管他在官能心理学的消亡，数学和教育心理学的创新，以及对无意识过程的概念化中发挥了作用(一个值得关注的例外见于 Benjafield, 1996)。赫尔巴特还对康德的心理学批判进行了一种元批判，我们这里搁置不论(参见 Meyer, 1870)。赫尔巴特(Herbart, 1824)非常清楚心理学批判的重要性。他认为卡鲁斯(Carus)的心理学史是有价值的，但对心理学的批判将是"更为可取的东西"(p. 44)。重要的是，赫尔巴特对消除官能心理学的贡献。官能心理学认为每种心理表现都可以由特定的官能来解释。例如，为了解释人们能够写诗的事实，官能心理学假设了一种作诗的能力(康德也列举过这种官能，见于 Kant, 1798/1968, BA79 – BA93)。

康德并没有挑战心理官能的观念。这项任务留给了赫尔巴特，他在心理学批判史上应该占有一席之地。[14] 然而，赫尔巴特(Herbart, 1816)是当时尚在开展中的心理学话语的一部分，因此，他对自己就官能心理学所做的批判性评估表现出了矛盾的心理。他将自己的心理学教科书分为两部分：第一部分，他从官能心理学的角度展示了心理学。而在第二部分，赫尔巴特引入了自己的心理学体系，其基础是他假设的作为力的观念。赫尔巴特将官能心理学与沃尔夫的经验心理学联系起来，并将自己的心理学体系与沃尔夫的理性心理学联系起来(p.8)。赫尔巴特认为，经验心理学应该涵盖自我和心灵，并且它一直是诗人、伦理学家、历史学家和哲学家的材料。然而，经验心理学却无法大幅度地增加知识，因为我们所有人都是从我们自己的观察中来了解心理学的(p.1)。

赫尔巴特抱怨心理学与其他经验科学不同，因为在心理学中纯粹的经验主义是不可能的。他辩称，如果有人许诺采用这种方法，那么我们就必须为欺诈性的断言做好准备。此外，"自我观察毁损了意识事实"(p.3)，心理学概念是在不科学的基础上发展起来的。根据赫尔巴特的说法，自然科学能够展现其理论的具体例子，并且依据系统性的抽象进行运作，但是心理学的基础却不是明确确定的材料，其抽象是非系统的，并且它只能以碎片化的方式从观察中得出法则。内部经验并不比外部经验有更多的合法性，它不能成为开出科学规律的基础，因为人类是"矛盾的集合"(p.6)，因为精神生活处于"永久性的变化"(p.7)之中，因为经验无法区分身心二元论是否真实。在他的《作为科学的心理学》一书中，赫尔巴特(Herbart, 1824)重复了这一反对内省的观点。在自我观察的过程中，个体会将其自身的历史带入这个过程之中，因此内省永远不会产生纯粹的结果，这些结果总会被观察者的先前经验所污染。此外，赫尔巴特认为，一个人自己的生活史取决于记忆，而记忆受到努力、偶然事件、间隔和个人利益的制约。他甚至提到，事实上，人们可能会发明出来自己曾经历过某些事情(pp.12-13)。(赫尔巴特同样批评对别人的观察。)

赫尔巴特(Herbart, 1816)认为，心理学研究中最大的损害是运用人类拥有的官能来解释心灵中实际发生的事情。这是心理官能被人格化的过程，心理学由此就变成了神话。事实上，官能的概念为不确定数量的分类留下了余地。例如，想象力可以进一步分为诗意的、数学的或军事的想象。然而，正如历史实例所示，所有这些分类都倾向于不断的修订，而并

第3章 康德与19世纪早期的心理学批评家 | 53

没有提供一种明确的基础。如果在野人和新生儿中并未能指认出某些官能，那么官能心理学就只得被迫圆话说他们显示出了发展这些官能的潜力。但是，如果作诗的能力只是一种可能性，而不是一种可以发挥或不发挥影响的现实性，那么这个概念就没有解释任何东西。赫尔巴特指出，官能心理学的问题是，它要求将已成长的和受过教育的成年人作为研究人类心理官能的来源。但这也意味着，对赫尔巴特来说，在心理学中"没有一般性的事实"(p.12)，事实只能在个人的瞬息变化的条件下找到。他指出了官能心理学在分类方面的不一致。当人们将灵魂划分为思维、感情和欲望时，这实际上与高级和低级官能（例如为了区分人类和动物[p.13]）的划分相矛盾。

赫尔巴特(Herbart, 1824)最令人信服地表明，人们无法通过对意识事实进行分类，并为每一层级的事实假设一种背后的官能来解释它们。官能心理学无法回答究竟有哪些种类的官能以及有多少官能存在的问题(p.3)。官能心理学无法解释各种官能之间的因果关联，例如，思维与感情之间的关系。官能心理学并没有回答这个问题，它只旨在强调官能之间的差异，这似乎卷入了"一场真正的人与人互相争斗（bellum omnium contra omnes）"(p.23)。与这样一种立场相反，赫尔巴特(Herbart, 1825)指出，思维、感情和欲望是统一的。在观念的（认知）进程中，感情和欲望也同时卷入其中了——只是它们之间的平衡可能会发生变化(p.66)。他还指出，尚不清楚感情的官能是一种产生感情的能力，还是一种识别感情的能力(p.76)。根据赫尔巴特的观点，感情是意识的一部分，而不是感情的官能。官能心理学没有意识到灵魂的官能是从经验中抽象出来的。

赫尔巴特(Herbart, 1816)认为，人们可以使用官能的概念，这不是为了产生心理学定律，而是为了澄清心理现象。例如，在其教科书关于异常情况的章节中，他认为疯狂的来源是一种病态的想象。在大多数情况下，它处于一种破坏性的模式中，受欲望的官能影响(p.80)。然而，他强调说，这样一种澄清并没有真正地解释心理事件。赫尔巴特(Herbart, 1824/1825)对官能心理学的拒斥促使他用力的概念取代了官能的概念。他将观念置于心理学的中心,并发展了一种静力学的数学心理学和精神生活的力学。前者处理观念的抑制和融合,而后者则检查观念的阈限。灵魂的观念是意识的真正主体(Herbart,1825,p.295)。这些观念可能会相互干扰,也可能处于平衡或动态之中。基于经验、形而上学和数学,这些过程应以完全理性的方式通过数学方程表征出来。赫尔巴特认为他的心理学与自然科学相似,而且与康德的评估相反,他表明心理现象可以用数学方法进行处理。赫尔巴特的心理学代表了心理学的范式转换,因为作为一种真正的心理学,它不需要生理学。虽然赫尔巴特创立了自己的学派,并在19世纪初极具影响力,但心理学的进程却走上了不同的方向。

爱德华·贝内克(Eduard Beneke,1798—1854)是19世纪早期心理学的另一位先驱。在其他心理学论文之外,贝内克于1833年和1853年分别撰写了两部心理学教科书。其中后者侧重于心理学的应用。在著名的柏林大学担任校长的黑格尔并不认同贝内克的著作,因为这些作品拒斥德国观念论的哲学思辨。因此,贝内克开始只是在柏林担任编外教授(professor extraordinarius)。他发展出了一种与赫尔巴特非常相似的体系,并被指控为抄袭(参见 Brett,1912—1921/1962,pp.563-565)。贝内克(Beneke,1845)将心理学视为一门自然科学,认为心理学是关于内部经验的自然科学,应该遵循自然科学的方法。他还建议现在正是采用新方法的最佳时机,因为"只有极少数人仍然相信(德国观念论)的思辨性福音"[15](p.ix)。他通过对发展的和未发展的灵魂进行比较,拓展了对官能心理学的批判,并认为可以从发展的心灵中指认的心理现象不会允许得出这一结论,即这些现象的官能或能力存在于未发展的心灵之中。同样合理的是,通过一系列不同的过程,这些形式随后在生命中发展,而且并没有作为官能或能力存在。因此,知性、判断、欲望和推理并不是官能,而是随着时间的推移发展和出现。人类预先就具有知性,但他们的知性并不是被预先塑造的,意识也不是天生的,因为只存在着天生的意识能力(p.51)。诸种官能不是实体,而是背后一种基本官能的表达和活动。对贝内克而言,将抽象的东西变成具体的东西,这是一个基本的概念错误(参见 Dreßler,1840)。

有趣的是，贝内克（Beneke，1845）在其著作的第一章中讨论人类灵魂的一般过程和基本本质，包括心身问题时，涵盖了理性心理学的主题，但是他并未使用理性心理学这一标签。他的想法颇有意思，这包括他论及精神病理学的章节，作为质疑传统心理学的相关性（参见第 2 章）的人，他在心理学的批判史上享有重要地位。他同时也表示希望自己的新心理学能够有助于解决社会政治问题（虽然只是在序言中表达了这种希望）。他抱怨说，我们已经充分认识到了现状的局限性，但是却对如何解决其问题缺乏了解。只有理解了人性的基本过程，才能实现一种"彻底的解决"（p. viii）。关于人类心灵的自然科学应该是学术界的基础科学，它应该有助于理解和解决人类的需求。但是德国哲学"还没有找到与现实性打交道的时间和愿望"（p. ix），仅仅将自己置身于诸如"绝对虚无"（absolutes Nichts）之类的概念中。

为了理解这种批判性观点所处的语境，人们应该研究其历史的政治经济背景。赫尔巴特（Herbart，1816）教科书的出版几乎与 1815 年拿破仑·波拿巴（Napolen Bonaparte，1769—1821）在滑铁卢的最终失败几乎同时发生。此后，德国诸邦经历了一段时间的恢复期，一直持续到 1830 年法国的七月革命，刺激了德国国内的各种政治诉求（见 Snell，1976）。19 世纪中叶最重要的是 1848/1849 年的革命事件。在经济上，德国诸邦在 19 世纪上半叶经历了快速的社会发展，从以农业为主的社会转变为更加工业化的社会，强调制造业、商业和城市发展。这些戏剧性的变化并没有引起大多数学者的真正关注，他们的自我理解更倾向于个人主义，而不是社会性，更倾向于"学术"，而不是政治（参见 Schnädelbach，1984）。对封建主义的反抗、众多政治集会、社会起义，诸如 19 世纪三四十年代的纺织工人起义，甚至 1848 年革命，它们的鼓动者主要是大学体系之外的知识分子，如马克思和恩格斯。拉姆（Ramm，1967）认为，"对社会中的人的智识思辨"（p. 463）是 19 世纪德国知识分子的特征。然而，这种反思的大多部分并未见诸众多心理学作者的著作，他们并没有质疑各种国家官僚体制（参见 Jaeger，1982），而是认为社会阶层分化是社会生活不可避免的后果（见

Schilling，1851，p.214)。

贝内克(Beneke,1845)将这些政治、社会和宗教问题作为可以在心理学的帮助下克服的问题，但他并没有概述出政治心理学纲领。他赞同对学术界只关心理论而非实践的批评，而且对德国哲学有诸多怨言。更为典型的是魏茨(1821—1864)。他坦诚自己不会允许1848年革命扰乱他的心理学研究，其原因不是他对政治运动无动于衷，而是他始终不能决定积极参与他理解甚少的事情(Gerland,1896;另见Siebert,1905)。贝内克(Beneke,1853)出于其伦理—政治关心，撰写了一部实用心理学教科书，专门用于帮助从业者。对于贝内克而言，心理学是关于灵魂的自然科学，而且由于其他自然科学都具有实际应用，心理学也应该有其应用，这是一门被称为实用心理学的学科。当心理学家认为心理学由于过于崇高而无法处理实际问题时，他将之称为"偏见"(p.1)。[16]

莱比锡大学教授赫尔巴蒂安·莫里茨·威廉·德罗比施(Herbartians Moritz Wilhelm Drobisch,1802—1896)和魏茨都是赫尔巴特基本批判的追随者。两人并没有制定一种体系性的批评，这一任务是由朗格(Lange)完成的(见第4章)，但是他们在其著作的导论或序言中都表达了自己批判性的不满。德罗比施试图提供有关一般心理现象及其规律的知识，这种描述应基于正常的心理生活(与变态心理学相反)。他发表了各种各样的心理学著作，其中一本关于数学心理学，还有一本是《基于自然科学方法的经验心理学》(Drobisch,1842)。德罗比施将心理学的结果与自然科学的结果进行了比较，并认为天文学、物理学、化学和生理学的发展比心理学更快。他指出这是因为心理学与哲学，而不是与自然科学联系在了一起。然而，心理学与自然科学的联系并不意味着将另一种自然科学视为偶像，草率地采用其方法，或者模仿其理论。我们应当清晰而正确地理解意识的内容，并表征其自然关系，这样真正的关于精神生活的理论就可以在此发展起来(见pp.30-31)。这意味着研究心理学的任何生理学方法都是有局限性的，因为心理学处理的是意识的内容，而不仅仅是过程(p.30)。德罗比施将理性心理学重新界定为理论心理学，它不应该是思辨性的，而应该将数学应用于该领域。他对精神生活的讨论包括对当时存在的各种思想的批判，包括心理官能的概念。

马堡大学的哲学教授魏茨因其民族学和人类学著作而更为著称，这些著作已被翻译成英文（见 Waitz，1858/1863）。他将心理学设想为一门自然科学，拒绝用观念论的路径研究它（参见 Waitz，1849）。他攘斥思辨的方法，因为它假设了某些概念，却并未给出关于这些概念来自何处的理论（Waitz，1846，p.iii）。相反，魏茨的意图是为心理学建立基础。它应该通过将心理学建立在"毫无疑问的生理学事实"(p.iv)[17]之上来实现，而这将使心理学独立于哲学。他也涉及了一种对心理学的批判，被称为消除常见的心理偏见(pp.126-138)。以此他拒斥了康德关于时间和空间作为感性的先验形式的观点。他使用发展观察法进行了论证，即儿童和成人对空间和时间有着截然不同的看法。魏茨还拒绝了官能心理学，认为天生的心理能力实际上是天生的身体能力。他的生理学取向使得在为心理学奠定基础时有必要将动物心理学作为重要部分包括进来。

魏茨(Waitz，1849)也对自我观察的问题进行了反思。他认为内省法将精神生活分为观察着的部分和被观察的部分，而事实上精神生活是统一的。此外，将观察者与被观察者等同，这从形而上学的观点来看是不可能的，从逻辑的观点来看是矛盾的。他的结论是，自我观察必然总是包含着一个观察错误，它可以有所改进，但从未被完全克服(p.17)。他将自我观察与对他人的观察进行了对比。相较而言，对他人的观察取决于对外部符号（如词语或面部表情）的正确解释。因此，魏茨得出结论，对他人的观察存在着"极大的错误危险"(p.17)，这使其成为次要方法。心理学既需要内省法，也需要心理学的分析和综合。内省法必须确立标准，以使其成为一种精确的方法。

吉森大学的哲学教授古斯塔夫·席林(Gustav Schilling，1815—1872)在其1851年的心理学教科书中设想了赫尔巴特的融合和抑制在社会中的应用。他加入了批评官能心理学的阵线，并称心理官能的这一观念是不足的和空洞的。席林(Schilling，1851)提出了若干反对官能心理学的论据，例如在精神生活中只能识别出个体的瞬间状态，而不是官能（例如，我经历了焦虑，而不是焦虑的官能）；官能不足以描述心理生活，并且导致虚假的分别；官能的概念并没有解释精神生活；灵魂的统一性与独立官能的观念相矛盾；当官能被理解为现实的可能性时，心理学必须处理一个不合逻辑的概念（见 pp. 208-212）。[18] 席林更感兴趣的是提出相关性问题，并希望心理学理论可以应用于社会之中。他还强调外在的自然和社会影响了精神生活。但是，他不是根据社会生活来理解精神生活（正如他的一些同时代人，比如马克思所做的那样，见第 6 章），而是根据精神生活来理解社会生活。对于席林来说，人们就像是相互制约或者融合在一起的观念（席林是一位赫尔巴特主义者）。由于某些观念在精神生活中起主导作用，而其他人则处于从属地位，故而某些人应该担任领导，而其他人应该服务。这样阶级就是"许多人共存过程中发展出来的必然结果"（p. 214）。

伊曼纽尔·赫尔曼·费希特（Immanuel Hermann Fichte，1797—1879）（著名的 J. G. 费希特之子）是若干心理学著作的作者。其中重要的是他在《人类学》（Fichte, 1860）中所做的 180 页的心理学批判史（见第 1 章）。耶拿大学教授和著名的心理学作者卡尔·福拉（Karl Fortlage，1806—1881）也出版了几本关于心理学的作品。在其《心理学体系》（Fortlage，1855）中，他赞扬了生理学的进步，并在拒斥形而上学思辨的同时捍卫了内省的作用。他的目标是实现实证研究与思辨的和解，以提高人类的道德和宗教福祉（Fortlage，1875）。格赖夫斯瓦尔德大学的哲学教授利奥波德·乔治（Leopold George，1811—1874）宣称灵魂是自然的一部分，因此，经验和生理学对于学科的进步至关重要。同时他试图将这一进步与黑格尔的思辨结合起来。

这里提到的作者并没有对心理学的主题、方法或相关性进行系统性的批判，而是在试图公正对待自然科学的成功之同时，共同拒绝唯物主义。夏勒（Schaller，1856）最清楚地表达了这一观点。他拒绝接受唯物主义，并称之为"片面的、不可理喻的、与事实相矛盾的假设"（p. 3）。19 世纪心理学的另一位设计者洛采也认同形而上学反思在心理学中的这种价值。他的

《医学心理学》(Lotze，1852)开篇就用很长的篇幅探究灵魂的本质。最后，我们不应该忘记思辨思想的设计师黑格尔。他对颅相学、相面术和经验心理学都提出了广泛的批评。这些批评也可以划归到对心理学的自然科学取向的哲学批判之中(简要的概述可见 Tolman，2001)。

第4章 自然—科学批判

自然科学家更关心的是实际研究。19世纪对哲学心理学的系统批判，无论是其理性形式还是经验形式，皆不是由他们提出的。对哲学心理学的大多数系统批评来自哲学家自己，他们在欣赏自然科学的成功的同时批判哲学心理学的现状。像赫尔姆霍兹(1903)这样的研究者在19世纪中叶抱怨说，在谢林和黑格尔哲学的统治之下，学者们更倾向于选择纯粹思想的捷径，而不是自然科学研究繁重而漫长的道路(见 p.89)。相比之下，赫尔姆霍兹赞赏康德，并认为哲学与自然科学之间没有区别，康德的思想仍然鲜活，由此为新康德主义铺平了道路。约翰内斯·缪勒(1801—1858)等生理学研究者发现，感官的性质决定了感知觉，从而支持了对康德所谓心灵决定知识的知识论的生理学解释。然而，赫尔姆霍兹没有发展出对心理学的系统批判。约翰·B. 华生(John B. Watson)为西方心理学带来了最重要的变化之一。他不是一位真正的自然科学家，并且因为其修辞的技巧，而不是研究的才华，在心理学史中留下了狼藉的名声。

从理论—历史的角度来看，"思辨"心理学对科学心理学贡献不大这一假设是误导性的。对其有智识兴趣的历史学家都了解，相关的证据不胜枚举，可以证明19世纪下半叶的研究兴趣来自上半叶的话语和人际联系(例如，可参见 Danziger, 2001，关于冯特的意志概念之讨论)。事实上，实验心理学家在19世纪下半叶所解决的一些问题，只能通过追溯到理性和经验心理学家的讨论才能理解(例如，莱布尼茨和冯特都使用过统觉概念)。20世纪对心理学的自然—科学批判主要针对哲学心理学、人文—科学心理学、精神分析（因为自然—科学心理学已经成为主导的纲领）。它同时批评了研究心理学的其他自然—科学取向，以及主流心理学中使用的理论和方法论概念。（例如，认知心理学挑战行为主义心理学）。然而在本章中，我将重点关注早期自然—科学心理学对 19 世纪主流哲学心理学的批判。

朗格对心理学的批判

朗格（Lange，1866/1950）的《唯物论史及对其当前重要性的批判》[1]是19 世纪最具影响力的著作之一。《唯物论史》从自然—科学的视角出发，并与广泛的替代性方案相结合，第一次系统地清晰阐述了对心理学的批判。这部著作是一个哲学文本，它从自然科学的角度挑战了心理学。朗格在书中发展了他对心理学的批评，及其没有灵魂的心理学这一另类方案。更准确地说，这主要集中在该书的第三部分，有近 150 页篇幅的人与灵魂之中（pp.83-230）[2]。朗格最初计划将第三部分单独写成一本名为《心理学批判》的著作，但是最后他还是将其作为《唯物论史》的一部分出版了（见Pongratz，1984）。朗格坚决地批评了哲学心理学，包括它的主题和方法论，同时提供了作为其他可能选择的框架。事实上，他早于约翰·华生将近半个世纪，就已经概述了一种客观心理学的纲领。华生的同时代人很清楚这一事实。铁钦纳（Titchener，1914）在批评华生的《一个行为主义者眼中的心理学》时写到，华生的行为主义并不是真正全新的。他特指的就是朗格的著作。

心理学的早期开拓者都熟悉朗格的心理学著作，并且可以在德语原著或英语翻译中获得他关于没有灵魂的心理学的看法。詹姆斯（James，1890/1983）在他的《心理学原理》中参考了朗格关于大脑功能的讨论，并且大幅引用了朗格拒斥和嘲笑颅相学的内容。斯坦利·霍尔（Hall，1904）了解朗格的作品，并且引用其《唯物论史》。鲍德温（Baldwin，1905）亦是如此。冯特（Wundt，1877）把朗格作为观念论的新康德主义哲学中的重要人物，并将《唯物论史》作为一个极好的参引来源。布伦塔诺（Brentano，1874/1995）

在其《从经验立场出发的心理学》中，多次参考了朗格的观点。但是他认为朗格所谓没有灵魂的心理学的观念是自相矛盾的，并且拒斥了朗格对内省法的批评。

德国史学认可朗格在心理学史和一般的德国思想史上的地位（Sieg，1994），英语作家也意识到了他的意义（参见 Russell，1950；Stack，1983；Willey，1978）。心理学史家克莱姆（Klemm，1911）在他对原子唯物主义的历史性讨论（p.32）中遵循了朗格的思想进路，并将其作为内省法（innere Wahrnehmung）的著名反对者（p.85）。近来蓬格拉茨（Pongratz，1984）将朗格列入"现代心理学诸父"（p.90）之中。但是他补充说，在心理学中朗格之所以经常被忽视，是因为他没有单独出版其最初计划的《心理学批判》。比如，在北美，希尔加德（Hilgard，1987）是把朗格作为内省法的早期批评者进行介绍的，并将朗格没有灵魂的心理学（误导性地）解释为没有自我的心理学。

朗格属于早期的认识论的康德主义者群体。他们为康德的认识论引入了一种心理—生理学基础。这就通向了新康德主义，一种在19世纪极具影响力但又分裂的智识运动（见 Köhnke，1991）。如前所述（第3章），康德（Kant，1781/1968）的《纯粹理性批判》曾提出人的认识并不是外部对象和事件之镜，相反，外部对象和事件是根据人类心灵被铸模的。康德认为物自体在根本上是不可知的，但人类的心灵可以知道并理解它们合规律的表象。根据这样一种认识论，生理学家约翰内斯·缪勒（1801—1858）明确地阐述说，心灵认识到的并不是外部世界中的对象和事件，而是神经系统的状态（Fancher，1996）。朗格（1887）为解决这一问题提到过缪勒，但将之主要归功于赫尔姆霍兹（1821—1894）。后者展示了神经系统将其特征施加到心理过程之上。

对于朗格来说，赫尔姆霍兹的研究驳斥了认识论的唯物主义，并支持了康德式的认识论。然而，这里不是康德的直观形式和范畴，而是人类的生理组织决定了我们能知道什么。人类所感知的性质不属于物自体，而是属于人类的生理学。朗格（Lange，1887）把这一观念作为心理学和哲学的基本命题。朗格曾作为学生参加过赫尔姆霍兹的讲座,与赫尔姆霍兹一样,他拒绝的不是一般而言的哲学,而是由黑格尔和谢林发展起来的绝对唯心主义。他认为振兴哲学的独一无二的可能性是回归康德(Lange,1887)。

朗格(Lange,1866/1950)既没有怀疑外部现实,也没有怀疑它遵循某些自然法则。然而,他确信人类无法把握现实的本质。由于感官的特性,人类无法拥有物自体的真正图像,而只能感知对象的效果。颜色、声音和气味并不属于物自体,它们只是激发了感觉,并且在性质上与人类所感知的东西非常不同。人类根据其生理组织所捕获的只是经验和表象的世界。身体、物质和物理界只是观念,但是这些观念产生于自然法则。可能比较难以理解,推进认识论的观念论与支持经验主义的自然—科学心理学并不矛盾,而且它也并不意味着科学与真理的终结(见 Gregory,1977)。朗格在认识论上是一个观念论者,但在实际研究中,他赞成某种实证主义(见 Köhnke,1991)。作为一个观念论者,他认为人类的心灵无法达及物自体,科学只能研究它们的表象。作为一个实证主义者,或者更确切地说,作为一个表象唯物主义者(Vaihinger,1876),朗格认为,表象可以用自然科学的严格概念和方法来研究。朗格强调,心理学家可以根据这些表象清晰地阐明各种自然法则。

朗格(Lange,1866/1950)在总结雅各布·莫勒斯霍特(Jacob Moleschott,1822—1893)、皮埃尔·弗卢龙(Pierre Flourens,1794—1867)、狄奥多·梅涅特(Theodor Meynert,1833—1893)、爱德华·希兹格(Eduard Hitzig,1839—1907),或大卫·费利尔(David Ferrier,1843—1928)的研究成果时,并没有"解构"心理—生理学研究或关于脑与心灵之间关系的研究。他的批评针对的是弗朗茨·约瑟夫·加尔(Franz Josef Gall,1758—1828)和约翰·卡斯帕·施普茨海姆(Johann Kaspar Spurzheim,1776—1832)的颅相学研究,以及学术哲学心理学。在朗格概述其另类的方案,即没有灵魂的客观心理学之前,这种批评是必需的。由于其不科学的方法和研究逻辑,颅相学遭到了拒斥。朗格指出,加尔的研究步骤并没有遵循精确科学的方法论标准。他评论道,这种情况正是颅相学得以成功的重要来源。因为它不符合自然—科学的标准，所以每个人都可以运用颅相学，不仅其结果饶有趣味，而且经验似乎也确证了这些结果（见 pp.113-114）。事实上，朗格将颅相学的科学地位与占星术和顺势疗法进行了比较。一个波普尔主义者后来可能如此评价：颅相学发现了用以验证的证据，却没有提供任何可能证伪其理论的规则。

尽管朗格曾受过赫尔巴特名重一时的学术数学心理学（见第3章）的影响，但他后来还是与之疏离。在其《数学心理学基础：关于赫尔巴特和德罗比施根本错误的论文》（Lange，1865）中，他甚至发表了对赫尔巴特心理学的单独批判。在《唯物论史》中，朗格（Lange，1866/1950）强调，赫尔巴特把握观念世界的努力，并不像他计划的那样成功，而且也绝不像赫巴特所尝试过的那样，可以与哥白尼（Copernicus）和开普勒（Kepler）把握行星世界的方式两相对比。他甚至将赫尔巴特的体系与颅相学的妄想进行了比较，并嘲笑赫尔巴特的心理学被困在一个强大的形而上学漩涡之中（见 p.164）。

然而，他同意赫尔巴特的观点，即心理学领域需要一种对心理学的批评。而这将不得不得出结论："我们担心如果现在把它写出来的话，那么整个所谓的科学就所剩无几了。"（p.167）。朗格也拒绝了赫尔巴特主义者魏茨（1821—1864）的心理学。魏茨放弃了赫尔巴特的数学方法，并将赫尔巴特的体系变成了一个"经验的"自然—科学心理学大纲（参见，例如，Waitz，1849）。魏茨属于19世纪的哲学心理学家群体。他们试图将心理学变成一种科学的探索（见第3章）。然而，根据朗格的说法，魏茨仅仅是将赫尔巴特的数学心理学转化为一种关于灵魂本质的理论。但是朗格认为，"对特定现象的精确知识，是任何追求精确的研究者考虑的第一要务"（p.168）。只要心理学不具备这种知识，就没有必要反思和研究灵魂的本质。

德国哲学尝试为心理学发展一种体系性的基础，朗格对此批评甚多。耶拿大学哲学教授福拉（1806—1881）提出了一种基于内省的经验科学心理学（Fortlage，1855）。对于朗格而言，"整本书涉及了一般性命题，其中有一套他自己发明的术语，却没有描述哪怕一个确切的现象"（Lange，1866/1950，p.171）。洛采著有闻名遐迩的《医学心理学》（Lotze，1852）。该书在处理生理学问题之前，先讨论了灵魂的存在，心身问题和灵魂的本质。对朗格而言，这第一部分包含"一百七十页的形而上学，因此之故，医学界人士并没有从这本书中受益"（p.175）。费希特（Fichte，1860）在其《人类学》中发展出了他的形而上学心理学。朗格向我们展示了这种心理学的特点，即"逻辑上的弱点和自命不凡的过时错误的重复"（p.176）。也正因其皆依赖于思辨，莱弗多尔·乔治（1811—1873）的思辨心理学（见 George，1854年）和尤利乌斯·夏勒（Julius Schaller，1810—1868）的研究都遭到了朗格的拒斥。只有冯特作为德国学术哲学心理学的反例被赞赏性地提到了。朗格（Lange，1887）也称赞了恩斯特·海因里希·韦伯（Ernst Heinrich Weber，1795—1878）和古斯塔夫·西奥多·费希纳（1801—1887）的作为科学心理学重要组成部分的心理物理学。

在《劳动问题对现在和未来的意义》这一著作中，朗格（Lange，1875）甚至在社会学的意义上对韦伯和费希纳进行了解释。朗格认为，根据韦伯定律，区分刺激差异的能力不依赖于绝对差异，而是依赖于相对差异（参见 Fechner，1860）。这一点可以应用于社会和政治现象。朗格提出，"对政治压迫增加的感觉与这种增加的绝对值不成比例，这种感觉依赖于增加与整体政治压迫的大小的相对关系"（Lange，1875，p.115）[3]。朗格认为，一个拥有宽泛自由的社会，会对权利的中度恶化做出极度不满的反应。而一个处于压迫背景之下，只拥有有限自由的社会，面对同样尺度的虐待的增加则会产生较少的不满，而且对于相同数量的政治恶化，其经验也不会那么恶劣。朗格（Lange，1887）曾担任过教师，因而关注教育学，也设想了心理物理学的教育意义，并建议某些教育工具应以心理物理知识为基础。他认为，在生命早期为儿童提供礼物和款待是不明智的，因为这些儿童还无法理解较小的款待。让孩子的心思对一些款待产生适应才是明智之举，这样能让孩子们对小礼物产生良好的反应。同样，他建议教师应该考虑重要的不是奖励的绝对数量，而是相对增加这一原则。

与对德国哲学心理学的高度批评相反，朗格赞扬了英国心理学——特别是查尔斯·达尔文（Charles Darwin，1809—1882），赫伯特·斯宾塞（Herbert Spencer，1820—1903）和亚历山大·贝恩（Alexander Bain，1818—1903）的贡献。他唯一担心的是英国心理学家走得还不够远，因为他们的理论仍然缺乏坚实的实验基础。朗格（Lange，1866/1950）甚至认为英国心理学对于实践者（政治家、教师、医生和艺术家）而言，比德国心理学更为有用。朗格特别钦佩达尔文。他与路德维希·毕希纳（Ludwig Büchner，1824—1899）一起，是首批将达尔文的思想融入心理和政治理论的德国知识分子之一。韦卡特（Weikart，1999）甚至认为朗格"在任何地方都可能是第一个"（p.83）将达尔文主义系统地应用于社会问题的人。事实上，在1871年达尔文出版《人类的由来》之前几年，朗格就已经在1865年的《劳动问题》中谈到了人类社会中存在的生存斗争。

朗格将达尔文主义应用于心理学和社会理论。他称赞达尔文为人类的心理理解做出了贡献，并认为完整的心理学知识范围应该遵循达尔文的引领。朗格（Lange，1866/1950）在介绍其心理学时，反思了人类心灵的进化论基础，其中包括对人类"种族"的时代及其统一的讨论。朗格总结并挑战了他那个时代的科学话语，他将这一观念阐释为心理学的公理，即心理生活应被理解为自然历史和人类进化史的一部分。朗格也没有绕开争论，他认为主张从高度有组织的动物进化，而不是从"无机土块"中突现，会更容易让人们接受（p.109）。

在他对哲学心理学的批判方面，朗格（Lange，1866/1950）拒绝了在其同时代哲人中常见的观点，即心理学的主题可以先验地确定或澄清（p.162）。对于朗格而言，从灵魂的形而上学原则，诸如"无广延性"（p.163）（笛卡尔的"思的东西"res cogitans）开始是没有意义的，因为根据这样的定义无法对主题进行科学的处理。此外，他认为灵魂的概念是空洞的，只是一个神话（p.168）。我们不应该先验地定义心理学的主题，而应该对之进行后验的定义。没有灵魂的心理学应该在研究各种心理现象的基础之上进行。

朗格认为，只要仍然存在着任何其他科学都还没有研究过的东西，那么保留心理学的名称仍然是有用的。除了感觉和知觉，心理学应该探究人类的行为和语言，以及一般的精神生活的所有表现(p. 178)。朗格还表达了对思维、情感和意志等传统心理学术语的不满，因为不清楚与它们相对应的是什么，而先验定义在诸如比较心理学中是没有用的。他指出，人类对意志一无所知，但是他们会了解其表现形式："当我们谈到这个'意志'时，我们只是为一组生命现象添加了一个综合的词汇。每一个将事物设想为名词的做法都超出了给予我们的事实，因此在科学上是毫无价值的。"(p. 148)。

朗格批评了哲学心理学的核心方法，即自我观察法（内省法）(pp. 168-177)。他提出康德曾注意到自我观察会"导致狂热和幻觉"(p. 169)，因此在朗格看来，康德将自己的经验心理学和人类学建立在对他人的观察，而不是内省之上。朗格强调，心理学不需要内省或主观描述。他推崇的是对他人进行有控制的观察，而不是自我观察。观察法的关键之处指的是观察是否可以"由他人完成……或者它是否避开了任何此类的控制和确认"(p. 174)。可被验证的能力，以及消除先入为主的观点的影响，成为朗格纲领的核心特征。排除主观性，即"消除观察者的主观性影响"(p. 177)，使观察成为一种客观的方法。朝向自己思维、情感和冲动的反省与观察既未能为验证留有余地，也没有排除主观性，因此内省法是一种不精确和主观的方法，应该被排除在自然科学心理学之外。

就自然—科学方法论而言，他提出了一种实用主义的观点，因为"科学方法可以应用于心理学的程度必须通过结果来表现"(p. 177)。对于朗格来说，心理过程是基于生理学和物理学的，因此他建议心理学家应该确定每个心理过程的物理或生理基础。朗格将之称为**躯体方法**（somatic method）(p. 184)，实际上这是一种自然—科学的唯物主义方法。为了获得成功，从事研究的心理学家们"应该尽可能地不偏离与心理现象有关的躯体过程"(p. 184)。该方法对他的认识论的观念论而言，既未反驳，也不矛盾，因为这样一种方法论取向并没有认为躯体过程是心理现实的终极本质。根据这种躯体方法，朗格建议心理学家应该根据情绪的躯体症状来对之进行解释（参见第183页）。对朗格而言，情绪研究中的任何坚实结果都需要对症状进行认真的研究。朗格认为"我们对自己情绪的意识只能由对其躯体反应的感觉来决定和引起"（p.184）。他提出的这一纲领预示了后来的威廉·詹姆斯（William James，1842—1910）和卡尔·朗格（Carl Lange，1834—1900）情绪理论。朗格还赞扬了达尔文（Darwin，1872/1965）的《人与动物的情绪表达》对心理学的意义。

朗格还设想从动物心理学中获得对其自然—科学心理学和没有灵魂的心理学的支持，因为很容易"对动物进行实验"（p.178）。动物心理学为拒斥内省法提供了支持，因为对动物的严格观察可以通过专注于其动作和行为来完成，而且同时观察者或者研究对象的主观性在动物实验中并不起作用，并且研究步骤总是可以重复一遍。动物心理学能够提供客观性，因为观察可以重复，因此个体偏见的影响也得以被清除。毫不奇怪，朗格还建议对儿童，特别是婴儿进行研究。他指出，对新生儿的系统实验可以为自然—科学心理学的基础做出巨大贡献（p.180）。

远超过动物心理学所能提供的，心理学家甚至可以观察婴儿期的任何心理过程的基本要素。例如，通过观察孩子的第一批词汇，心理学家可以得出关于心智发展的结论（p.174）。朗格总结说，人们从实验性的婴儿期研究中获得了远比卷帙浩繁的思辨所能提供的更多的东西。朗格支持的另一个领域是民族心理学（Völkerpsychologie）[4]，它能够运用一种具有科学性的语言学方法。对朗格来说，语言学是民族心理学最重要的来源之一，因为它有助于将语言纳入科学的分析之中。朗格提到了展示语言的心理学特征的威廉·冯·洪堡（Wilhelm von Humboldt，1767—1835）。然而，他也提醒我们要注意一些早期探索者的心理学解释：詹姆斯·考尔斯·普理查德（James Cowles Prichard，1786—1848）就是其中之一。他们常常受到误解、宗教偏见和种族中心主义的引导，并且对其他文明也缺乏同情心。

与哲学心理学相反，朗格的自然—科学心理学也提倡统计学。这在他关于劳动问题的工作中变得尤为明显，他将统计学称为"所有科学中最具革命性的"(Lange,1875,p.16)。根据朗格(Lange,1866/1950)的观点,统计学为研究人类行为和可能性,以及研究社会生活,以至于"指导个人行动的动机"(p.194)都提供了扎实的方法论基础。我们可以从犯罪的数量和类型、自杀、非婚生子、教育数据和文学作品的数量中获得心理学知识。商业和航海,铁路的交通报告,作物和牲畜的数量以及财产细分的结果(p.194),对它们进行统计都能产生心理学知识。作为一位具有批判思维的学者,朗格还警告我们不要带有偏见地使用统计学,比如,用一个国家每年发生的犯罪数量来表达其道德状况。朗格认为,从纯粹统计学的角度来看,这样一种分析有必要以如下方式开始,即"将应受惩罚的行为的数量除以可能导致应受惩罚的行为的机会或诱惑的数量"(p.199)。

朗格强调了统计学对一种自然—科学心理学的意义,这就引起了关于自由意志的哲学问题。朗格的结论是,个人意志受物质条件的支配,因此意志自由的原则被认为是"过时的"(p.196)。他援引康德,认为自由与必然之间没有矛盾,或者正如他自己表述的那样,"作为主观意识之形式的自由和作为客观科学之事实的必然,两者之间并不矛盾"(p.196)。对于朗格来说,所有人类行为总是存在着"经验条件性和严格因果性"(p.197)。一般水平上的意志"大致代表了数量巨大的所有个体的意志冲动"(p.195),并且受到年龄、性别、气候、食物和劳动的影响(参见 p.195)。

主流的北美心理学和心理学史家都忽视了朗格,尽管他代表了19世纪科学、哲学和心理学的缓慢转变(参见 Green, Shore & Teo, 2001)。朗格拒绝对心灵本质的哲学思考,并推崇具体的实证研究。这是一个重要的智识事件。他认为心理学需要从生理学,而不是模糊的术语中得出的概念,心理学的主题不是灵魂或意识。心理学家应该关注行为和生活的其他表现。内省是主观的,因此应该支持作为可控过程的对他人的观察。心理学家应该使用统计学、动物心理学和婴儿心理学。以上种种使朗格成为自然科学心理学的真正先驱,以及心理学批判史的先驱。

思辨的问题

奥古斯特·孔德(Auguste Comte,1798—1857)将思想的发展划分成神学阶段(自然现象由超自然存在产生),形而上学阶段(抽象的力量产生现象),以及最后的实证阶段。这一阶段从培根的时代生发,包括对自然规律的研究和对事实的观察,伴随着某些推理和学术的专业化。就心理学而言,孔德(1896)推崇科学方法的应用,特别是实验,但认为心理学应该被排除在实证科学之外。他将哲学心理学指认为神学的最后阶段(p.11),并认为心理现象可以在解剖学、生理学和他自己的实证哲学纲领中得到充分的研究。

他对哲学心理学的批评所针对的是内省法,因为这种方法在两千年的心理学探索中没有带来任何共识,而且有多少内部现象的观察者,内省法就指导了多少理论。事实上,根据孔德的说法,心理学家"把自己的梦想误认为是科学"(p.13)。实证主义一直是心理学中极具影响力的元理论,并发展成恩斯特·马赫(Ernst Mach,1838—1916)的经验批判主义,后来又发展为逻辑实证主义或逻辑经验主义。在所有种类的实证主义中,对科学与非科学的划分都是至关重要的,对形而上学和思辨的指责成为一种学术上的死刑判决。

事实上,对自然—科学的支持者而言,其所表达的心理学批判的一个核心特征就是对思辨的指责。朗格(Lange,1866/1950)认为,心理学从实验中所能了解的,比所有基于思辨反思的著作所能提供的要更多(见上文)。赫尔巴特将感情、情绪和冲动理解为观念的相互作用。冯特(Wundt,1874/1910)认为这种假设"与对经验的精确分析相冲突"(p.26)。而威利(Willy,1899)声称冯特的心理学充满了思辨。在撰写其关于心理学危机的论文时,他一开始就说到,"众所周知,心理学直至今天仍然陷在思辨的束缚之中"(p.1)。[5]华生(Watson,1913)反对将意识事实作为心理学的主题,以及运用内省来指认这些事实的方法。他认为这种观点会被思辨问题所困扰，而且这些问题不会对实验科学研究开放。

斯金纳（Skinner，1953）跟随华生的脚步，将心理学视为一门真正的科学（他将心理学转化为激进的行为主义）。在批评解释学心理学时，他强调理解、解释、直觉和价值判断这些概念缺乏精确性以及实践意义。用斯金纳的话来说，这些解释学方法尚未表现出"任何改变我们当前困境的能力"（p.8）。具有讽刺意味的是，斯金纳的行为主义，尤其是他的语言发展理论，因其思辨特点而遭到了乔姆斯基（Chomsky，1959/1967）的批评。这一批评在乔姆斯基1967年对其1959年初版论文的再版引言中重复并最为清晰地表达出来。乔姆斯基（Chomsky，1959/1967）称，斯金纳关于语言习得的观点"主要是神话"（p.142），他指出了"斯金纳对语言的思辨"（p.142），"行为主义者……关于高级心理过程本质的思辨"（p.142），以及"对语言和心灵的现代思辨的徒劳无益"（pp.142-143）。在最初的评论中，乔姆斯基（Chomsky，1959/1967）认为，在行为主义者的实验室中获得的结果，并不能被有意义地应用于诸如语言这样的复杂人类行为，因为"仅仅用这些术语来讨论语言行为的思辨性尝试"（p.145）会忽视那些根本因素。而乔姆斯基则提出了先天语言习得机制的概念（language acquisition device）。而这一概念也没逃脱思辨的指责。我们可以把这一指责称为元讽刺（metairony）（Moerk，1989）。[6]

威利（Willy，1899）并不打算对心理学进行自然—科学的批判，他的意图是对其所处时代的心理学进行一般的批评。这种心理学通常认为自己是自然科学的（冯特、布伦塔诺、詹姆斯、艾宾浩斯、马赫、屈尔佩等）。他指认了心理学危机的两个主要方面：形而上学危机和方法论危机（另见第2章）。心理学的形而上学危机在于，在19世纪末，心理学陷入了思辨的束缚，而这种思辨很大程度上受到形而上学唯灵论的影响。根据威利的说法，像冯特这样的心理学家，以精确的经验科学的名义，重新绕到了思辨的圈子里。他们如果真的想成为心理学家，那么就不应该给哲学世界观留下任何回旋余地。根据威利的说法，心理学中的形而上学取向和经验论取向不仅是互相排斥的，而且是相互否定的。对威利而言，方法论危机在于无法就方法论问题达成一种解决方案。这些问题包括对心理学而言正确的方法（实验对内省），心理因果性的作用，将自然科学方法迁移到心理学中的可能性或不可能性，直觉和抽象的作用等。威利将鹄的指向了冯特，并提出具有讽刺意味的是，冯特称赫尔巴特的想法是虚构的聚合，而事实上冯特的许多概念都是基于虚构的。

华生（Watson，1913）在他的批评中加入了对心理学本质的攻评：对心理学传统主题和方法论的一击（他的批评出现在许多教科书中）。心理学的主题不应该是意识而是行为，方法论不应该是内省，而是自然科学的方法，包括实验和观察他人。华生的批评意义重大，因为他不仅批评心理学，而且同时提供了一种新的心理学。它对学术和实践问题的解决都做出了承诺，而且与美国社会的时代精神更好地结合在一起。华生是一位精于修辞技巧的大师，他成功的一部分（事后我们才有所理解）归功于其说服和营销技巧。

华生的一些学术和非学术的著作都重复了他的观点。在行为主义中，华生（Watson，1924/1998）对比了古老的已经过时的内省心理学和他自己的新心理学。前者研究意识，并被认为与迷信、魔法和宗教有关，而后者则是基于自然科学的进步。根据华生的说法，冯特的心理学只不过将宗教性的灵魂替换成意识，只产生了"伪科学"（p.5）。华生并未谦虚到将行为主义限制在只是理解人类心理生活的某些方面的层面。他明确表示，这种以新心理学自命的路向必将完全取代旧的心理学。用华生的话说，行为主义研究纲领表明了"为什么行为主义的配方和方法是解决所有心理问题的适当方法"（p.18）。

华生（Watson，1928）的修辞技巧在其《行为主义之路》中更为明确。这部作品面向的是普通大众。行为主义被描述为一种不需要思辨的自然科学。它是客观的，基于事实，做出预测，并实现控制。他用简单的例子来表明其关于行为预测的观点："一个房间里安静地坐着十个人，我们在他们后面扣动左轮手枪的扳机，我们就能预测"（p.15）。华生的攻评远远超出了詹姆斯（1890/1983）。詹姆斯认为心理学是关于精神生活的自然科学，并且也意识到了内省法的问题所在。但詹姆斯仍然将内省法指定为心理学的基本和核心方法。詹姆斯关注的更多的是语言的误导性特征和心理学家的谬误,即将自己的立场与心理事实的立场混淆,并假设如果心理学家意识到了心理状态,那么心理状态也意识到了其自身(见詹姆斯的第7章)。

对于巴甫洛夫(Pavlov,1927/1960)而言,其目标不是提供对心理学的一套系统评价。对神经系统最高级功能的生理学研究不应该基于心理学,而应该基于物理学和化学,即"更先进和更精确的科学"(p.3)。他认为心理学是一门没有精确性的科学,并怀疑心理学是否可以被视为一门科学。巴甫洛夫将詹姆斯和冯特列为证人,并提出了一个论点,即心理学的定义取决于特定研究者的特定想法。继而他认为,只有研究高级脑功能的实验生理学才能为未来真正的心理学科学奠定基础。

乔姆斯基(Chomsky,1959/1967)批评的不是整个心理学领域,而是当时心理学的主导世界观,即行为主义。他将学习理论所解释的语言习得问题作为行为主义局限性的案例。乔姆斯基批评了操作条件反射的诸多范畴,如刺激、反应和强化,并指出斯金纳用来解释语言习得的概念是不精确的、隐喻的、思辨的和无关紧要的。例如,应用于实验室之外的现实生活环境,"强化概念已经完全失去了它可能具有的任何客观意义"(p.153)。而应用于语言习得问题,强化的概念"不是基于实际观察,而是基于对低等生物实验室研究的类比"(p.155),这意味着行为主义的所谓自然—科学概念是隐喻性概括,它创造了一种严格的科学理论的幻觉。但事实上,它只代表类比的猜测。斯金纳曾断言过反馈在语言习得过程中的重要性,但这并非基于任何经验证据。乔姆斯基总结说,"如果对所习得的东西没有更好的理解,那么对习得过程进行的思辨则没有任何意义"(p.169)。

自然—科学心理学中的争论

通过考察心理学史上一些著名的争论,例如19世纪晚期狄尔泰和艾宾浩斯之间关于自然—科学心理学作用的争论,也可以指认围绕自然—科学心理学的批评和反批评。1894 年，狄尔泰(Dilthey，1957)(见第 5 章)发表了《关于描述性和分析性心理学的观点》一文，其中他质疑了朝向自然科学的心理学的可行性。作为替代方案，他提出了一种将心理生活的整体考虑在内的描述心理学。在 19 世纪末，艾宾浩斯(Ebbinghaus，1896)在《感官心理学和生理学杂志》(*Zeitschrift für Psychologie und Physiologie der Sinnesorgane*)上做出了回应。他认为描述心理学的存在并无必要，因为自然—科学心理学能够处理狄尔泰提出的所有问题。艾宾浩斯(Ebbinghaus，1896)认为狄尔泰的论点是出于情感，而不是出于理性，由此拒绝了其所有论点。在艾宾浩斯看来，狄尔泰提出了一个没有实际内容的宏大框架，他的一般观念缺乏具体例证的支持。

艾宾浩斯甚至为狄尔泰的反应提供了一种心理学解释，即它是基于心理冲动，基于自然—科学心理学侵犯了心灵的整个实体的感觉。艾宾浩斯认为，狄尔泰对当代心理学的描述是不充分的，他对心理学史的描写是有误解的。在艾宾浩斯看来，狄尔泰提出的反对联结主义的论点只适用于赫尔巴特。而根据艾宾浩斯的说法，赫尔巴特并不是自然—科学心理学的良好代表。事实上，说明心理学，包括其对因果关系的理解，在处理狄尔泰提出的问题时没有任何问题。他得出的结论是，狄尔泰的攻讦并不客观，它是不充分的，并且狄尔泰在其描述心理学中需要假设，这又是自相矛盾的。根据艾宾浩斯的说法，提出狄尔泰那样的描述心理学并不必要。狄尔泰(Dilthey，1957)在他作品集中以笔记(生前并未发表)的形式作了简短地回应，完成了其反思。狄尔泰在其最后的笔记中重复到，人文科学(Geisteswissenschaften)从内在经验开始，并强调这一事实使人文科学在性质上与自然—科学心理学不同。他认为艾宾浩斯误解了其关于假设在心理学中的作用的论点。此外，闵斯特伯格(Münsterberg，1899)对狄尔泰的批判性观念进行了处理，并抛弃了它们(参见 Stoffers，2003)。

在认知心理学和行为主义之间，也进行过一场更为众所周知的争论。行为主义不仅受到经验研究(简短概述可见 Palermo，1971)的质疑，而且还为概念转变(如计算机以及与之伴随的隐喻的发展)所挑战。艾伦·纽厄尔（Allen Newell）、赫伯特·西蒙（Herbert Simon）和乔姆斯基等研究者在20世纪50年代开创了认知革命（见D. J. Murray, 1995）。到了20世纪60年代，人类不再被视为刺激反应的单元，而是被看作信息加工系统。它像计算机那样计划和组织各种心理现象（G. A. Miller, Galanter, & Pribram, 1960）。奈瑟尔（Neisser, 1967）认为，没有必要捍卫自己反对刺激—反应理论的立场，因为认知过程确实存在，因此应该对之进行研究。他根据对软件（程序），而不是对硬件的理解，来界定了心理学家的任务。后来，奈瑟尔（1976）对自己的纲领进行了批判。他指认了信息加工隐喻在实验室之外的有限适用性，甚至预测如果心理学把自己限制在这一隐喻中，则必将走进一个死胡同。

　　行为主义也受到生物学导向的科学家的挑战，如让·皮亚杰（Jean Piaget, 1896—1980）和行为学研究者。行为学先驱之一康拉德·洛伦兹（Konrad Lorenz, 1903—1989）早就指出，在重要性这一维度，物种特异性（species-specific）行为高于习得行为，并且在系统发生学上被程序化的行为不能以斯金纳的方式进行条件制约。他举例说，不可能通过条件制约，让一只雌鸽在交配期间仰面躺着（参见R. I. Evans对洛伦兹的访谈, 1976, pp. 3-16）[7]。根据洛伦兹的说法，行为主义并没有理解各种物种的行为特殊性。哈利·哈洛（Harry Harlow, 1905—1981）的研究挑战了将哺育（feeding）作为依恋来源的观点，在心理学中影响广泛。在行为主义框架中，假设的是婴儿因习得反应而产生依恋，其中哺育是主要因素。精神分析理论在解释依恋现象时，也将哺育置于主导地位。然而，在20世纪50年代的恒河猴研究中，哈洛与其同事将幼猴与母亲分开，并将它们暴露给代母。实验清楚地表明，在依恋发展的过程中，接触的舒适性比哺育更重要（Harlow & Zimmerman, 1959）。

　　基于进化论的研究者挑战的不仅有行为主义，而且包括人文—科学心理学和心理学中的各种理论。人们可以从达尔文（Darwin, 1871）对人类独特性假设的批判开始。他认为人与动物之间的差异只是程度问题，而不是种类问题。威尔逊（Wilson, 1975）试图将各种哲学、社会学、人类学和心理学理论整合到他的社会生物学计划中。这一计划或内隐地或外显地批判了几种心理学理论（包括行为主义和人本主义理论）的理论缺陷。例如，科尔伯格（Kohlberg，1927—1987）的道德发展理论（另见第 7 章和第 9 章）被批评为没有提出道德判断发展的机制（这并不正确，因为科尔伯格将其理论建基于皮亚杰的纲领之上，这包括认知适应和平衡）。相反，威尔逊提出将道德发展理解为生物学适应的过程。因此，幼儿以自我为中心并处于前习俗阶段，以及成人的同伴定向和处于习俗阶段，都具有一种选择性优势。

诸如冯特与彪勒之争（the Wundt-versus-Bühler debate）这样的历史论辩在北美语境中的重要性，比不上结构主义与机能主义，格式塔心理学与行为主义，以及卡尔·R. 罗杰斯（Carl R. Rogers，1902—1987）与斯金纳之间的各种争论。对于精神分析的自然—科学批判也有着悠久的历史，这种批评几乎在每一本当代心理学教科书中都被奉为圭臬（例如，在发展心理学中，参见 P. H. Miller，1993；Santrock，MacKenzie‐Rivers，K. H. Leung & Malcomson，2003）。主流共识认为，从批判的视角看，精神分析的特征就是不充分的方法论，不可验证的断言，以及对儿童性存在的过分强调。从伦理—政治相关性出发的批评，挑战了弗洛伊德在性别（俄狄浦斯情结）和文化（性心理发展理论根本不是普适的）方面的偏见。最后，心理学史中充满了从其他自然—科学理论而来的对主流研究纲领的经验上的和理论上的批评。然而，这些批评并不一定就挑战了心理学作为一门学科的基础，包括其主题、方法论或伦理—政治相关性。心理学史教科书对这些主流辩论都有所涉猎，在此不再赘述。

在心理学史上，一个连续被提起的重要主题涉及学科的分裂和统一问题，它关系到自然—科学心理学的地位。早在 1874 年，布伦塔诺（Brentano，1874/1995）就已经设想了"一种更加统一的解释心理现象的方式"（p.80），并抱怨心理学的不成熟状态，对心理现象的某种陈述总是会受到不同观点的研究者的质疑。经验主义的自然—科学视角，马克思主义的视角（Holzkamp，1983；Tolman，1988），人文—科学视角（Kristensen，

Slife & Yanchar，2000；Yanchar & Slife，2000），以及对主流的怀疑性反思(Koch,1993)都曾处理过学科统一问题。

然而，统一问题是自然—科学心理学的一个特别问题，因为它在20世纪初方法论反思中，将物理学作为主导科学，并产生了持久的影响。在将哲学反思（并未统一）与心理学研究分离的过程中，自然科学的哲学，尤其是统一的物理学的哲学，成为人们关注的关键因素。卡尔纳普(Carnap，1928/1967,1932)在他的新实证主义纲领中提出，经验科学的所有概念和陈述都可以而且应该被还原为物理学的概念和陈述。这样的观点激发了一些统一计划，其最著名的代表之一是斯塔兹(Staats,1981,1991)。他就这一主题出版了诸多著作（关于统一问题的总体概述见Sternberg,2005；Sternberg & Grigorenko,2001)。对于斯塔兹来说，心理学的分裂和混乱的状态是该学科的一个主要问题，尤其是对于一个意图成为自然—科学的学科而言。

斯塔兹(Staats,1999)指出，比任何其他取向都更愿意效仿自然科学的行为主义从未统一，这一判断也适用于当代认知心理学。当斯塔兹将心理学的概念状况与物理学进行比较时，他提出了一个所有自然—科学心理学家都应该关心的批评。如果将心理学的情况转换到物理学中，则意味着在涉及相同的问题时，一个特定的研究小组使用诸如质量、引力、质子等术语，而另一个研究小组使用的却是完全不同的概念网络。这在物理学中会被认为是不可接受的。这种情况也导致了许多科学领域都认为心理学并不是一门真正的自然科学。斯塔兹认为，学科的幼年阶段，心理现象的复杂性和独特性，操作模式的不统一，以及心理学的生产力或扩散是导致心理学这种无组织状态的原因。他建议通过基础建设和开拓统一计划的资源来克服这种不统一。

斯塔兹对自然—科学心理学的批判基于这样的假设，即尽管承认心理现象是独特的，然而心理学概念的性质仍是自然的。我认为，只有心理学概念的性质是自然的，统一才有可能。但是如果它们的性质是社会历史的，那么心理学可能看起来更像是哲学而不是物理学。如果心理学仍然是一门哲学学科，那么实证研究则应该被认为是用来说服其他人相信某一理论之重要性的修辞工具。当然，在哲学中，统一其众多传统并不是一个有意义的话题。心理学概念的社会历史特征一直是对心理学的人文—科学批判的焦点。

第5章 人文—科学批判

威尔海姆·狄尔泰(1833—1911)的研究纲领系统地质疑了心理学中的自然科学方法论。与此同时,他提出了作为其他可能选择的人文科学(geisteswissenschaftliche)心理学(见 Teo, 2001)。狄尔泰(Dilthey, 1894/1957, pp.139-240)在其《关于描述性和分析性心理学的观点》中提出,由于心理学主题的特殊性,模仿自然科学将是错误的,并且那些科学中提供的因果解释并不能令人满意地运用到精神生活领域。根据狄尔泰的说法,心理学的主题是作为其整体的经验(experience in its totality),而这在自然—科学的实验和测量中是无法充分处理的。作为其整体的经验意味着精神生活不是从部分成长而来,不是由元素构成,它不是复合体,或是感觉或情感原子之间相互作用的结果,而是说精神生活始终是支配一切的单位。基于这样一种批评,狄尔泰描述了两种心理学:一种是自然—科学心理学,它与联想或统觉这样的基本过程打交道,并运用因果关系来说明心理过程;另一种是人文—科学心理学,其中被用于描述和分析的是精神生活的整体,高级的精神生活而非元素,而理解则被作为最恰当的研究方法。

狄尔泰对20世纪的心理学产生了重要影响。斯普朗格(1882—1963)的人文科学心理学(geisteswissenschaftliche Psychologie),雅斯贝斯(1883—1969)关于精神病理学的观点,埃德蒙德·胡塞尔(Edmund Husserl, 1859—1938)的现象学心理学以及汉斯—格奥尔格·伽达默尔(Hans-Georg Gadamer, 1900—2002)的解释学,都从中获益良多。在北美,狄尔泰的思想影响了高尔顿·奥尔波特(Gordon Allport,1897—1967)(见Nicholson,2003),他的精神渗透到了各种形式的人本主义心理学之中(参见Dilthey,1976;Harrington,2000;Rickman,1988)。当然,必须指出的是,狄尔泰作为其他可能选择的心理学并没有得到与实验心理学一样的体制支持,他对心灵的理解并没有成为学术心理学的主流。

狄尔泰对自然—科学心理学的拒斥

狄尔泰致力于为人文科学(Geisteswissenschaften)建立认识论基础。必须在这一背景下理解其著作(见Teo,2001)。[1]狄尔泰试图以与康德针对自然科学的纯粹理性批判相同的方式发展其对历史理性的批判。狄尔泰(Dilthey,1883/1959)不满意奥古斯特·孔德和约翰·斯图亚特·穆勒(John Stuart Mill,1806—1873)所描绘的认识论立场。因为他们将历史同化为自然科学的概念和方法。相反,他认为人文科学之锚是对人的经验、意识事实和心灵的分析。最基础和最核心的人文科学是那些研究产生了社会和历史的生命—单元(life-units)(狄尔泰意指的是人)的学科。因此,青年狄尔泰将心理学作为研究心灵的基本学科。对于狄尔泰来说,将历史和生活经验作为心理学的研究材料也很重要,因为正是它们使有关历史生活的知识,以及有关如何统治、引导和发展社会的知识得以可能。但与康德、洛克或休谟(1711—1776)相反,狄尔泰拒绝将他的反思限制在认识论(认知)主体上。他专注的是整体的主体,在认知之外,其心理本质还包括情感和意志。

为了理解狄尔泰对心理学的批判,重要的是要强调自然科学(Naturwissenschaften)和人文科学(Geisteswissenschaften)之间的区别(参见Teo,1999)。狄尔泰在这一点上并非原创,但在概念上进行了详细阐述。后者包括历史、政治科学、法律、政治经济学、神学、文学和艺术。在分类意义上,心理学可能不会被视为一门人文科学,因为对于青年狄尔泰来说,它是所有人文科学的基础。然而,由于心理学同时建基于理解之上，而所有其他以某种方式处理历史—社会现实的科学亦是如此，所以在方法论意义上，心理学是一门人文科学。[2]狄尔泰本人并不完全满足于人文科学这一术语，因为精神①(Geist)这个术语将焦点从人的情感和动机领域中拉开了，而实际上它们与彼此完全互联的认知方面同样重要。

狄尔泰(Dilthey,1883/1959)对科学学科的二元论持谨慎态度。一方面，他强调自然过程和心理过程在性质上是不同的，这表明了人文科学概念的正当性。在这一点上，弗里德里希·恩斯特·丹尼尔·施莱尔马赫(Friedrich Ernst Daniel Schleiermacher,1768—1834)，黑格尔和谢林对他的认识论反思，比孔德、穆勒或者斯宾塞更为相关。另一方面，他强调精神生活只是心理物理生命单元的一部分，这意味着人文科学只具有相对的独立性。基于这种区分，狄尔泰的批评针对的是对心理学主题有限的理解，以及心理学的自然—科学方法论。作为其他可能选择，他强调了对心理学主题的一种社会历史理解，其中包括在个体精神(主观精神)研究中对客观精神的分析(另见第6章中马克思的心灵概念)。他没有试图将心理学问题纳入自然—科学的解释中，而是促进将理解作为心理学的核心方法。

在对心理学研究主题的批判方面，狄尔泰因其形式主义而对自然—科学心理学不满意。他认为，对心理生活的形式和过程的关注，阻碍了对心灵内容的检视。换句话说，他对遗忘曲线的兴趣，远不如对具体的主体实际遗忘的或记忆的内容感兴趣。对于狄尔泰来说，通过推进对心理过程或者识别心理规律的研究，并没有解释心理的内容。心理的内容取决于一个人的意义结构。在狄尔泰(Dilthey,1977)看来，正是通过内容，意义才得以形成。

个人意义和个人心理生活取决于特定社会历史情境中的客观精神(黑格尔的术语)。狄尔泰将之指认为在法律、道德、伦理和制度中所表现的一个社会群体或者时代的精神。个人的心理生活受到这种客观精神的影响

---

① Geisteswissenschaft一般译为精神科学。但在本书的语境中，原作者将Geisteswissenschaft英译成human science(人文科学)。为统一故，亦将之汉译为人文科学。而此处原作者又回归到Geisteswissenschaft之原义，指出其前缀Geist为精神(心灵)之意。——译者注

（或者可以更好地表达为嵌入其中）。人的意识（就其总体性而言）在语言、宗教、神话、风俗和组织中成为客观存在。我们可以在人类为后来世代留下的所有表达和成果中识别出这种客观精神。根据狄尔泰的说法，通过这些人类的创造物，心理学可以获得其严谨的研究材料。它将使我们能够对人类个体的心理生活进行真正的分析和更为深刻与全面的理解。狄尔泰（Dilthey, 1958）也提供了如何将客观精神以及与之对应的个体精神概念化的想法。他认为两者同样重要，这也意味着个体精神不仅仅是由客观精神决定的。特定的心理生活被客观精神以及个体的力量同等决定（狄尔泰特别考虑了天才的概念）。对狄尔泰而言，认为个人在确定历史方面起着核心作用，同时个人也是由历史决定的，这两者没有任何矛盾。

自然—科学心理学并没有真正关注个体精神在客观精神中的嵌入性，它也不关心一个人的心理生活如何表征了整个时代，以及现代个体如何表现了人类的过去。另一方面，狄尔泰针对自然—科学心理学的局限性，强调了心理学主题的社会历史特征。狄尔泰（Dilthey, 1883/1959）认为，超越了历史和社会的人的观念是一种自然—科学的虚构。心理学的主题应该是作为社会、历史和文化的一部分的个体。个体是众多系统的交叉点。在文化发展的过程中，这些系统变得愈加精致和特别。而在这一过程中，个人本身也变得更为精致、特别和复杂。例如，狄尔泰（Dilthey, 1894/1957）提到情绪在艺术发展的过程中表现出更多的复杂性。个人之间差异的增加是由于劳动分工和社会政治分化造成的。

对生理学、实验和自然—科学心理学的主题或明或暗的批评，并不意味着狄尔泰认为对心灵的社会历史理解是完全充分的。他强调人类也是自然的存在。他认为人类既受到天性的影响，也受到教养的影响（Dilthey, 1883/1959, pp.17-18）。然而，虽然意识到了生物学的维度，但狄尔泰并没有真正关注它，而是强调在历史语境中，以及在客观精神与主观精神的关系中对心理学进行研究。狄尔泰的目的是将心理学从生理学和物理学转移到历史的结果和反思之中，并在心理学和历史学之间架起一座桥梁。狄尔泰（Dilthey, 1894/1957）在这个问题上非常清楚："人既不能通过对自己的冥想,也不能通过心理实验来认识自己。认识自己只能通过历史"(p.180);"只能通过其历史,才能知道人是什么"(Dilthey,1960,p.226);"人只是在历史中,而不是通过内省,才认出了他自己"(Dilthey,1958,p.279)。[3]鉴于历史对于理解人的重要性,狄尔泰强调人文科学专注于历史研究并不奇怪。这项努力的第一步就是在心理学研究中探索历史的产物。

心理学的三种不同纲领滋养了狄尔泰对心理学的批判。首先,狄尔泰将心理学设想为一种内容心理学(与形式心理学相反)。形式和内容之间的区别是一个重要的哲学区别。根据文德尔班(Windelband,1958,p.461)的观点,这种区别可以追溯到先验知识和后验知识之间的区别。狄尔泰(Dilthey,1962)将占主导地位的心理学指认为一种形式学科,并认为对心理生活的形式和过程的关注,阻碍了对心灵的内容的检视:"心理学的规律是纯粹的形式规律。它们涉及的不是人类心灵的内容,而是其形式的行为和举止。"(p.43)狄尔泰(Dilthey,1958)对心理学的这种状况完全不满意,因为每一种经验都包含着一种内容,它表征的是对某一个体的意义。

另一种批评来自他将心理学视为描述心理学的观点,正如其著名的《关于描述性和分析性心理学的观点》(Dilthey,1894/1957)所表达的那样。面对他那个时代的说明性的实验心理学,狄尔泰提出将描述性心理学作为其他可能选择。描述心理学应该集中于描绘心理生活的各个部分及其联系,因为它们是在其整体上被经验到的。他批判地评价说,自然—科学心理学未能公正对待精神生活的联结。例如,狄尔泰(Dilthey,1957/1894)认为认知只是人类心理生活的一部分,另外一个部分是情感生活,他认为这才是心理生活的中心,另外还包括意志行动(p.180)。这三个部分始终是互相关联的,而其区分则建立在传统的哲学—心理学区分之基础上(见第3章)。只有科学抽象的过程才为它们的区分留下了余地。对狄尔泰来说,心理生活远远超出了知性:"经常见到将思维、感情和欲望作为三个分离的彼此排斥的概念的做法,好像感情和欲望不包含思维一样。这是错误的。"(Dilthey,1990,p.354)

狄尔泰(Dilthey,1894/1957)认为"人的目的就是行动"(p.27)。他并没有将行动或行为排除在他对心灵的反思之外,而是将行动理解为生命的唯一表达,理解为人的本质的唯一部分。在这一点上,作为心理学潜在的核心范畴,行动或行为的问题在于,它不能完全代表内心生活。只有通过经验(Erlebnis)概念,即在主体与自然、文化、历史和人类世界有意义的相遇中,才能实现这一点。同样重要的是要强调,关注对个体精神的描述和分析,并不与强调它和客观精神的联系产生冲突,因为两者总是相互联系的。例如,意志行动(内部的和主观的)和文化(外部的和客观的)是相互关联的。因此,心理学可以"通过观察社会的外部组织,以及经济和法律秩序,来研究我们的意志行动的性质、规律和联系。"(Dilthey,1894/1957,p.190)。

第三层次的批评来自结构心理学的观点(Dilthey,1962,p.317)。结构的概念是在他的《关于描述性和分析性心理学的观点》(Dilthey,1894/1957)中提出的。狄尔泰认为,人的心理生活镶嵌在环境之中,同时也影响这一环境。这导致了内部状态的一种组织,他将其称为结构。这一结构被组织和发展成一个连贯的整体。而每一个体的生命传记都处于一个连接的结构中。描述心理学的任务就是研究这种结构,以及将心理的线索捆绑成整体的纽结。结构的概念具有理论性意义:"精神生活不是从其各个部分生发而来;它不是由元素构建的;它不是拼凑而成的东西,不是感觉或者情绪的原子相互作用的结果;它从一开始到任何时候都是一个统摄一切的统一体。"(Dilthey,1894/1957,p.211)

这是对自然—科学心理学的一次明显的攻讦,但这种攻讦并没有公正对待所有经验之间的联结。事实上,为了挑战那种聚焦于元素的心理学,狄尔泰(Dilthey,1894/1957)提出了"精神生活格式塔"(p.220)这一术语。他在19世纪60年代就开始提到"我们精神生活的格式塔"(Dilthey,1990,第27页),将之作为一种尚未解释的心理功能之综合。这种心灵与人的统一将精神生活与物质世界区分开来,并解释了狄尔泰对文学的尊重。根据狄尔泰(Dilthey,1894/1957)的观点,在文学之中,人类达到了对精神生活联结的直觉性的理解。然而，描述性心理学必须以一般性的方式阐明这些观点（与文学相反）（参见 Dilthey，1894/1957，p.153）。狄尔泰还提出，心理结构在以幸福为目标时，具有目的论特征。而这一概念却被排除在自然—科学心理学之外。

在对心理学的方法论批判方面，狄尔泰认为自然—科学心理学无法充分研究心灵，因为在自然科学中使用的因果解释不能应用于精神世界。虽然说明性（自然—科学）的心理学建立在诸如联想或统觉等基本过程之上，但是描述性心理学将描述和分析与说明性的假设分别开了。在描述心理学中，"精神生活的完整现实性必须被用于更为适宜的描述和分析，这种描述和分析必须具有可达到的最高程度的确定性"（Dilthey，1894/1957，p.168）。为了实现这一目标，描述性心理学必须从高级的精神生活，而不是从基本过程开始（p.169）。狄尔泰（Dilthey，1894/1957）引冯特（1832—1920）为援，因为冯特也意识到实验心理学研究应限于基本的心理过程，并且对精神生活的研究需要的不仅仅是因果解释（参见 pp.166-167）。

狄尔泰试图建立一种能够公正对待心理学的主题本身的方法论，这意味着不能去模仿自然—科学的方法。虽然他对哲学体系持怀疑态度，但他要求科学研究应该保持一种哲学意图。狄尔泰（Dilthey，1894/1957）认为理解（Verstehen）是对心理学而言最合适的"方法"[4]，这可以简单地概括在其基础性的格言之中："我们说明自然，我们理解精神生活。"（p.144）然而，除了理解之外，他并没有完全排除其他心理学方法，并承认心理学的各种辅助方法，包括内省、比较法、实验法，以及变态心理学研究（见 Dilthey，1894/1957，p.199）。基于他对人类心灵的看法，即客观精神和主观精神相互联系，他强调在心理学方法的武库中，对精神生活产品的研究是一种非常重要的工具。

狄尔泰（Dilthey，1958）认为，由于客观的精神的存在，而每个个体的表现又表征了这一客观精神领域的共同点，所以理解是可能的。我们之所以能理解词汇、句子、手势、礼貌行为、艺术作品，以及历史活动，只是因为存在着一种将表现与理解联系起来的共同意义。根据狄尔泰的说法，自出生以后，人们就开始被客观精神的世界所滋养（用现在的话说：一个人被社会化进了一种文化）。只有当我们了解了一个个体所从何来的时候，才能理解这个人。

在狄尔泰看来，研究心理学最合适的方法就是理解。这种方法很重要，因为心理学中精神生活的复杂性和联结不能用概念来表达（Dilthey，1977，p. 164）。因此，复杂性及其相互关联性只能在经验和直接意识中表现出来。人们经验到了其本质的整体，而这一整体应该在理解的过程中再现出来（Dilthey，1958）。狄尔泰（Dilthey，1958）区分了理解的基本形式与理解的高级形式。前者以直接过程的形式在日常生活中普遍存在（p. 207），而当某些事物与日常经验相矛盾时，理解的高级形式就出现了（p. 210）。在这种形式中，人们将首先检视问题，包括其涉及的语境，最后达成理解。对一个人的理解可以模仿对一首诗歌的理解，或者对文学和艺术的解释。

从同理心中产生了理解的最高形式，其中发挥作用的是精神生活的整体性：重新经验（Nacherleben）其他人的经验（参见 Dilthey，1958，pp. 213-216）。这是人文科学心理学的另一个特征，即对心理生活的重新经验将心理过程与自然区分开来（Dilthey，1977）。理解的科学形式和阐释导向了解释学（Dilthey，1958，p. 217），其最终目标是"比作者本人还要更好地理解作者"（Dilthey，1894/1957，p. 331）。除了理解这一范畴之外，狄尔泰还发展了经验、表达和意义的概念（见 Dilthey，1958），将它们作为对自然—科学心理学范畴的批判性的对立概念。

当然，自然—科学心理学并没有详细阐述理解的概念。鉴于科学的标准，对狄尔泰来说，重要的是强调他感兴趣的不仅仅是殊异性。相反，他试图理解普遍性（一致性）和特殊性（殊异性）之间的关系。这对于理解精神生活具有重要意义。由于每个人的心理的整体都是特殊的，因此"如何构想规律，或者行为的统一性，就成了最明显的问题"（Dilthey，1977，第195页）。狄尔泰试图在分析和理解特定的心理整体性的同时，也把一般原则作为目标。这一点是可以实现的，因为"特殊性是在所有这些统一性的基础之上产生的"(Dilthey，1894/1957，p.270)。事实上，狄尔泰并未设想把对个人的描述和理解纯粹作为各殊性的(idiographic)，他意图达到的是对一般化的个体理解。我们也可以在他强调客观精神概念的语境中理解他对一般性的结果的渴望。

狄尔泰对普遍性的渴望可以在他对开拓类型(types)研究的建议中得以辨认。特殊的和个人的表现不是随机的，而是可以被归入某种类型之下。因为某些可被称为"类型"的基本形式，在变化过程中会重复发生(Dilthey，1894/1957，p.270)。类型不是形而上学的建构，因为人性包含着一种秩序，就像客观精神包含着一种秩序一样。这种秩序为辨识各种类型留下了空间，也为理解各种类型和个体留下了余地(Dilthey，1958，p.213)。关注类型及其所包含之物并不是狄尔泰的随意而为，而是其心理学和哲学的重要组成部分。这种类型学的意图在狄尔泰世界观的哲学中尤其明显(Dilthey，1960)。并且在事实上，狄尔泰的追随者，人文科学心理学家斯普朗格(1882—1963)发展了对个性和青春期经验的类型研究。

德语语境

狄尔泰相当分散地为一种人文科学心理学制订了计划。他的想法仍然是抽象的，并没有表明它们与具体研究问题之间的相关性。斯普朗格(Spranger，1929)则完成了一项具体的计划，他将解释学思想应用到了青少年心理学的研究之中。斯普朗格通过勾画出青春期的整体特征，将狄尔泰对人类心灵的看法融入到了发展心理学研究之中，其中女孩为13～19岁，而男孩为14～22岁。该计划可被称为基于理解的青年发展心理学。斯普朗格接受了狄尔泰对自然—科学心理学的批判，然而，他的理解概念与狄尔泰的有很大不同。斯普朗格还为解释学的人格心理学奠定了基础。这与他的青年心理学两相对照，在北美语境中产生了影响力(见Nicholson，2003)。

关于对自然科学心理学的批判，斯普朗格(Spranger，1929，pp.21-

30)认为,集中在人类从童年到青春期的生理学变化上的任何生理学解释,都无法解决发展的心理问题。他提出,苏格拉底(公元前469—399年)被送入监狱,是因为他的肌肉将其移动进了监狱,这种生理学解释是说不通的。一个被闪电击中的人,由于最初的这种物理事件,其对生活的计划、情绪和态度都发生了改变,我们需要根据这个人对这种经历的理解来进行解释。同样地,处于青春期的男性的心理不能通过精液的产生和增加来解释。根据斯普朗格的说法,生理心理学并非没有相关性,但它并未对理解心理本身有所增益。解剖学的事实很有意思,但它们对理解青春期没有什么贡献。更具体地说,通过了解生殖腺的活动,人们无法解释青春期发生的孤立感、孤独感、好走极端或者理想化趋势。对于斯普朗格来说,结构的解剖—生理变化代表了一种事实领域,而结构的心理变化则意味着另一种独立的事实领域。

在他的《人的类型》中,斯普朗格(Spranger,1914/1928)曾提出心理学过于依赖自然科学,例如,在身心问题的构想中,他指出,一种注重身心关系的物理决定因素的自然—科学心理学会忽略经验被创造的意义背景(p.7)。此外,心理学对自然科学的依赖导致无法就物理学、化学、生理学和数学的研究结果提出批判性的问题。与他的老师狄尔泰一样,斯普朗格认为基于自然科学的心理学是一种元素心理学,它与基于解释学、人文科学与哲学的结构心理学两相对照。这种元素心理学感兴趣的是意识的组成部分。然而对成分的任何分析都无法让我们得以研究心理经验的内容。

那种将心理生活分为认知、情感和意志,而且每个部分又做进一步细分的心理学,不如对嵌套在意义语境中的心理之整体感兴趣的心理学优越。斯普朗格以如何理解某个重要历史人物的决定作为示例。他指出,心理学家并不需要将这个决定分为认知、情感和意欲,但是他们需要识别和处理镶嵌于历史语境中的、充满意义和价值的动机。自然—科学心理学拆解了精神生活有意义的整体性。斯普朗格认为这正是它的科学缺陷。在已经分离之后,将碎片(元素)再次拼到一起,这样无法解决主体性问题。相比之下,解释学心理学将精神生活视为一个有意义的整体,作为某种文化语境的一部分，并从精神生活的整体开始。作为比较，斯普朗格指出，去除青蛙的内脏，从中可以了解器官的内部结构和生理功能，但是将这些部分组合在一起，并不能重新创造那只活的青蛙了。精神生活并不像一个由物质部分组成的机制那样工作，而是需要一种将人们有意义的经验和行为置于中心的心理学。

斯普朗格不仅批判了自然—科学心理学，而且批判了狄尔泰的理解概念（见Teo，2003）。狄尔泰认为，理解的最高形式体现在对他人经验的重新体验上，而且这一过程特别地证明了人文—科学和自然—科学心理学之区分的合理性。斯普朗格拒斥狄尔泰将理解的最高形式作为心理学基本方法的观点。斯普朗格（Spranger，1929）通过提供一套完整的描绘（p.2），意图理解青春期的心理组织。他认为这种描绘不应该聚焦在展现于自传和文学作品中的具体个体上，因为心理学家永远不能够穷尽具体的个性（p.3）。相反，他试图提供一种典型的青春期图景。斯普朗格的人文—科学心理学感兴趣的是一般性的视角，发展的规律和典型的图景。他同时意识到，由于精神生活的文化嵌入性，这种典型的图景将局限于某个文化阶段，而无法超越时间和空间。

对斯普朗格来说（Spranger，1929），其开发解释学心理学的动机源于帮助处于心理困扰中的青少年的需要，并且他认为这种帮助只能通过理解的过程来实现。而通过对个人精神生活的再体验、同情或共情这些概念，并不能充分把握理解的方法。在斯普朗格看来，理解应该"以客观有效的知识的形式"（p.3），把所有心理联系当作有意义的，当作价值体系的一部分。这样一种目标从外部的视角来看，可以更为成功地实现。因此，较之于对一个人自身的理解，对他者的理解所受的限制更少，而人们可以比古人对自己的理解更好地理解古人（这是一条基本的解释学原理）。此外，人们可能会理解处于同一时代、同一年龄或者同一阶级的某些人，但这并不能让我们把握那些处于元主体（meta-subjective）水平的意义联系（p.7）。而这些联系始终涉及关心理解问题的心理学，并对其而言至关重要。尽管狄尔泰的描述心理学包含了主体性的特殊性，但是斯普朗格的理解心理学旨在抓住那些没有被有意识地赋予个体主体性的联系(p.8)。

对于斯普朗格来说，真正的理解需要了解客观的心理联系，而这已经超越了直接的生活意识。因为对历史背景知道得更多，人们可以更好地理解过去的人；因为更了解其发展的背景，人们可以比一个儿童对自己的理解更好地理解他/她；如果人们理解了"历史和社会条件"(Spranger，1929，p.5)，就能更好地理解青春期。因此，对于斯普朗格来说，个人从中得以被理解的系统比个人经验的总和要复杂得多。这种立场在发展心理学中变得更为明显。斯普朗格(Spranger，1929)举了游戏的例子来说明自己的观点(见 p.8)。对于"儿童为什么喜欢游戏"这个问题的一个简单回答就是，儿童喜欢游戏是因为游戏有趣。如果有人问一个孩子，她可能会回答，因为她喜欢游戏。如果有人回答说，儿童为了练习与她生活相关的未来活动而游戏，那么发展心理学就具有了一种超越儿童主观经验的理解理论。同样地，"我们思考的时候为何思考，我们评价的时候为何评价，我们行动的时候为何行动"(p.8)，对这些问题我们无法通过调查个体来回答。为了回答这些问题，心理学家必须理解更为广泛的意义联系和跨超越个体的心理现实。在掌握意义联系的基础之上，对青春期的理解应该超越青少年所经历的东西。因此，某些青少年的表现应该被理解为发展性表现，即使青少年表现了一些相反的东西。

在埃利斯曼(Erismann，1924)的直觉心理学(einsichtige Psychologie)计划中可以找到类似的对自然—科学心理学的批评。其中他认为，结合了关于人类的一般知识的真正的心理学，需要渗透到心理过程的意义之中。埃利斯曼指出，他称之为原子心理学的自然—科学心理学是成功的，但是它基于不同的主题和不同的方法论。讲德语的学者还包括雅斯贝斯(Jaspers，1913/1997)。他比其他任何人都更多地尝试了人文—科学心理学和自然—科学心理学之间的和解，例如在他著名的精神病理学之中。在雅斯贝斯的计划中，他将哲学和理论的反思与身体方法(somatic methods)相结合，并整合了个案研究、统计学、实验法，以及理解的方法。胡塞尔(Husserl，1936/1996)批评了心灵的自然化(p.69；§11)。就此他的意思是，心理学模仿了自然科学的方法论，并赋予心理生活如同自然一样的本体论地位。尽管它取得了成功，但对于胡塞尔来说，自然—科学心理是有局限性的，因为它无法解决主体性问题，而且构成了一般意义上的自然科学危机的一部分。

从人文—科学心理学的视角来看，一些德国战后(1945年以后)的出版物没有根据研究主题、方法论或相关性来指认自然—科学心理学的局限性，而是要求一个自然—科学心理学未能涵盖的研究领域(参见例如，Gruhle，1948)。伽达默尔(Gadamer，1960/1997)在对主流心理学批判的贡献方面声名稍逊，因为他的批判一方面针对狄尔泰，另一方面针对自然科学(一般而言)。狄尔泰研究生涯从心理学转向了人文科学的解释学基础。伽达默尔批评他并未能完成人文科学的奠基工作。因为在狄尔泰的著作中，他只为该计划制作了"草图"(p.224)。然而，从心理学批判的历史来看，更为相关的是伽达默尔对以自然科学为偶像的人文科学的批判。伽达默尔恢复了偏见(prejudice)的概念，并将之作为理解的一个条件，也是研究得以完成的基础(另见第9章)。人文科学是独一无二的，因为它们不仅专注于一个对象(像自然科学那样)，而且它们也嵌入在悠久的传统中。在人文科学中，研究者"以一种特殊的方式，受到当下及其利益的驱动。研究的主题和对象实际上是由探究的动机构成的"(p.284)。伽达默尔并不是心理学家，而是哲学家，他强调人文科学的认识论的特别性。如果我们要考量具有社会历史属性的心理学问题，那么可以说心理学基本上是一门人文科学。

英语语境

基于人文科学视角的各种有趣和复杂的论点是在英语语境下发展起来的。奥尔波特(Allport，1947)对北美心理学中人文科学反思的复苏产生了很大的影响。他对心理学中存在的物理学羡妒感到震惊，但是他也能理解心理学缘何采纳了物理主义，以及相应的机器模型，其原因正是应用物理科学的成功以及美国社会对技术的重视。奥尔波特提出的问题是，心理学可以为解决战后问题和改善人类关系做出何种贡献，但是他发现学术概念和研究成果并未对之提供太多的解决方案。心理学作为一门有意义的学科，不应该墨守古典和新行为主义（以及精神分析的发展模型）中的机器模型，而应该遵循一种人文—科学的纲领，因为它最初是按照道德科学的意图进行设计的，而道德科学将德性作为精神生活的核心特征。

奥尔波特(Allport,1937)认为心理学的主题较生物科学而言"无限复杂"(p.5)。他批评了将个体排除在心理学之外的做法。这一点具有重大影响。例如，心理学家在对人的理解和判断方面并不具有优越性，因为对普遍化的心灵的关注不能公正对待个体思想的丰富性。在涉及其他人时，心理学家已经会约定俗成地应用抽象规律，但他们还没有学会如何理解和关注个体的性质。根据奥尔波特的观点，吸引传统心理学家的是方法，而不是主题的特殊性。但是，传统的科学方法无法理解个体。奥尔波特还对规律和实验概念进行了新的构想，同时认为关于个性的一些问题根本无法通过实验来研究。奥尔波特的重点是个性心理学，它应该是殊异的，这意味着它是研究独特之物的一种尝试。

马斯洛(Maslow,1969)概述了对科学和自然科学心理学的批判，其中他将传统的科学和心理学描述为机械的和非人的。机械的意味着强调预测、控制、确定性、准确性和组织。他认为如果将这些属性推到极端，就落在了病理的和神经症的范畴。与此同时，他暗示了一般的科学家对控制的过度需要。从心理学的角度来看，科学可以被理解为对焦虑的一种防御。根据马斯洛的说法，自然—科学心理学以其对预测和控制的强调，过于简单化，对人本身价值不大。在抽象(abstraction)的过程中，自然—科学心理学将对经验进行编码、净化、构建和组织。然后这些抽象变为现实，因此看起来"蓝图比房子更真实"(p.75)。

对于马斯洛来说，传统科学和心理学中生产的知识是与体验性知识相对的旁观者(spectator)知识。旁观者知识缺乏参与、卷入，并且意图做到中立。在心理学中，旁观者知识划分了研究的主体和客体，将人类构想为被动的存在，并创造了由外部环境控制的无助之人的形象。而体验性知识则专注于体验。心理学中体验性的认识者关注的是个人的个性、认同、自发性和责任感。体验性的认识者将人视为行动的中心，视为主动做的人，而不是"被完结"的人。自然科学中的解释标准，包括简约性、简单性和一元论，与体验性知识中理解的丰富性形成了鲜明对比。马斯洛并不认为传统科学或者传统心理学是错误的，但在他看来，它们的思想比较狭窄。他希望通过自己的人本主义心理学计划来克服这种情况。他对一种全面的人文—科学心理学的愿景将具体的经验囊括进来，通过关心客观性，并同时将价值问题纳入科学之中，以此克服价值中立的客观性。有趣的是，马斯洛还将传统科学指认为种族中心主义的、西方的和非普适的(另见第9章)。

吉奥尔吉(Giorgi, 1970)从学术上最为清楚地表达了心理学不应该成为自然科学的一部分，同时他认为人文—科学心理学可以坚持其科学特性。吉奥尔吉指认了(本书中所称的)自然—科学心理学的方法论中心主义(见第2章)，意即心理现象要去适应方法。他认为心理学的自然—科学取向可以被描述为经验的、实证的、还原论的、定量的、决定论的和预测性的(p.63)，并且心理学中的自然—科学方法被嵌入到这些标准中。这些标准继而决定了心理学家就心理现象所能提出的问题——很明显无论研究任何主题，这都将是一种非常有限的努力。结果就是，学术研究中的所有问题都落到了吉奥尔吉所称的测量问题之中："你如何测量？"(p.64)。吉奥尔吉将这种自然—科学心理学的实践指为"测量先于存在"(p.65)，这意味着那些无法测量的心理现象就不能进入心理学的话语之中(而如果一种现象是可测量的，则它就是与心理学相关的)。吉奥尔吉认为测量在科学中提供了严格性，但是他拒斥了这样一种观点，即由于它在自然科学中得行其道，那么在心理学中也能如法炮制。相反，对于吉奥尔吉来说，对严格性的定义取决于现象的性质。他建议人文科学家必须探索测量之外的其他严格的方法。

吉奥尔吉总结了对主流自然—科学心理学进行批评的一些主要观点：

缺乏统一性(领域的增长是由于扩散,而不是由于内部的进步);由于未制定目标而致的方向的匮乏;对自然科学的毫无根据的模仿;无法以有意义的方式研究重要的现象;缺乏整体性方法;对人本身未能公正对待,亦不敏感;与生活世界无关。吉奥尔吉认为导致了心理学的这些问题的最重要原因是在心理学中采用了自然—科学的视角。吉奥尔吉将这种采用归因于内部的斗争,而当代评论家对此则更为露骨。例如,沃德(Ward,2002)认为,心理学与自然科学的联盟是一种政治决策,因为将一个新兴领域与诸如哲学和人文学科这些被认为是弱者的学科联系起来是没有意义的。与此同时,所有的假充内行者都必须被排除在外,以便在该学科的成员和非成员之间划清界限。对于吉奥尔吉(Giorgi,1970)而言,对自然科学的这种承诺导致了方法先于应该被研究的现象,以及对整体性方法的排斥。与自然—科学心理学相反,他描绘了一种人文科学心理学,以及后来的现象学心理学(Giorgi,1995)。

一些基本的反思已经存在于当前心理学的各种人文科学或者解释学取向中,这些方法或多或少成功地挑战了主流心理学(参见 Bugental,1967)。最近,马丁和汤普森(Martin & Thompson,1997)质疑了认识论/方法论位于本体论/主题之上的首要地位,并指出心理学的主题有明显的特性。这包括社会历史的嵌入性,不确定性以及人类经验和行为的道德特性。在狄尔泰的传统中,他们强调心理学的主题在本质上与物理科学的主题不同。马丁和休格曼(Martin & Sugarman,2001)通过借鉴哈金(Hacking,1992)对自然和人类的区分,指出了心理学主题的独特性质。在解释学的传统以及对天真的环境主义的反对中,他们认为人类不能被还原为社会历史语境,因为在受环境影响的同时,他们还可以影响环境。

针对主流心理学对主题的科学主义误解,马丁和汤普森(Thompson,1997)对心理学中进步的可能性以及经验证据的意义提出了挑战(参见 Mos 的人文—科学反思,1998,2003)。由于社会建构论和心理学的后现代反思的兴起(见第8章),他们也拒绝了心理研究中的相对主义。人文—科学(解释学)的观点已经被应用到各种语境之中,尤其是临床心理学,以及诸如多元文化主义等社会问题(Fowers & Richardson,1996)。这表明哲学解释学是一项复苏的研究计划。像泰勒这样的当代哲学家(Taylor,1985,pp.13-57)也要求为社会科学提供一种解释学的基础。

第 6 章　马克思主义批判

马克思主义心理学已经发展成各种各样的话语，甚至可能在其中心前提方面相互矛盾。这些话语的开拓者包括苏联心理学家，如谢尔盖·鲁宾斯坦（Sergej Rubinstein，1889—1960），文化历史思想家利维·S. 维果茨基（Lev S. Vygotsky，1896—1934），亚历山大·R. 鲁利亚（Alexander R. Luria，1902—1977）和阿列克谢·N. 列昂节夫（Aleksei N. Leontyev，1903—1979）；弗洛伊德主义的马克思主义者将马克思的经济、社会和政治理论与精神分析相结合，其中包括赫伯特·马尔库塞（Herbert Marcuse，1898—1979），埃里希·弗洛姆（Erich Fromm，1900—1980）和狄奥多·W. 阿多诺（Theodor W. Adorno，1903—1969）；法国马克思主义心理学家，如乔治斯·波利泽（Georges Politzer，1903—1942）；最能代表德国批判心理学的是霍兹坎普（1927—1995）的研究；以及英语世界中许多其他"新左派"，或者马克思主义的女性主义研究计划。[1]在本章中，我将讨论一些最具原创性和在智识上最有趣的对心理学的批判。马克思、维果茨基和霍兹坎普是这些观念的最为特别的开创者。

除了创新性的马克思主义研究计划之外，需要指出心理学中存在的由斯大林教条主义观点导致的批判的死胡同。例如，P. G. 克莱姆（P. G. Klemm，1953）的一本心理学教科书在德意志民主共和国被采用。在其序言中，克莱姆批评心理学中缺乏进步文献。他为 T. D. 李森科（T. D. Lysenko，1898—1976）的伪科学研究背书，因为据称它摧毁了 T. H. 摩尔根（T. H. Morgan，1866—1945），A. F. L. 魏斯曼（A. F. L.

Weismann，1834—1914)和 J. G. 曼德尔(J. G. Mendel，1822—1884)关于遗传的反动观点。他提倡将巴甫洛夫作为一种真正进步的心理学的榜样，他赞同在马克思主义和语言学方面"斯大林的亲切和蔼的作品"[2] (p.5)，它们为心理学中的语言和认知研究铺平了道路。克莱姆作为一个范例，说明了一个原本持怀疑态度的，意图对意识形态进行严格批判的纲领，如何其本身就成了意识形态。它认为论证是不必要的，将对手指责为反动的，并给自己贴上进步的标签，就足以完成对心理学的批判。

卡尔·马克思对哲学心理学的批判

早于斯大林主义的任何论断几十年，马克思(1818—1883)就提出了一种有趣的心理学批判(Teo，2001)。[3] 他批评说，其所处时代的心理学思想忽视了人类心灵的社会文化和政治经济嵌入性。他敦促学者们去研究生活在具体的历史性的社会中的具体的个体，而不是反思处于历史和社会之外的抽象个体。马克思试图基于黑格尔哲学理解精神生活，并将其与自然科学的研究成果相结合。他致力于黑格尔的唯心主义与自然科学的实证主义之和解。马克思从未写过关于心理学的一本著作或者一篇文章，因为他主要对哲学、政治经济学和政治学感兴趣。特别是在他后期的著作中，马克思不再参与对心灵问题的讨论。正如马克思在其著名的关于路德维希·费尔巴哈(Ludwig Feuerbach，1804—1872)的提纲中所表达的那样，哲学的目标不是解释世界，而是改变世界(Marx，1888/1958，p.7)。哲学成为一种工具，以便促进社会变革(Marx，1844/1956，p.385)。

黑格尔(Hegel，1830/1992)在主观精神、客观精神和绝对精神中有所侧重。主观精神指的是个体心灵及其感觉、习惯、意识、知觉、理性、欲望、记忆和想象的能力。客观精神的概念意味着表现于法律、道德和伦理中的某一社会群体或时代的精神。而绝对精神作为一种无限的实体，表现在艺术、宗教和哲学之中。黑格尔认为个人不能超越其时代，因为时代精神(Zeitgeist)也是个人的精神(参见 Hegel，1817/1986；亦参见第 5 章中的狄尔泰），以此将主观精神和客观精神联结起来。马克思（Marx，1867/1962）没有将绝对精神的观念纳入他的哲学，但是他试图阐述主观精神和客观精神之间的联系。

马克思对哲学心理学的批判揭示了如下问题：对人性的传统误解，对意识的错误概念化，以及对心理学研究材料的错误使用（哲学心理学的本体论和认识论问题）。在人性方面，马克思指出了人性的社会维度。人的本质不能在人格，也不能在物理学的或者生物学的特征中找到，而主要存在于社会层面（Marx，1844/1956，p.222）。正如著名的关于费尔巴哈的提纲第六条所指出的那样，马克思声称人的本质可以在"社会关系的总和"（Marx，1888/1958，p.6）中得到辨识。[4]即便是孤独的科学家也是社会存在，因为他们用以工作的材料是社会的，其语言是社会的，而他们的存在也是社会的（Marx，1932/1968，p.538）。

尽管马克思认为社会关系是人性的本质，但是这并不意味着人类不是自然存在。对于马克思来说，人类是社会的、历史的和自然的存在。马克思在《1844年经济学—哲学手稿》（Marx，1932/1968）中反复强调了人的自然维度。1860年，马克思（Marx，1964）指出，达尔文关于自然选择的著作是"为我们的观点提供自然史的基础"（p.131）①。马克思和恩格斯（他们高度重视达尔文的进化论，因为它与辩证唯物主义一致）与达尔文之间的区别在于，由于历史进程中的人类生产，将在动物生活中发挥作用的规律转换到人类存在之上是不可能的。在历史方面，马克思（Marx，1932/1968）在《1844年经济学—哲学手稿》中指出，历史是人类真正的自然历史（p.579）。[5]任何讨论人性的哲学心理学都必须承认这些维度。它也会影响人们的理解，例如对感觉。对于马克思来说，感觉不仅仅是自然对象，实际上"五官感觉的形成是迄今为止全部世界历史的产物。"（pp.541-542）②。他认为，感觉对象的意义会根据社会历史的语境以及人自身在这些语境中的地位而发生改变。

---

① 引文见《马克思恩格斯全集》30卷，131页，北京，人民出版社，1975。
② 引文见《马克思恩格斯全集》3卷，305页，北京，人民出版社，2002。

马克思基于人性的自然、社会和历史性质，阐述了心灵或者意识的社会历史性质。根据马克思和恩格斯(Marx & Engels, 1932/1958)的观点，人类的心灵是一种社会产物。因此个人的心灵不仅仅是单个人的心灵，因为心灵与社会相联系，是社会的一部分(p.167)。所以，马克思敦促哲学家去研究生活在具体的历史性的社会中的具体的个体的心灵，而不是反思处于历史和社会之外的抽象个体的心灵。例如，他认为宗教意识是一种社会产物，必须在特定的社会形式中进行研究(Marx, 1888/1958, p.7)。

马克思和恩格斯在《德意志意识形态》(1932/1958)[6]中广泛讨论了心灵(意识[Bewuβtsein])的社会历史维度。根据马克思的唯物主义立场，他强调语言在意识发展中的作用，语言是在与其他人交互的必要性中发展起来的。除了语言，生产(劳动)成为心灵发展的源泉。但是生产方式是负载着权力(power-laden)的，因为从事生产的人类不仅影响了自然，也影响了其他人类。他们与其他人建立了关系，并在这些社会关系下进行生产。马克思认为，互动形式开始表现为剥削者和被剥削者之间的斗争。马克思指出，在意识方面，这种情况产生了巨大的后果，因为统治阶级的思想成为统治思想，"占统治地位的思想不过是占统治地位的物质关系在观念上的表现"(Marx & Engels, 1932/1975, p.46)①。因此，道德、宗教、形而上学(包括哲学心理学)是绝不能独立于决定它们的社会现实的意识形态。

马克思用照相机暗箱(camera obscura)的隐喻来描述意识形态或虚假意识[7]。马克思了解诸如视错觉、眼睛的倒像功能等知觉现象，以及照相机暗箱这样的准技术应用，并据此对心灵(意识)进行了描绘。这些理解使马克思得出如下结论：心灵歪曲了世界的景象(如在视错觉中)，并且心灵以颠倒的方式进行工作。马克思和恩格斯(Marx & Engels, 1932/1958)在《德意志意识形态》中使用照相机暗箱的模型描绘了心灵的运作："如果在全部意识形态中，人们和他们的关系就像在照相机中一样是倒立成像的，那么这种现象也是从人们生活的历史过程中产生的，正如物体在视网膜上

---

① 引文见《马克思恩格斯全集》1卷，178页，北京，人民出版社，2012。

的倒影是直接从人们生活的生理过程中产生的一样。"(p.26)①。

与他所处时代的哲学心理学家和人类学家相比,马克思将心灵与权力以及人类的实践联系了起来。这种观念看似微不足道,但是当认识过程与现实生活活动脱节时,对其时代的哲学心理学的审思就证明了它的重要性。对心灵的这种构想产生了一个著名的说法:"不是意识决定生活,而是生活决定意识。"(Marx & Engels,1932/1958,p.27)②。这个中心思想也可以在1848年的《共产党宣言》中找到:自由、教育和权利的思想是"资产阶级的生产关系和所有制关系的产物"(Marx & Engels,1848/1959,p.477)③,法律的内容可以在统治阶级的生活条件中找到。他在1859年最为清楚地表达了这一观点:"这些生产关系的总和构成社会的经济结构,即有法律的和政治的上层建筑竖立其上并有一定的社会意识形式与之相适应的现实基础"(Marx,1859/1961,pp.8-9)④。对于马克思来说,决定存在的不是人的意识,而恰恰相反,人的社会存在决定了其意识。

马克思和恩格斯(Marx & Engels,1932/1958)批评了传统的德国哲学心理学和人类学,因为它们从人们所想象的东西出发,然后对现实的人做出结论。相比之下,他们提出了一种方法论,它的出发点是从事实际活动的人,以此理解他们的意识和想象力。首先,人类生存和历史的前提是,人们必须能够生活。根据马克思和恩格斯的观点,为了生活,人们就需要吃喝住穿以及其他一些东西。另一个前提是,已经得到满足的第一个需要又引起新的需要。在历史的某个时刻,人们不只是找到了其生活工具,而且还生产了它们。因此,应该在其与生产的历史的关系之中来研究人类的历史。此外,繁殖也是历史发展的必要前提。简言之,马克思认为,为了研究意识,人们应该研究使意识成为可能的先决条件。而这在哲学或哲学心理学中都尚未完成或被反映出来。

---

① 引文见《马克思恩格斯全集》1卷,152页,北京,人民出版社,2012。
② 引文见《马克思恩格斯全集》1卷,152页,北京,人民出版社,2012。
③ 引文见《马克思恩格斯全集》1卷,417页,北京,人民出版社,2012。
④ 引文见《马克思恩格斯全集》2卷,32页,北京,人民出版社,1995。

马克思的方法论批判针对的是对研究人类劳动产品的忽略和蔑视，以此理解人类的意识："我们看到，工业的历史和工业的已经生成的对象性的存在，是一本打开了的关于人的本质力量的书，是……人的心理学。"(Marx，1932/1968，p.542)①。在这一论证的过程中，马克思对现代心理学的内容表达了他的批评："如果心理学还没有打开这本书即历史的这个恰恰最容易感知的、最容易理解的部分，那么这种心理学就不能成为内容确实丰富的和真正的科学。"(p.543)②马克思(Marx，1867/1962)并没有挑战自然科学(或者心理学对自然科学的模仿)，而是挑战了哲学心理学。从这个意义上说，他可以被认为是对哲学心理学所进行的自然—科学批判的支持者。他钦佩自然科学，并将资本主义经济和历史发展的过程解释为自然—科学规律。马克思(Marx，1932/1968)也投射出一种科学一元论的观点，其中自然科学将包含人文科学，而人文科学也将包含自然科学。历史将涉及自然历史和人类历史。马克思的批评更接近自然—科学批判，而非人文—科学批判。然而，他还是涉及了相关性问题，暗示统治阶级的理论对被压迫者没有什么价值。

维果茨基对心理学的批判

马克思主义产生了各种各样的心理学家，其中维果茨基可能是在北美最为著名者。从20世纪20年代到50年代，他的心理学在苏联被认为是资产阶级心理学，并且维果茨基(Vygotsky，1934/1962)的著作《思维和语言》在苏联1936年后就不再出版了。科祖林(Kozulin，1984)指出，终其一生维果茨基的心理学都被包括巴甫洛夫在内的更为流行的理论所掩盖，但是在去世多年后，他成为北美最为著名的苏联心理学家之一。事实上，维果茨基留下了巨大的科学遗产，包括许多未发表的手稿，这些手稿被认为对当代心理学而言意义非凡。正如大多数发展和教育心理学家所了解的那

---

① 引文见《马克思恩格斯全集》3卷，306页，北京，人民出版社，2002。
② 引文见《马克思恩格斯全集》3卷，307页，北京，人民出版社，2002。

样，维果茨基的最近发展区概念已成为这些研究领域的经典贡献之一。维果茨基在 1927 年完成了其关于心理学危机的论文，它首先于 1982 年以俄语出版，到了 1985 年又以德语出版（Wygotski，1985）。[8] 维果茨基指认了导致心理学危机的各种问题，并概述了克服这一危机的一种辩证唯物主义心理学。

如前所述（见第 2 章和第 4 章），心理学中统一性的缺失是心理学史上的一个长期话题，而且当代对这个问题的反思也并没有减少。维果茨基（Wygotski，1985）认为缺乏理论整合是心理学危机的一个核心特征。他抱怨道，在没有任何理论整合的情况下收集事实的一贯做法终究会走到尽头，现在是团结现有研究并建立心理学各个领域之间的关系的时候了。这一论点与统一问题的另一个方面有关，即不同的研究纲领依赖于不同的现实。精神分析、行为主义和主观心理学不仅运用不同的概念，而且运用不同的事实。维果茨基提到，对于精神分析学家来说，俄狄浦斯情结是一个现实，而对于使用不同框架的心理学家来说，这却是一种想象（p. 69）。

根据维果茨基的观点，危机的另一个因素是缺乏依据的观念的扩张。他的意思是，心理学的各种研究项目都是从基本的见解或原则开始，然后被推广到心理学的所有领域。但是在某个领域可能有意义的原则，可能并不适合解释整个研究领域。根据维果茨基的说法，这一过程一开始发现了一个或多或少有意义的事实。精神分析学家发现了无意识过程对心理现象的重要决定作用，以及性存在（sexuality）在各种活动中的作用。反射学（Reflexology）发现了条件反射，格式塔心理学发现了完形（Gesalt）在知觉过程中的作用。威廉·斯特恩（William Stern，1871—1938）在其人格主义（personalism）纲领中发现了人格的作用。

这些研究纲领的基本思想随后开始影响邻近的领域，它们开始主宰整个学科，并且最后这些思想与其原始意义两相脱节。维果茨基提到，精神分析始于神经症的概念，然后传播到临床心理学的整个领域，继而播散到日常生活、儿童、艺术的精神病理学，以及社会心理学之中。精神分析成为社会学，一种认识论和一套完整的世界观，其中从共产主义到教会，从

第 6 章　马克思主义批判 | 103

神秘主义到广告、文学和艺术，一切都可以得到解释。在反射学中可以发现相同的发展，其中条件反射的概念被扩展到做梦、思维和创造，然后到社会心理学、艺术、心理技术、教育和精神病理学领域，最后它成为一种世界观。在这种世界观中，反射被顶礼膜拜，从偷窃癖、阶级斗争、语言到做梦，一切都不过是反射。格式塔心理学将完型的概念转化到动物心理学、艺术心理学、社会心理学和精神病理学领域。作为一种世界观，格式塔心理学在物理学、化学、生理学和生物学方面发现了各种各样的格式塔。格式塔成为世界的基础，当上帝创造世界时，"他"本来可能会说的是要有格式塔(p. 81)。斯特恩的人格主义也提供了一种世界观，其中太阳系、一只蚂蚁以及兴登堡都是各种人格。然而，维果茨基补充说，这些研究纲领的基本思想攫取了如此广泛的领域，以至于其内容向零点移动，进而这些想法开始遭到拒绝。可以很容易地看出这些批评如何适用于北美心理学，尤其是行为主义。对于维果茨基来说，每种观念在其位置上都有其意义，但是当把它扩张到全局水平时，它就变得毫无意义。

维果茨基拒绝任意的无原则的理论组合，因为这将导致一种心理学的折中主义。他特别提到了 V. M. 别赫捷列夫(V. M. Bekhterev, 1857—1927)的体系。这一体系对符兹堡学派的研究成果与联想心理学和精神分析的概念进行了组合。他还提到了将马克思主义与精神分析组合起来的尝试构想欠妥，因为人们不得不对互相矛盾的事实闭目不见，而且必须忽视重要的原则，甚至违背它们(p. 114)。即使弗洛伊德的概念与辩证唯物主义相矛盾，但是这并不意味着维果茨基建议将无意识排除在马克思主义的视角之外。正相反，马克思主义应该征服精神分析的研究领域。维果茨基也拒绝用实验法去检验弗洛伊德的事实的想法。他认为这只是另一种形式的折中主义(p. 126)。在方法论方面，维果茨基拒绝了实验法可以自动应用于心理学的观点。将实验的和数学的方法转化到心理学中的做法，在维果茨基看来是一种让心理学看起来像自然科学的方式，然而实际上它所表达的只是心理学的无助(见 p. 151)。维果茨基拒绝任何一种方法论中心主义。他认为只有在公正对待研究对象的情况下，才能使用某种方法。任何其他做法都只会产生一种科学的幻觉(p.131)。

维果茨基指出，心理学问题的根源在于心理学的语言，因为每个心理学流派都在自己的概念中运作。这些概念源于日常语言、哲学或者自然科学。但是，从日常语言中发展出来的概念虽是分散的，含糊不清的，却能适合实际生活；哲学概念则由于其悠久的传统而无法真正转化到心理学之中；而源于自然科学的概念只能模拟心理学的科学地位。心理学应该发展自己的语言，而不是借用各种概念。维果茨基将之作为一种方法论取向(p.154、p.173)。这些概念的发展，事实的结合，将孤立的规律组织成一个体系，对研究结果的解释和评价，对方法和基本概念的澄清，以及为各种基本原则奠定基础，这一切都应该在一种建基于马克思主义之上的普通心理学中实现。维果茨基设想了一种一元论的、反折中主义的、唯物主义的心理学的统一。

这种新的马克思主义心理学不应该教条地遵循马克思的著作，而应该将马克思的方法论应用到为独特的心理科学开发概念之上。维果茨基坚持认为，他不想通过引用马克思来了解心理学是什么，但是他想从马克思的方法中学习如何发展一门科学，以及如何研究精神生活。他还认为，并不真正存在一种马克思主义心理学(p.272)。维果茨基对马克思的这一立场引发了诸多对其思想的有争议的解释。在美国，《语言与思维》一书的早期英译本的编辑们认为，维果茨基对马克思的提法是修辞性的，它在维果茨基的理论中并不必要。因此，"他们放弃了所有模糊的'哲学'段落，这些不仅参考了马克思，还参考了黑格尔和其他思想家"(Kozulin, 1984, p.116)。

维果茨基(Wygotski, 1985)清楚地意识到存在着两组心理学家：一组否认心理学中存在任何重大的问题，因而否认危机；第二组则接受了危机，但是认为危机只存在于其他领域，而并不适用于他们自己的研究纲领(例如华生)(p.175)。维果茨基还对危机的实质和发展提供了解释。他认为心理学的危机是由工业、教育、政治和军事的需求驱动的(p.201)，因此他将实践相关性作为危机的主要来源。他认为，应用心理学将导致对方法论的全面修正，并将心理学转变为一门真正的自然科学。就自然科学而言，维果茨基意指一门现实的科学，它指涉的是确实存在的东西（并且所有存在的东西都应该被标记为自然）。维果茨基使用这一术语来区分现实的心理学和精神的心理学，后者在解决实际问题方面不会取得成功。

霍兹坎普对传统心理学的批判

我们可以认为霍兹坎普（1927—1995）追随维果茨基的脚步，为心理学奠定了基础，并试图为心理学提供一种独特的、创新的，以及（令人遗憾的是对大多数北美人来说）很难理解的概念网络。霍兹坎普的专著在心理学界引起了激烈的讨论，他可能是德国批判心理学（German Critical Psychology）最重要的代表，也是一般而言的战后德国心理学的重要人物。[9]北美的心理学史和理论心理学研究似乎忽略了他的观点，因为人们关注的是第二次世界大战之前德国心理学的贡献，而且霍兹坎普心理学的基础遵循的是科学的哲学模型。这种模型是由黑格尔和后来的马克思所展现的，它并不是一种实证研究纲领。研究取向的科学家，以及最近的后现代哲学家和知识社会学家们（另见第 8 章）批评了试图在概念网络中提供一种对现实的综合表征的模型。霍兹坎普对向北美读者推销自己的思想并不感兴趣，他只有很少的作品被译成了英文，而他的专著都没有被译成英文。然而，我们也有几本关于批判心理学的出版物可供参考（Holzkamp, 1992; Ijzendoorn & Veer, 1984; Osterkamp, 1999; Teo, 1998a; Tolman, 1989, 1994; Tolman & Maiers, 1991）。

霍兹坎普的理论发展不仅在智识上有趣，而且为社会历史提供了丰富的材料。[10]他的思想和著作应该在西柏林文化以及战后德国心理学美国化的语境中理解（参见 Maiers, 1991; Métraux, 1985）。他在 20 世纪 60 年代的早期著作中对传统方法论持批评态度，但是在任何意义上都不是马克思主义者。霍兹坎普考虑的是如何克服传统心理学研究中的问题，他试图在为之提供建议的逻辑中解决传统心理学的问题。霍兹坎普（Holzkamp,

1964)在他的《心理学中的理论与实验》一书中研究了理论与实验之间的关系，并令人信服地证明了对实验结果的解释并不具有约束力，而对于心理学提供的那些理论，人们可以设计出既能证实，又能证伪它们的实验。值得一提的是，霍兹坎普在自己做实验(例如，Holzkamp & Keiler, 1967)的同时，也讨论了心理学实验的问题。在其智识发展的这一阶段，他并没有真正挑战实验对心理学的基本价值，并认为对实验的怀疑是由于误解导致的(Holzkamp, 1964)。作为对实验心理学问题的一种补救，霍兹坎普概述了研究者在努力成为其理论的实验代表时所应遵循的标准。直到后来，当他融入了经典马克思主义之时，霍兹坎普(1964/1981)才开始远离这个项目。他认为没有人关心标准，即使他自己也没有在其实验研究实践中考虑它们(p.277)。

在这个前马克思主义阶段，霍兹坎普(Holzkamp, 1968)将心理学的核心弱点归结为错误的科学哲学。因此，他试图发展一种被称为建构主义的新的科学哲学，其中为研究制定了新的标准。他的著作《作为行动的科学》(Holzkamp, 1968)旨在为科学界提供传统科学哲学之外的替代品。他试图证明一种经验—归纳的科学哲学是站不住脚的，并力图发展出一种科学哲学，这种科学哲学将对科学家的现实研究实践起到正确的作用。事后看来，鉴于社会建构主义运动在 20 世纪 80 年代和 90 年代初所受到的关注，霍兹坎普的观点，包括其现实是在心理学实验中被建构和创造出来的观念，似乎具有高度的当代性。

霍兹坎普早期的马克思主义反思本质上是新马克思主义的，并且在其 1968 年至 1972 年的出版物中表达出来。在 1972 年，他发表了《批判心理学：预备作品》(Holzkamp, 1972)。这种理论取向的转变，以及批判心理学在德国的涌现，应该在 20 世纪 60 年代现代工业化社会更为广泛的社会发展(Teo, 1993)，以及战后西德及其社会中特定的社会文化问题语境中理解(Benz, 1989)。由于冷战，由于所有生活场所，特别是大学中的专制主义结构，由于大多数人未能充分应对德国的过去，以及对父母缘何参与德国法西斯主义缺乏认识，埋没在经济增长中的很多学生变得敏感起来，开始质疑社会的思想和行为(Teo,1993)。柏林自由大学成为提供各种替代议程的中心(Rabehl,1988)。

多样化发展的德国学生运动(Teo,1993)直接影响了霍兹坎普的思想。当新马克思主义观念在他的思想中占主导地位时，霍兹坎普已经被公认为德国领先的理论心理学家。[11] 如果一个人希望理解为什么他想要发展一种"更好"的心理学，而不仅仅是像许多学心理学的学生那样只是批评心理学，那么就应该考虑这种语境。批评的需要不仅受到心理学局限性的理论的推动，而且还受到心理学(尤其是其方法论)未能解决当时亟待解决的问题这一具体经验的驱动(Mattes,1985)。大多数批判心理学家都会从马克思那里汲取养分，但对于应该将其思想的哪些方面纳入自己的理论中，他们并没有达成共识(参见 Zygowski,1993)。

新马克思主义提供了一种工具，使得霍兹坎普能够提出心理学问题的解决方案，并在批判性理论反思和传统心理学之间达成妥协，这是一个应该导向一种解放心理学的中间立场。德国新马克思主义运动在很大程度上受到马克斯·霍克海默(Max Horkheimer,1895—1973)、阿多诺(1903—1969)和尤尔根·哈贝马斯(Jürgen Habermas,1929—)思想的影响。霍克海默(Horkheimer,1937/1992)曾在战前的一篇论文中讨论过传统理论和批判理论之间的区别。他认为传统理论(他意指这是一种实证主义理论，它运用逻辑、数学和演绎来评估其命题的总和)会非常有限。传统理论的狭隘焦点会遮蔽科学的社会功能，事实的社会形成，以及研究对象的历史特征。作为替代方案，他提出了批判理论。它将个人与社会的分离相对化，并拒绝价值与研究，以及知识与行动的分裂。霍克海默建议将满足整个社群需求的社会的合理组织作为批判理论的重要价值。而这将包括对社会不公正的废除。

哈贝马斯是第二代批判理论家。他在早期的研究中已经表明他不会将自己局限于传统马克思主义的范畴(Habermas,1968)。在20世纪60年代和70年代，哈贝马斯发表了关于认识论的重要著作，参与了德国社会学中的实证主义争论(Habermas,1967/1988)，并广泛影响了德国关于社会科学方法论的批判性讨论。在他试图发展批判理论的认识论基础时（Habermas，1968/1972；见第 2 章），哈贝马斯将英美语言哲学纳入了他的思想。批判理论的这种语言学转向表明了一种偏离马克思主义生产范式的转变，并且这是其社会学的交往基础的核心。在他后来的著作中，哈贝马斯的社会哲学吸纳了像皮亚杰（1896—1980）和科尔伯格这样的心理学家的思想。他甚至能够将社会学系统理论融入他的社会概念中（Habermas，1981）。

然而，对于霍兹坎普来说，哈贝马斯在 20 世纪 60 年代的认识论著作具有重要意义。正如在第 2 章中所指出的，哈贝马斯（Habermas，1968/1972）提出了认识与兴趣之间的密切关系。其中"兴趣"概念所代表的不是经济的、心理的或者政治的范畴，而是一种超越性的范畴。对于哈贝马斯来说，兴趣是人类物种繁衍和自我构建所必需的基本朝向，而且在人类的自然历史中具有其基础。基于这一想法，他得以证明三种性质不同的科学类别是由不同的兴趣引导的。除了经验—分析科学技术的认知兴趣和历史—解释科学的实践性解释兴趣之外，哈贝马斯还指认了批判性科学的解放之兴趣（哈贝马斯以此命名精神分析和马克思主义意识形态批判）。

霍兹坎普（Holzkamp，1972）在其新马克思主义阶段的目标是发展一种解放心理学。在这一时期，对传统心理学的批判意味着质疑心理学对实践的相关性；指认传统心理方法论的问题；并揭示心理学隐藏的意识形态假设。霍兹坎普根据新马克思主义思想，分析了心理学对实践的相关性。他认为，实验方法论和推断统计的复杂性导致了心理学研究中对现实的特殊化处理。但是这一事实也意味着，那些在实验室中被控制和排斥的变量都会出现在现实生活语境中，因为实际生活中心理学家的社会世界是由现实的问题构成的。而鉴于实验研究与现实社会生活之间存在差异，心理学无法实现技术相关性。此外，如果只是要建立技术相关性，那么就意味着为社会中的有权者而工作。因此，霍兹坎普认为，心理学需要解放的相关性。而如果研究能够帮助个人获得关于其社会依赖性的自我启蒙，那么这种相关性就会实现。

从本体论的角度来看，霍兹坎普（Holzkamp，1972）认为物理学和心理学的主题之间存在根本的区别。物理学研究以一种主体—客体关系为特征，而心理学的经验研究必须被作为一种主体—主体关系来理解。但是，根据霍兹坎普（Holzkamp，1972）的观点，这也意味着实验取决于对被安排的、可逆的角色的接受。实验者据此期望研究对象在实验中展示一个被试的角色，并且只展示某些行为。而研究对象也接受给出实验指导的实验者的角色。诸如质疑实验或者实验者的行为对于研究来说是不可接受的。然而，如果实验取决于互相合作的主体，那么将心理学概念化为自然科学，并将之作为一种律则性（nomothetic）的科学，将完全是误导性的。

霍兹坎普（Holzkamp，1972）并不认为传统心理学存在的问题是任意的，相反它们镶嵌在心理学所受到的意识形态影响之中，反映了它存在于其中的社会历史语境。根据他的分析，传统心理学将个体概念化为具体的，而社会等概念则被视为抽象的结果。他认为这些观点源于个体的资产阶级意识形态。实际上，从马克思主义的视角来看，个人这一概念根本不是具体的，而是极其抽象的，特别是只要传统心理学将个人从其历史—社会处境中抽象出来。霍兹坎普在回应传统心理学的弱点时，敦促通过将理论与实践相结合，以实现心理学的启蒙，在研究中进行自由的和对等的对话，清除权力，并发展一种具有社会责任感的心理学。这样一种批判—解放心理学仍然是程序化的，但它很快就被一种新的批判心理学所取代。这种心理学受到德国学生运动中的社会主义转向的启发（Teo，1993）。在其著作的最后，霍兹坎普（Holzkamp，1972）对他自己的论文进行了自我批评，表明了他的社会主义转向，这使他从新马克思主义转向了经典马克思主义。

为了理解霍兹坎普从批判—解放心理学向批判—概念心理学的转变，重要的是分析学生运动的发展，柏林自由大学心理学研究所（Psychological Institute at the Free University of Berlin）的变迁（Mattes，1988），以及他带着"丑闻"的个人经历（见 Teo，1993）。这些个人经历，加上与同一所大学中具有批判倾向的心理学研究所（Psychological Institute）分离的心理学所(Institute for Psychology)的建立，连同左翼某些部分的智识的激进化，以及研究所中的团体动力学，这些都使他远离了对传统心理学的妥协。从经典马克思主义立场出发，霍兹坎普(Holzkamp，1972)全面地质疑了他自己的著作。他批评自己的体系(相关性类型)是没有根据的，并且拒斥了工具主义的科学还原论(相关性)。

随着社会主义的转向，霍兹坎普获得并运用了文化历史学派的原则(Leontjew，1959/1973；见 Holzkamp & Schurig，1973)，并接受了经典的马克思主义文献(马克思和恩格斯)。他试图达致实证的知识，而这不是仅凭批判就能实现的，而是要通过对心理学现实主题的研究。这一批判—概念时期从《感觉知识》(Holzkamp，1973)一书问世，持续到《心理学基础》[12]的出版(Holzkamp，1983)。在此期间，霍兹坎普认为，心理学的问题不能在传统心理学的框架内解决，也不能通过批判的和主流的思想之间的妥协来解决。心理学需要一种截然不同的面貌。因此，他和他的同事们试图对心理的主题进行一种更好的构想。

这种新框架中的第一本著作涉及感知对象的重建，并且为德国批判心理学中的概念研究奠定了基本方法论(Holzkamp，1973)。霍兹坎普认为，只有通过将自然史、史前史和人类历史都囊括进来，才能真正理解普通心理学中的知觉。相应地，他提出了分析知觉等心理学概念的步骤。第一步，应该结合知觉的自然史，并指认知觉的一般进化—生物学特征。在第二步中，应该通过关注从非人类生命形式到人类生命形式的过渡，就知觉的一般社会历史特征对之进行分析。在第三步中，人们应该在诸如资产阶级社会等特定历史经济现实中来澄清知觉。为了实现心理学的这些目标，批判心理学应该包括来自生物学、生理学、动物行为学、人类学，以及考古学等的材料。霍兹坎普(Holzkamp，1973)强调达尔文的进化论是自然历史分析的决定性框架。

基于这种一般方法论，其心理学研究所的同事们随后各自进行了自己的心理学研究。特别重要的是霍兹坎普—欧斯特坎普(Holzkamp-Osterkamp，1975，1976)[13]关于情感和动机的著作，以及一位受过生物学训练的学者关于心灵和意识自然史的作品(Schurig, 1976)。霍兹坎普的同事们出版的许多著作表明,批判心理学是一起在一种共同研究纲领中工作的科学家共同体的成果,它完善了心理学的研究方法,并且丰富了心理学的知识宝库。然而,正是霍兹坎普通过其卷帙浩繁的《心理学基础》(Holzkamp, 1983)总结并阐述了这些成果。在书中,他不仅要重建心理学的研究对象,而且还打算重建心灵本体。他运用所谓的(起源于康德的)范畴分析,旨在为心理学,及其主题和方法论提供一种系统的范式基础。

在此期间,霍兹坎普(Holzkamp, 1978)也完善了他对心理学的批判。这种批评是一个过程的重要组成部分,在这一过程中,对心理学概念基础的澄清被认为与传统心理学的批判有关。传统心理学被描述为产生了小而孤立的实证结果,而缺乏理论上的统一。心理学的现状被描述为基于不同人性模型,不同方法,不同实践的彼此竞争的理论的积累和扩散,而其历史则被描述为一系列的理论风尚变迁。在统计学上具有显著性,在理论上却不重要的研究结果的积累,被认为是导致知识停滞和心理学缺乏科学进步的原因。

作为其他可能选择,霍兹坎普(Holzkamp, 1983)提出了一种统一的心理学范式来克服传统心理学的不确定性(indeterminacy)。这一主题在他的所有时期都能指认出来(Teo, 1993)。例如,在其早期作品中,霍兹坎普(Holzkamp, 1964)质疑了心理学中的操作定义,认为它导致了心理学定义的膨胀。他指出因果关系是由实验者相当随意地构建的(Holzkamp, 1968)。在批判—概念时期,他认为实证研究的循环性是心理学的不确定性的一个主要问题(Holzkamp, 1978)。霍兹坎普论证到,任何概念化都能在这种概念化中产出某种结果,但是概念化本身却不能在经验中进行检验(概念化是一种预设)。因此,就同一个对象,心理学提出了彼此矛盾的理论,而这些理论都经过了经验的检验和"支持"。[14] 故而心理学需要澄清其基本概念,这可以通过为心理学奠定基础来实现(Holzkamp, 1983)。

主流心理学的永久性危机(permanent crisis)(Holzkamp，1983，p.45)并未被归结于理论—实践问题或者简单的意识形态，而是被归因于基本概念(范畴)的不确定状态。根据霍兹坎普的分析，一个真正的危机干预计划应该解决危机的真正根源，即心理学的主题问题，并且应该发展既能满足科学标准，又能充分把握心理学主题的范畴。因此，只有在心理学对其主题产生了充分的理解之后，谈论方法论才是有意义的。在这种情况下，霍兹坎普批评了传统心理学在研究中的做法。它根据方法所规定的方式对研究主题进行概念化，在这种做法中，是方法主导问题，或者问题是在对方法的从属关系中被选中的(Holzkamp，1983)(另见第2章)。

霍兹坎普提出的另一种可能选择是心理学的一种体系模型，它追求一种不同的逻辑。根据科学知识，人们应该假设人类是长期进化过程的结果。在进化的开始是非常简单的生物体，随着时间的推移它们分化成更为复杂的生物。霍兹坎普认为，假设心灵是同一个进化过程的一部分是有道理的。那么为什么不可能重建心灵的发展呢？为了达到这个目的，他建议基于一种历史的—经验的方法(Holzkamp，1983)，对范畴进行分析。通过这种方法，他将心灵的发展重建到了其人类的水平。使用所谓的前概念(preconcepts)，并遵循心灵的进化发展，及其在不同水平上的分化和限定，霍兹坎普通过过程范畴匹配(matching processes and categories)，开发了一个范畴体系(基本概念)。根据霍兹坎普的说法，现实的过程和范畴相互对应，并且保证了对心理学主题的充分的概念化。霍尔兹坎普与传统达尔文主义的区别在于，前者的基础是马克思主义的理解，即在进化发展的某个阶段，自然历史被社会历史的发展所超越(但并未废除)，从而实现了一种有质的不同的新发展。运用这些思想，霍兹坎普得出了关于人类主体性的一般定义及其在资产阶级社会中的意义(另见 Tolman&Maiers，1991)。

例如，为了分析资产阶级社会中的人类活动，霍兹坎普(Holzkamp，1983)提出了一对范畴，即"普遍化的行动能力"与"限制性的行动能力"。对限制性的行动能力的分析似乎更为重要，因为它是资产阶级社会中个人的典型应对模式。例如，限制性的行动能力涉及人际关系中的工具性，受有权者的安排，人类放弃长期目标以实现短期利益的行为，或者那些导致异化的行为。在限制性的行动能力中，思考是静态的和孤立的，而情绪的特征则是焦虑和内心强迫。作为其替代方案，霍兹坎普提出了一种普遍化的行动能力概念，它呼唤的是"解放的"行动。这对范畴不是为了将个体置于某一范畴中而臆造的，而是为了启发人类自身的可能性而发展出来的。这表明了将心理学作为主体科学的观念。同样显而易见的是，作为资产阶级心理学的传统心理学只能对人类主体性的限制性维度进行概念化。

霍兹坎普在20世纪70年代和80年代很受欢迎，但是看看20世纪80年代的批评话语，就能发现从马克思主义到后现代主义各种变体的转向。它从法国开始，然后转到北美的女性主义和多元文化主义的各种论证（见Teo，1997）。在后现代话语中，宏大理论这种观念，或者一种普适的、普遍的和无所不包的理论的可能性（这正是霍兹坎普使用心理学基础所尝试的）受到了激烈的挑战。后现代话语拒绝宏大工程，它与元叙事相揖别，肯定多样性、多元性、差异性、反基础主义和地域性真理（见 Teo，1996）。这正击中了霍兹坎普研究纲领的核心（另见第 8 章）。对于许多批判性群体而言，后现代主义的相对主义似乎比寻求一种统一的，表征现实的范畴体系更具有吸引力。

自 1983 年以降，直到 1995 年去世，霍兹坎普思想发展的这一时期可以使用批判心理学的主体—科学阶段（主体立场的心理学）来称呼。它代表了一种马克思主义的主体科学。霍兹坎普试图通过阐述主体科学的观念来证明他的心理学分析的重要性（参见 Holzkamp，1991），正如其《心理学基础》中已经提出的那样。此外，通过承认精神分析和现象学对批判心理学发展的贡献，他试图公正地对待其他的替代性心理学。这一最后阶段的乌托邦维度变得非常温和。主体立场的心理学应该帮助个人理解他们的可能性，并在资本主义生活条件下提高他们的生活质量。在批判心理学框架内开发的概念应该有助于实现这些目标。在对这一想法的进一步发展中，霍兹坎普出版了他的最后一部专著，《学习：主体—科学基础》（Holzkamp，1993）。书中从主体立场出发提出了一种学习理论。

批判心理学作为一种以主体为导向的研究纲领，它推动了一种研究类型，其中被试同时既是被研究者，又是共同研究者（Holzkamp，1986，1991）。心理学研究的目的是为了人，而不是关于人。只有从主体的立场进行心理学研究才能实现这一点。这一主体立场是从激进（radical）的意义上而言的。在一次访谈中，霍兹坎普（Holzkamp，1984）用一个酗酒者的例子做了说明。如果研究者或者治疗师在干预一开始时就已经知道了酗酒者应该停止饮酒，那么主体性和主体的立场就被排除在外了。在对酗酒者这个人的境遇进行彻底的分析之后，可能会发现饮酒对于这个特定的人来说是最好的解决方案。

对心理学范畴进行反思的重要性引发了许多马克思主义的反思（见Teo，1995），在其他批判性建构主义话语中，对心理学基本概念的反思也日益增多。丹兹格（Danziger，1997a）对心理学的范畴提出了挑战，因为它被当作具有自然性质的东西加以使用，但实际上仅在历史和社会语境中它才具有意义（另见第 1 章和第 8 章）。丹兹格对范畴的批判性历史分析代表了硬币的一面，而另一面则是霍兹坎普试图构建能够更为充分地把握人类主体性的概念或理论。如果一个人的范畴的界限是其世界的界限（化用维特根斯坦[Wittgenstein]的原话，1968），那么如何提供比传统心理学更好的范畴呢？进一步推进对这一问题的解决方案，仍然是理论或者哲学心理学家的一项重要任务，但是对自然—科学心理学家来说，这并不是一个真正的研究课题。

来自法国的反思

法国具有马克思主义心理学批判的长期传统。其早期的代表是波利泽（1903—1942）。他是法国抵抗运动的成员，并于 1942 年被德国占领者杀害。波利泽从马克思主义的角度批判心理学。在其著作（Politzer，1928/1978）中，波利泽称心理学史是充满失望的历史。正如其时代的许多人一样，他质疑了当时的心理学模仿生理学实验室和使用各种仪器的做法。对于波利泽来说，这种做法不足以确立心理学的科学地位。他特别批评了心理学的科学方法的无能，甚至认为心理学家对数学的理解是四流的。这意味着数学家们开发了复杂的概念，然后将这些知识传授给物理学家，物理学家又向生理学家传达了他们的理解，而生理学家最终将这些信息提供给了心理学家。根据波利泽的说法，就实验方法而言，又会发生一个类似的过程。它在物理学中具有其意义的应用，继而在生理学那里被裁切一下，最后在心理学家手中盛大出场。这两个过程导致了数学和实验的科学质量在心理学中的下降。

波利泽还指出了研究结果的时效性。他认为在研究结果还没发表出来之前，计算出的平均值的有效性常常就丧失了。他将心理学描述为一种形式的、效果不佳的、经院主义的学科，并且他预测未来的心理学家会嘲笑古典心理学，正如他的同事们嘲笑经院主义的论点一样。就古典心理学而言，波利泽指的是由冯特和他的学生们描绘的实验内省心理学。但是他对心理学的批判不仅针对古典心理学，而且也瞄准了他那个时代最重要的研究纲领：精神分析、行为主义和格式塔心理学。他批评行为主义（J. B. Watson）生产的只是客观性的错觉，并未能发展出一种现实的心理学。相反，华生提供的是一种更接近生理学或者生物学的东西。他质疑格式塔理论，作为一项研究纲领，其旨在集中精力于精神生活的整体，但却没有对这一整体的意义和形式给出任何理解。波利泽把精神分析指认为一种真正的心理学。然而他又指出为了发展一门关于主体性的具体科学，还必须对精神分析进行批判。

法国另一位著名的唯物主义心理学家是塞夫（Sève, 1972/1983）。他发展了马克思主义人格理论。对于塞夫来说，人格心理学以及心理学的整个领域都是不成熟的。心理学在理论上的不成熟表现为它无法解决心理学的主题问题。而这个问题如果得到解决，将会为该领域带来决定性的进展。主题问题在传统心理学中的表现包括身心二元论，放弃心理学而代之以生物学，以及暗示心理学和生理学形成了统一体。而这一方案并未解决心理存在的特殊性问题。问题仍然在于，心理存在是独特的，因为它与神经活动有质的不同，而同时它又是神经活动。传统心理学无法解决这些问题，因为它无法提供现实的基本概念。此外，传统心理学从未理解个体与社会之间的关系。作为一种解决方案，塞夫到哲学中，更具体地说是到辩证唯物主义中去寻求帮助。

一些马克思主义话语已经涉足了后殖民主义反思(见第9章)。在说英语的国家，马克思主义思想在各种激进心理学中幸存了下来(参见 Parker & Spears，1996)。但是，就像左翼政党一样，心理学的马克思主义取向在北美从来没有像在欧洲那样具有同样的地位，即便人们承认遍及美国心理学史，马克思主义在心理学中的影响没有得到正确的表现(见 Harris，1996，1997)。个人主义传统的心理学与集体主义的马克思主义之间看似存在的矛盾关系，使得许多北美心理学家无法将马克思主义思想纳入他们的研究中。甚至帕克和斯皮尔斯(Parker & Spears，1996)在其著作的献词中也报告说，该书左倾的出版商提出将其原来的标题《心理学与马克思主义：共存与矛盾》，更改为中立的标题《心理学与社会》。帕克和斯皮尔斯(Parker & Spears，1996)对正统的马克思主义的批评并无妨害。他们认为与其说它是一个知识体系，不如说它是一个研究纲领。马克思主义心理学不仅与精神分析相结合(Hinshelwood，1996)(这具有悠久的传统)，也与行为主义相结合(Ulman，1996)。尽管有不少在英语语境中重振马克思主义心理学理论的努力(例如，Dobles，1999)，但马克思主义在北美的最重要影响来自维果茨基。同时还存在着新马克思主义，或者更为进步的对社会如何影响心理困扰的反思(见 Sloan，1996a)。

第7章 女性主义批判

女性主义对心理学的批判广泛且复杂多样，也存在一定的争议，这就使得我们无法在一个单一的章节中对此进行完整和系统的回顾(Benhabib, Butler, Cornell, & Fraser, 1995)。从女性主义的历史角度来看，在心理学的发展中，男性之所以能够占据主导地位是因为女性被心理学的学科制度所排斥，女性的贡献被忽视。女性主义批判者认为，心理学的主题、方法论、以及主流相关性都具有性别偏见。女性主义历史学家对北美心理学的历史背景进行了研究，由此确认了女性若要在心理学研究中获得一席之地必须要克服的诸多困难(见 Austin, 2003; Febbraro, 1997; Furumoto & Scarborough, 1986; Scarborough & Furumoto, 1987; Unger, 2001)。尽管教科书已经开始将女性纳入心理学史中(例如，Benjafield, 1996)，但是关于女性对学科贡献的内容只有寥寥数笔(Bohan, 1990)。而麦克唐纳(McDonald, 1994)认为，社会科学中的女性创始人在相关领域的研究和包括定量法在内的研究方法的发展中，起到了重要的作用。

这些源自学科制度和个人的排斥，方法简单且明显。他们随意性地设置一些障碍，以阻止女性在心理学学术事业上的追求和成为专业协会会员的机会。例如，卡尔金斯(1863—1930)追求高等教育的机会非常有限，尽管她的创新性研究受到学科带头人的推荐，她依旧无法获得该校的博士学位，在哈佛大学也只能保有一种非正式的客人的身份(Scarborough & Furumoto, 1987)。铁钦纳(1867—1927)作为个体排斥中的一员，拒绝女性进入他的实验心理学俱乐部，而这一决定对卡尔金斯、玛格丽特·弗洛伊·沃什伯恩(Margaret Floy Washburn，1871—1939)和拉德—富兰克林(Christine Ladd-Franklin，1847—1930)这些 20 世纪初最著名的心理学家都产生了负面的影响。这些排斥性的做法迫使女性去解决性别问题，拉德—富兰克林就对将女性排除在实验主义者之外的做法进行了积极强烈的抗争(Furumoto，1988；Scarborough & Furumoto，1987)。

从智识上讲，对性别歧视观念和行为的挑战可以追溯到古希腊时代的男女两性思想家们。尽管柏拉图认为社会应以等级划分，但他依旧坚信男女两性平等。在《理想国》一书中，柏拉图(Plato，1997)[1]借主人公之口表明：无论是在思想上还是身体上，女性应该得到和男性一样的训练，两性都要被教育如何打仗、携带武器和骑马，并且得到相同的待遇。因此，女性应该具有参与工作的充分权利，并且由于男女本质相同，任何职业都要为女性提供工作的机会，两者也应该接受同一种教育，例如都被训练成为监护人。据柏拉图所言，男女两性的不同在于女性不如男性强壮，但是，在任何即将到来的任务中，女性的柔弱都不是一种足以将之排除在外的借口。朗格(L.Lange，2003)认为，柏拉图的机会平等和能力差异理论中的明显不一致性可以从柏拉图的正义理论和希腊社会的社会历史特征中得到重建。

德国教师费什哈伯(Fischhaber，1824)提出了一种与柏拉图的理论相似的说法。自康德(Kant，1797/1968)[2]提出在实现共同利益上，男性天然地优于女性这一主张后不久，费什哈伯为高中编写了一本心理学教材。在 19 世纪早期，费什哈伯激进地提出，男女在生理和智力方面没有本质上的自然差异，现有的差异可以用不同的期望、教育经历和生活方式来解释。后天的差异表明，男性感情更强烈而女性更温柔。他还认为，男性受到更多思考能力的训练并且以自我为导向，而女性则更加关注对外部事件的认知，这就使得她们能够对别人做出更加准确的判断。男性依据原则做出决定，而女性的意愿被感受所左右。

卢梭(1712—1778)和许多将女性视为低等人的哲学家都受到了来自沃斯通克拉夫特(Wollstonecraft，1792/1985)的批判。这一批判是女性主义批判中的著名案例之一。沃斯通克拉夫特从启蒙视角出发，相信理性可以区分人类和动物，她指出人的理性常用于为自己的偏见辩解，而不是为了消除偏见。沃斯通克拉夫特因为对理性的关注而被归为自由女性主义者一派。她指出许多论证女性劣等特征的巧妙论据已然成形。她反对在促使女性屈从理性的同时还要屈服于男性，认为独立只有通过锻炼自己的才智才能获得。性别差异可以通过表面层次被观察到，例如：温柔的性情、顺从、狡猾、甜美诱人的优雅、愉悦等，而实际上这些差异可以通过了解女性生命早期的教育状况和被男性对待的情况进行解释。

来自于穆勒（Mill, 1869/1985）的女性主义批判是另一著名案例。穆勒是最早认识到女性的不公正和受压迫状况的男性哲学家之一。他在性别心理学的基础上，倡导妇女的选举权、培训和教育机会均等、婚姻平等，等等。波伏娃（Beauvoir, 1949/1961）提出一种理论，十分适用于性别心理学研究的历史（见 Tavris, 1992）。该理论认为女性被定义为"不是男人"，也就意味着女性被理解为男性的相对面，男性则成了理解女性的标准。波伏娃发现自己的理论在文学作品、神话故事和哲学思想中同样得到确证，即是说在多数情况下，女性和这个世界被男性视角所表征。很明显，这种表征被看作关于女性的真理。

本人关于心理学的女性主义批判，重点围绕着认识论、本体论、伦理学，或者用心理学的话说，即围绕心理学的主题、方法论、相关性等议题展开。在许多女性主义心理学批判中，这些维度在概念上相互影响：如果假设男性的精神生活代表人类心理学，认为妇女的精神生活是次要的，或者认为男性精神生活足以推测妇女的经历，从而忽略了心理的主题，就会产生一种和妇女无关的心理学。韦斯坦（Weisstein, 1992）将之准确地指认为"当前心理学的无用性"（p.75）。心理学的主题、相关性也可能与方法论相互影响。有些方法有助于评估男性的精神生活、行为和经验，却不足以理解与女性生活相关的心理维度。

对于如何使心理学的女性主义批判更具系统性，现有的文献中已经提出了一些建议。关于女性心理的教科书提出了自由女性主义、文化女性主义、激进女性主义以及与主流观点不同的差异—相似观(见 Matlin, 2000)。例如,从差异性看,传统心理学对女性心理活动的特殊性认识不足;从相似性看,虽然男人和女人生理构造不同,但实际上他们在某些方面比想象的更相像(见 Febbraro, 2003)。金伯尔(Kimball, 2001)认为任何相似性与差异性的对比都是建构的、不全面的。

威尔金森(Wilkinson, 1997)区分了女性主义心理学批判主流心理学的五种传统思想[3]。第一项传统认为,由于科学的粗劣应用,主流心理学错误地衡量了妇女,并将她们视为低等人。她提到了卡普兰(Caplan, 1991)的一些作品。卡普兰认为《诊断和统计手册》(DSM)反映了一种以男性为中心的文化。第二种传统认为妇女的"软弱"正是压迫的内化结果。例如,如果实证研究发现,妇女的自尊心较低,那么可以将这一事实理解为压迫导致的结果。下一个传统听取了女性的声音,并就男女之间的差异达成了一致意见,同时也对这些差异本身表示赞美(见本章后面关于吉利根[Gilligan]的讨论)。第四种传统通过拒绝对男性和女性进行比较,取代了性别差异的问题。最后的批判视角基于社会建构论和后现代思想解构了性别差异问题。

然而,与心理学三大主题(主题、方法论、相关性)的概念相一致(见第 2 章),我遵循了哈丁(Harding, 1991)的原创性和里格(Riger, 1992)对哈丁系统的改编,将其应用于女性主义心理学批判的现象学。女性主义心理学的经验主义批判主要针对心理学的主题和相关性,而女性主义立场理论则对这两个维度进行批判的同时也对心理学的方法论进行了批判。而女性主义的后现代心理学批判,挑战了使这些区别和问题具有意义的认识论和本体论假设。威尔金森(Wilkinson, 2001)重新定义了心理学中的三个理论视角,即女性实证经验主义、女性主义经验论研究和女性社会建构主义。所有的女性主义批判都对主流心理学的女性相关性提出了挑战,并认为尽管在某些领域有所改进,但人们相信性别歧视在心理学中仍然很普遍(见 Gannon, Luchetta, Rhodes, Pardie & Segrist, 1992)。在开始讨论这些内容之前,有必要从总体上讨论女性主义对科学的批判,这些批判尤其助长了心理学的女性主义批判。[4]

女性主义对科学的批判

库恩(Kuhn, 1962)提出,研究受到指导人们实践的范式的影响。在库恩之前,马克思主义者就强调知识的阶级偏见。女性主义者认为,以男性中心论的角度看待的事实存在着偏见,而且研究者的性别影响科学的概念、理论、方法、解释、论题和目标(Harding, 1986；E. F. Keller, 1985；Merchant, 1980)。根据一些女性主义批判,科学中对变量的偏爱、对量化的推崇、抽象概念的使用、对分离和分割的关注(而不是对互动和相互依存的研究)以及科学僵化的客观主义,都可能反映出一种男性控制方式和男性的世界观(亦参见 Griffin, 1978；Lott, 1985；Millman & Kanter, 1975)。

在这一点上,我想提请注意辅助学科在理解和批判科学中的角色转变。科学实证主义哲学仍然代表着大多数当代主流心理学家的自我理解,它认为对科学的理解需要数学、逻辑学和物理学工具。而从马克思开始,社会认识论建议对科学的理解应该包括历史、社会学、政治学和心理学。实证主义和社会认识论之间的这种区分也反映了科学哲学中内在主义和外在主义之间的冲突。内在主义认为,为了评估科学的"逻辑性",只需关注科学的逻辑和数学概念；而外部主义则建议,对科学知识的最终理解,应该放到社会历史语境中分析(见第1章)。

明确将心理学思想纳入认识论反思的研究者有让·皮亚杰(1896—1980)、托马斯·库恩(1922—1996),以及从女性主义角度进行研究的伊夫琳·福克斯·凯勒(Evelyn Fox Keller, 1936)。因为人类科学,包括心理学和精神分析学,很容易受到社会文化变动的影响,因此对这些学科的批判性研究也有起有落。凯勒(Keller, 1985)在她对科学的批判中融入并应用了精神分析学,但精神分析学本身在声誉和时代性上一直呈稳步下降的趋势,因此凯勒的思考往往被认为是过时的。当然,现存在着大量关于女性主义对精神分析的批判文献。(如，Caplan，1985；Weisstein，1992；从女性主义者的精神分析角度，见 Chodorow，1978；Millett，1969/1978)。尽管存在这些问题，但凯勒对科学的反思，特别是她所提出的质疑，对于女性主义的科学批判是极其重要的。

凯勒(Keller，1985)探讨了客观性和男性特征之间的关系，并为科学思想建立在男性话语、理想、隐喻和实践基础上的论点进行了辩护。她认为，在西方科学史上，对权力和控制的强调是男性意识的投射，这种投射在修辞学中得到了广泛的体现。科学语言表达了一种对支配地位的专注和与自然天性的敌对关系(参见 Merchant，1980)。凯勒(Keller，1985)提出，科学将现实分为两个部分：知者和被知者。知者是自主的，控制并远远地甩开了被知者(参见 Code，1993)。她认为，科学家和研究题材的男性分离与女性的联系观念相悖，同时也强化了人们对科学的自然男性特征的看法。

为了了解客观性和性别认同之间、性别情感结构与认知之间的关系，凯勒(Keller，1985)将发展心理学知识，更具体地说是对象关系理论纳入了她关于性别和客观性发展的理论（见 Chodorow，1978；Flax，1983）。对于凯勒(Keller，1985/1987)来说，在母亲早期照料下的心理社会经历背景中，个体发展出了社会和自然世界中的女性和男性概念。婴儿没有与母亲分离的感觉。在幼年时期，孩子们学会了区分自己和他人，却对自己的母亲产生了一种自主感。这种自主性的发展伴随着情感冲突，为了抵御焦虑，一些儿童过度认同母亲，而另一些儿童则进入了僵化的分离状态，拒绝对母亲的联结和认同。后者使得客观主义的立场得以形成，在这种立场中，客体与主体之间存在根本区别，两者的分离与脱离是以共情理解、联结、爱和创造力为代价的。

此外，在发展自主的同时也发展了性别认同。凯勒(Keller，1985)认为，西方文化中的男孩在建立自主性之外，还经历了对母亲的"不认同"(p.88)的过程，以便他们能够形成男性的性别身份。而这一过程使男孩更有可能发展出过于夸张的自主身份。对于男孩来说，发展的特征是分离、自主和防御性，男孩的身份是相对于女人、女性和女性气质而言的。男孩和后来的男人把外界的事物和事件看作是与自我无关的，他们更有可能建立一种更客观的世界观。对凯勒来说，这种立场体现在男性主流科学的理论、概念和方法中，这些理论、概念和方法旨在实现对自然的抽象、控制和支配。女童的发展遵循不同的道路，因为在大多数情况下，女童都承担了与同性别的母亲形象相关的角色。女童倾向于认同其母亲的性别形象，并形成了这样一种身份认同，即她们认为自己与自身以外的物体和事件存在联系。她们不太可能具备真正的客观性和对待世界的客观态度。女性的心理发展主要通过联结性、相似性和关联性来表现。

因此，凯勒(Keller，1985)认为，女孩和妇女选择科学职业的可能性也较小。她们认为自身对待世界的方式与科学是不相容的。男孩和男人更容易接受客观性和科学研究的传统客观主义。纵观历史，客观、科学和男子气概被联系在一起，因此人们重视科学和男性气概，而诋毁女性气质(Keller，1987)。因为男性在社会中拥有更多的权力并且支配着科学，所以男性对待世界的方式比女性具有更高的价值。然而，对凯勒来说，物化与男性气概的联系并不是反映男女之间自然差异的内在过程，而是一种文化信仰体系。身份发展和客观性的能力是后天建立起来的，而不是天生的性别过程。通过后天的过程，个人形成了一种理想化的男性或女性观点的认识论。凯勒提出了可能改变男性客观性进程的建议，包括改变抚养子女的做法、改变对科学的信念(例如，价值中立)以及从批评和历史角度开展研究(Keller，1985，1987)。

凯勒(Keller，1985)认为，许多女科学家认为在她们自身(研究者)与她们正在调查的问题(研究对象)，即在知者和被知者之间建立一种关系十分重要。她还提出，女科学家提出的理论在性质上可能与男性不同。女性产生的理论可能具有内在联系、语境和相互作用的特点，而男性提出的理论可能更注重等级关系、抽象性和主要原因。作为对主客体分离的传统客观性概念(标为静态客观性)的一种理论反对，凯勒提出了动态客观性的概念(pp.115-126)，它涉及主观性、关联性和对主体的共情。

作为动态客观性的一个例子,凯勒(Keller,1983,1985)分析了诺贝尔医学奖得主芭芭拉·麦克林托克(Barbara McClintock,1902—1992)的工作。麦克林托克发现了可移动的基因元素,并把自己对科学的理解描述为对她所研究的植物的同情。凯勒认为,在麦克林托克的玉米研究中,她对研究对象采取了一种更加女性化的态度,她不仅拒绝了主体—客体二元论,而且还对居主导地位的 DNA 等级理论理论提出了质疑。该理论认为DNA 是控制基因活性的主要分子,而她则侧重于生物体与作为控制点的环境之间的相互作用。凯勒虽然意识到这种方法在所有女性中并不典型,但她认为,这种互动的、非等级的模式可能代表一种理论,这种理论比詹姆斯·D. 沃森(James D. Watson,1928—　)和弗朗西斯·H. C. 克里克(Francis H. C. Crick,1916—2004)所提出的理论更能反映女性的价值(见Febbraro,1997;Rosser,1987,1990)。

显然,凯勒对科学的批判与主流心理学有着直接的关联,主流心理学崇尚静态的客观性,反对任何试图将动态客观的观念纳入科学领域的企图。在女性主义对科学的批判中,除了经验女性主义之外,普遍存在的是对实证主义假设,包括价值中立,或者研究只有排除主观性和情感维度才能保持客观的假设的否定,而事实上文化、人格和制度对研究同样发挥着重要作用(Longino,1990;Longino & Doell,1983)。在心理学方面,格里姆肖(Grimshaw,1986)讨论了行为主义的修正目标,并提出行为主义原则强化了控制者和被控制者之间的等级地位,行为主义在原则上是一种反民主纲领。科学哲学家科德(Code,1993)特别证明了纳入研究人员的兴趣以理解研究发现背景的必要性。[5]她也同样质疑这样一种观点,即研究是无价值观导向的、中立的和客观的,并认为科学探索不能脱离其产生的社会和政治背景。研究信度不应被理解为一种个人特征,而是应用于制度惯例,当研究来源被披露时,信度则将予以确定。

在此背景下,科德(Code,1993)对拉什顿(Rushton)的心理学工作进行了认识论分析。加拿大心理学家拉什顿(Rushton,1995)用经验主义的方法提出,在黑人、亚洲人和白人中,智力和阴茎大小之间存在着反比关系(还有许多其他的区别)。作为"种族"的黑人和亚洲人处于这种关系类型的两端,而白人则秉承了亚里士多德式的"良好中间路线"(Aalbers,2002)。拉什顿在他的研究中纳入了各种心理和生物变量,他认为,亚洲男性的阴茎尺寸最小,但智力最高,而非洲裔美国男性的阴茎最大,但智力水平最低(批判请见 Winston,1996)。科德(Code,1993)认为,拉什顿的研究结果之所以被解释为是可靠的,因为它们是所谓的"客观"研究的产物。然而,她指出,"事实"并不只是突然出现,而是存在一段历史,并且"总是充满价值"(p.30)。拉什顿认为自己进行的是一项自主的、客观的研究,但这种修辞是欺骗性的和危险的。因为他忽视了鼓励研究进行的文化、政治和制度背景。

对心理学的主题及其相关性的批判

心理学领域的所有女性主义者都致力于克服有关性别的陈规观念,消除压迫妇女的偏见(见 Davis & M. Gergen,1997)。然而,为解决这些问题而确定的重点和方案差别很大。在女性心理学领域最具影响力的视角,女性主义经验论心理学批判(见 Wilkinson,2001)中,心理学对女性缺乏相关性,因为这一学科在经验上并不健全。性别歧视的主张、偏见和关于妇女(和男子)的错误被认为是科学不充分的结果。解决办法是严格和系统地应用最高标准的科学。因此,女性主义经验论者批评凯勒(Keller,1985)或吉利根(Gilligan,1982)等女性主义思想家的本质主义,认为她们的工作中缺乏科学的严谨性和客观性(见 Peplau & Conrad,1989)。与试图超越传统科学探究的凯勒相反,女性主义经验论仍然坚持科学传统。佩普劳和康拉德(Peplau & Conrad,1989)认为,女性主义可以被纳入传统的科学方法论观点,所有的方法都可以是女性主义的。同样,韦斯坦(Weisstein,1992)提出了关于男性心理学家存在幻想的论点,认为他们关于妇女的理论缺乏证据,即经验数据,而这些数据应该是通过遵循严格的心理学方法规则获得的。

从历史的角度来看，许多早期女性心理学家的工作可归入女性主义经验论的范畴，因为这些心理学家使用传统方法来挑战对妇女的性别歧视观念。例如，玛丽·惠顿·卡尔金斯进行的研究表明，男女之间的智力没有差别(见 Furumoto，1980)。莱因哈德(Reinharz，1992)报告说，海伦·汤普森·伍利(Helen Thompson Woolley，1874—1947)于1903年使用严格的实验室技术完成了一项关于性别心理的研究，而丽塔·斯塔特·霍林沃斯(Leta Stetter Hollingworth，1886—1939)使用实验方法证明妇女在月经期间没有学习或成绩的缺陷(见 Unger & Crawford，1992)。与此同时，有大量关于性别差异和相似性的文献(Maccoby，& Jacklin，1974)，这些文献应用了元分析等更为复杂的统计技术，从而得到了很高的评价(例如Eagly, Johannesen-Schmidt, & van Engen, 2003; Hyde, 1990)。根据实证研究，性别作为一个解释变量的相关性似乎降低了，性别差异随着时间的推移而减少了，而且许多心理学研究已经很难找到统计学上的显著性别差异(见 Riger，1992)——研究结果强调性别相似性，更支持自由女性主义。

马特林(Matlin，2000)强调，从提出假设(例如，使用弗洛伊德等有偏见的理论)、设计研究(例如只使用男性或女性参与者)、进行研究(如心理预期)到解释数据和传播研究结果等方面，整个研究过程都可能受到性别偏见的影响(pp.14-21)。然而，女性心理学教科书的任务是将学生融入学科环境，它通常赞同经验主义的观点，认为如果研究得到改进，产生不存在偏见知识的中立科学是可能的。性别歧视偏见的产生有心理学理论的支持，但经验主义的希望也很明显，即通过严格的承诺和科学方法的实施，克服不适当的科学。这将导致对人类心理生活的客观、性别中立的描述和解释。里格(Riger，1992)对此恰当地描述道：从女性主义经验论的角度来看，偏见似乎是理性过程中非理性的表达。如果运用得当，严格的经验主义将产生客观的科学知识，这一目标可以由女性或男性主义经验论来实现。女性主义经验论科学方法本身不存在男性偏见或中心主义(Harding，1986)。

第7章 女性主义批判 | 127

人们同样关注到马特林(Matlin，2000)所指认的研究偏见的一个来源：参与者的选择。佩普劳和康拉德(Peplau & Conrad，1989)和许多其他研究者认为，从经验主义的角度来看，心理学在研究中过分依赖男性被试，或者根据研究的主题来选择男性或女性参与者(见 McHugh, Koeske, & Frieze, 1986)。问题仍然在于使用男性受试者是否具有性别歧视并因此招致心理学批判，以及女性主义研究是否应该主要使用女性被试。女性主义者认为，研究不应该由研究参与者的性别来定义，更重要的是为了确定男性或女性参与者表达的性别歧视(Peplau & Conrad，1989；Unger，1989)，或者是研究男性和女性成员及其关系所提供的重要信息(Davis & M. Gergen, 1997)。实证研究还显示了研究者的性别与所寻找和发现的效应之间的关系。辛格诺拉、维克加和米切尔(Signorella, Vegega, & Mitchell, 1981)观察到在发展和社会心理学领域，女性研究人员与男性研究者相比，更有可能对性别差异进行常规分析。伊格尔和卡莉(Eagly & Carli, 1981)发现，研究人员的性别决定了研究结果：例如，男性研究人员在女性影响力的研究上得出的结果比女性研究人员显示出更大的性别差异。

从理论上讲，女性主义经验论受自由女性主义的影响，其目标是通过为妇女和男子提供相同的权利和义务来实现两性平等。女性主义经验论和自由女性主义一样，致力于改变法律、制度和私人方面的不平等，但这并不意味着社会基础的根本改变。女性主义经验论寻求改变，但不寻求彻底的改变，因为它致力于公认的科学标准。哈丁(1986/1991)认为，恰恰是因为女性主义经验论没有挑战主流的科学方法论原则，才能吸引了许多学者。在这个研究项目中工作的女性主义者可以依靠制度和学科的认可，因为他们的研究发现了科学的不足而不是科学本身的问题。

昂格尔(Unger，1988)指出，没有认真使用经验主义科学研究实践的女性主义者，其心理结构将不会被重视。一旦确立了研究中立性，并注意到试验者的作用和参与的不平等，科学方法将提供真相(见 Riger，1992)。从女性主义经验论的角度对心理学中的性别歧视进行重要的认识，由此产生的有益建议，有助于建立一种对性别歧视偏见的来源有所了解的更公平的学科(McHugh, Koeske, & Frieze, 1986)。佩普劳和康拉德(Peplau & Conrad, 1989)强调了在心理治疗和学术出版物中避免性别歧视这一指导原则的重要性。《美国心理学会出版手册》(2001年)讨论并建议避免语言中的性别偏见。然而，也仍可以说，避免使用性别歧视语言并不能减少性别歧视，科学调查的基本结构仍然完整无损(见 Cixous, 1976)。

从女性主义经验论的观点来看，在参与科学学科方面也存在着性别差异(见 Rossiter, 1982)，这同样引起了关注。在北美，从事传统自然科学、数学和工程学的妇女人数相对较少，而社会科学和人文学科的妇女人数特别多(Zuckerman, Cole, & Bruer, 1991)。在心理学应用领域，特别是在与儿童、家庭和教育有关的领域，妇女的比例更高(Bohan, 1990; Rossiter, 1987; Scarborough & Furumoto, 1987)。这些差异可能反映了不同的利益、对妇女的系统性歧视或不同的科学和客观概念。

菲尔宾、迈耶、赫夫曼和博韦里(Philbin, Meier, Huffman & Boverie, 1995)研究了学习方式和教育经历中的性别差异。结果表明，男子和妇女之间存在着一些差异。男性倾向于表现出反思性和抽象的学习风格，这种风格促进了理论的发展和实验设计，而女性在实际环境中学习得更好。他们还发现，在参与者的教育决策过程中，在关心自己还是关心他人的问题上存在显著的性别差异。大多数妇女(但只有少数男子)认为这是一个问题。然而，在其他许多问题上没有发现显著的性别差异，该研究也只是对"女性的认知方式"假说提供了混合支持(见下文)。总之，女性主义经验心理学批判为女性寻求更多的"科学馅饼"(scientific pie)份额，但并不质疑科学馅饼本身。它假定，性别偏见可以通过更加坚持性别中立和客观来消除。

对主题、相关性和方法论的质疑

女性主义的批判观，尤其是在其早期描述中，声称科学知识的理想创造者是女性(或女性主义者)而不是男性。借用马克思主义的阶级偏见知识的概念来研究性别问题时，女性在理解社会世界方面被认为是更少片面和更为客观的，因为披露真相更符合她们的利益(Hartsock，1987)。女性主义理论家认为，妇女具有独特的"女性主义立场"，她们从这一角度来看待知识和科学问题，这一立场与男子或其他社会、政治或经济上占支配地位的群体的观点形成了对照，但因为男子在社会生活中占有支配地位，这种观点总被认为是片面的(Harding，1986，1987，1991；H. Rose，1987；D. Smith，1987)。女性主义立场理论的哲学家(如 Harding，1987，1991)强调从妇女的生活入手，以探索社会现实中被压抑的方面，并根据压抑中妇女的社会经验发展出一种政治参与的理论。

罗斯(H. Rose，1987)确定了一种独特的女性视角，因为妇女的活动将脑力(脑)、体力(手)和关怀(心)劳动结合了起来。当关怀劳动应用于研究时，女性会挑战那些建立在思考者和实践者、思想和身体、理性和情感、客体和主体之间的二元对立之上的男性探究形式。鲁迪克(Ruddick，1989)提出母性思维作为她的女性主义立场，这能为和平政治做出重要贡献。哈特索克(Hartsock，1987)对性别分工进行了分析，提出女性主义应该建立在女性具体物质活动的基础上，以这些活动为基础的政治斗争不仅会改变学术结构，而且会改变整个社会生活。根据发展经验，弗拉克斯(Flax，1983)指出了一种与世界关联的一种具体的女性模式，但没有将妇女的经验视为"充分的理论根据"(p.270)，这是因为妇女在差异化方面存在问题。史密斯(D. Smith，1987)提出，妇女的社会无形劳动不符合社会科学的概念体系。她把将妇女的经验归入传统范畴的过程称为"概念帝国主义"(p.88)。而妇女和男子可能从不同的角度看待科学的这一假设是由于在男性占主导地位的社会中妇女和男子的社会化经历不同所致(Gilligan，1982；Lott，1985)。根据昂格尔(Unger，1983)的观点，社会经验使妇女和男子认识到不同的问题面向。需要指出的是，许多女性主义的理论家反对以生物学为基础来定义女性的观点。

从女性主义立场理论的角度来看，心理学史上最具影响力的女性研究者之一是卡罗尔·吉利根(Carol Gilligan,生于1936年)对科尔伯格道德判断力发展理论的解构。科尔伯格(Kohlberg,1981,1984)以皮亚杰的儿童早期和中期道德研究为基础,提出了青少年和成年早期道德发展理论(另见 Teo, Becker, & Edelstein, 1995)。在他的纵向研究中,对10岁、13岁和16岁的美国男孩进行了20多年的研究。为了评估道德判断,科尔伯格使用了一种价值与另一种价值冲突的道德困境(例如,生存权与财产权)。作为皮亚杰理论的信徒,科尔伯格与其说是对被试认为困境中的主人公应该做什么的决定感兴趣,不如说是对他的参与者为证明某一决定的合理性而使用的思想结构感兴趣。基于这一研究,他提出道德发展理论,包括不变的普遍发展阶段——前习俗、习俗和后习俗,每一个阶段又分为两个阶段。

当然,吉利根注意到科尔伯格在他最初的研究中只使用了男性参与者,但她认为更重要的是,科尔伯格和其他心理学家的理论和概念框架并没有反映女性的经历。吉利根特别感兴趣的是科尔伯格对第3阶段的概念化,这个阶段被描述为反映一个"好男孩"或"好女孩"的方向,一个善意的人。在这个阶段中,道德被理解为对他人有所帮助、取悦他人和他人认可的东西。根据科尔伯格的说法,第4阶段是在第3阶段基础上发展起来的,并将较低阶段整合到较高的层次上。第4阶段表现为一种维持社会秩序的道德,在这期间,个人抽象地考虑社会的意志。权利被认为是符合法律权威规则的,而不是因为害怕惩罚(这是前习俗的)。法律是对有价值的社会秩序的维持这一信念激励着这一阶段的人。

吉利根(Gilligan,1982)认为女性在科尔伯格的道德发展理论中显得不够突出,因为女性是第3阶段的典型代表,在第3阶段,取悦被认为是核心。这就产生一个矛盾:以关心和敏感著称的女性被认为缺乏道德发展。因此,根据吉利根的观点,在心理学上,女性的道德声音是被忽略的,而且和男性相比,是低人一等的。她不仅对主流发展理论提出了挑战,而且还提出了替代理论。据吉利根说,如果从女性生活的发展概念开始,人们会发现对道德发展的不同描述,其中道德问题产生于相互冲突的责任而不是相互冲突的权利。关于道德问题的推理将是情境性的和叙事性的，而不是形式和抽象的。责任代替了权利的道德，关怀和人际关系代替了自主。妇女关注的不是行使自己的权利，而是如何过道德生活。虽然吉利根没有公正对待科尔伯格的意图（他并没有寻求引入道德判断的排名），而且尽管最近的研究表明，在针对道德困境提供理由时，性别差异微不足道（见Walker, 1984），但吉利根确实提出了一个合理的批判性问题：传统的心理学理论是否（错误）代表妇女的经验和声音？我认为，这样一个问题在任何方面都不能得到先验的回答。然而，心理学家的任务正是要提出一般理论，以证明理论的性别有效性。

强调女性特质（这是差异女性主义的术语）的吉利根，一直受到其他女性主义者的批评。里格（1992）认为，所有女性的经验都具有共同性的假设是有问题的。事实上，不同文化、种族、族裔背景和社会阶层的妇女之间存在着巨大的差异。从后殖民的角度来看（见第9章），我们可以说，吉利根的研究对象使用的是中产阶级白人女孩，而不是科尔伯格的中产阶级白人男孩。其他人则认为，女性主义立场论研究人员关注的是妇女的特殊性质，而不是传统上表现歧视的性别差异（见Davis & M. Gergen, 1997）。后现代女性主义不仅反对一个社会群体的看法比另一个群体的看法更有合法性的观点，而且十分激进地拒绝任何客观真理的概念（见第8章）。

事实上，女性主义立场理论和吉利根式的心理学分析似乎反映了马克思主义的思想，即社会特征决定了一个人对现实的理解，而占主导地位群体的看法更加扭曲。因此，女性主义立场理论家认为，性别构成了日常生活和社会科学中对现实的看法（另见Campbell & Wasco, 2000）。为了生存，工人阶级必须了解劳动阶级和统治阶级的社会现实，而女性则必须了解女性和男性的世界。根据女性主义立场理论，这种双重视角使女性对现实的看法不那么扭曲。通过从妇女的经历入手，表达她们的生活，以及从妇女的角度看待世界可以实现更大程度的客观性（Harding, 1987；Riger, 1992）。从这个意义上说，主流心理学可能会因为男性中心的偏见以及比边缘心理学更加扭曲而受到批评。

根据女性主义立场理论，心理学必须创立一种新的认识论和本体论。在这一新的视角下，研究者和被研究者、认知者和被认知者、主体和客体在相互关系中得到识别，每个人的经验和观点都应该被考虑进去。此外，参与者，而不是研究人员，应该成为有关他们精神生活的专家，研究者比被研究者有更全面客观的观点这一观念被否定（另见 Davis & M. Gergen，1997）。在实践中，女性主义立场的心理学家采用了各种方法，包括定量和定性方法，同时让参与者思考性别如何影响他们的经历（Campbell & Wasco，2000）。最近，基于对研究人员社会特征的影响的日益认识，女性主义立场理论家在他们的研究中纳入了对"种族"、阶级和亚文化经验的反思（见 Harding，1998）。

关于立场理论的应用，包括吉利根（Gilligan，1982）关于道德发展的研究和乔多罗（Chodorow，1978）客体关系理论的观点，心理学家贝伦基、克林奇、戈德伯格和塔鲁尔（Belenky, Clinchy, Goldberger, & Tarule，1986）研究提出了男性知识生成的女性替代方案，或者如他们在书的标题中所提到的："女性的认知方式"。当佩里（Perry，1970）在哈佛读本科时研究了男学生的道德和智力发展，他认为雷德克里夫家族（Radcliffe）的女性和哈佛男性遵循着同样的发展模式，但他没有分别报告女性和男性的结果。贝伦基等人（Belenky et al.，1986）对这一研究提出质疑，并确定了五种不同的女性认识论观点，她们认为这些观点既不详尽无遗，也不普遍，同样也不限于女性（见 Febbraro，1997）。

贝伦基和她的同事们决定仅仅研究女性，因为他们认为，如果不把男性包括在内，就能更清楚地听到女性的"声音"。他们认为，强调客观性和距离的科学只是一种只有少数女性使用的认识方式，而与此同时，这也解释了为什么大多数科学家是男性（另见 Rosser，1990）。强调女性的认识方式和女性的声音表明，贝伦基提供了对女性的本质理解（见 Crawford，1989）。尽管存在一些问题，如未将男性纳入研究（这使得很难对性别差异做出结论），使用的问题与佩里（Perry，1970）研究中的问题差异较大，没有应用发展性访谈研究策略（尽管该书标题暗示要关注自我、声音和心智的发展），也没有控制年龄、种族和阶级，但是研究确实表明：在知识产生中存在着关于性别差异的重要问题。

贝伦基等人的(Belenky, 1986)研究刺激了进一步的实证研究，例如，关于学习方式和认知方面的性别差异。马戈尔达(Magolda, 1989)发现对男女在认知结构和学习方法方面的性别差异的支持程度不一。一方面，有人认为，女性倾听和依赖权威的模式，随后转向依赖自己和同伴的观点，这与贝伦基等人描述的观点是一致的。另一方面，一贯依赖权威的男性模式被解释为与佩里研究中的某些情况相匹配。然而，在学习取向的其他方面，如抽象或具体的概念化的偏好，以及对反思性观察或积极实验的偏好等，没有发现性别差异。这些例子还表明，女性主义立场理论的某些方面可以与女性主义经验论的观点相调和，或者可以用经验假说的形式检验女性主义立场理论家提出的论点(另见 Philbin et al., 1995)。

对方法论的反思

我认为，主题、方法论和相关性是心理学批判的核心问题(见第2章)。女性主义经验论和女性主义立场理论都支持对传统心理学的批判，表明该学科对心理主题的理解有限，因而可能与女性无关。它们在方法论问题上有分歧。女性主义者总体上对经验主义不满，特别是女性主义经验论，他们认为，对心理学的批判不应该只集中在研究之外的有偏见的研究成果和实践，而且应该包括对研究实践的批评，进而对心理学方法和方法论的批评。重要的问题是：如果研究在性别方面是有偏见的，那么为什么要将方法论排除在批评之外呢？

哈丁(1987)认为，如果科学是客观和中立的，那么调查者(或参与者)的性别应该是不相干的。但是，如果实证研究是客观和中立的，那么研究中大量的男性中心偏见是如何发生的呢(见 Riger, 1992)？科学严谨性在假设检验中的应用并没有消除问题选择中的男性中心偏见，也没有将焦点转移到了解妇女的经历上，这是一个经验上的事实(Harding, 1991)。科学方法似乎并没有阻止性别歧视,也没有消除研究人员关于性别研究的价值观。如果经验主义是正确的,那么女性主义经验论所信奉的女性主义价值观应该与科学无关,真正的经验论应该颠覆任何女性主义经验论的方案。

基于这样的思考,一些女性主义者认为,心理学需要一种独特的女性主义方法论。他们建议,女性主义研究不应该使用实验、问卷和测试,而应该主要使用访谈和个人文件;应该使用定性的方法代替定量数据分析;应该主要使用女性参与者,而不是男性受试者。其他建议包括在研究人员和参与者之间建立信任,承认社会文化对精神生活的影响,以及思考价值观在研究实践中的相关性(见 M. M. Gergen, 1988; Riger, 1992)。其他女性主义者则认为,孤立使用一套独特的女性心理学研究方法是徒劳的,任何种类的方法论正统都不会增强而只会限制女性心理学的发展(Peplau & Conrad, 1989)。

如上所述,女性主义方法论论述的一个焦点是区分心理学中的定量方法和定性方法。在研究实践中,传统的定量方法被批评为在研究实践中建立不平等的权力等级制度,将背景从行为中去除,并将妇女的经验转化为男性范畴(E. F. Keller, 1985; McHugh et al., 1986; Parlee, 1979; Riger, 1992)。定性方法在一些女性主义思考中受到青睐,因为它们被理解为可以纠正定量方法中的偏见,有助于确定和代表妇女的经验,同时承认妇女的生活是获得知识的手段。但是一些女性主义者指出,定性的方法并不能防止性别歧视的偏见。佩普劳和康拉德(Peplau & Conrad, 1989)认为性别歧视观念可能会影响语言描述,并且"没有任何固有的东西"可以保护定性方法不受性别歧视的侵害(p. 388)。

此外,从马克思主义和后殖民女性主义者的角度来看,定性的方法并没有保护人们免受种族和阶级偏见的影响,因为深入的和自我反思性研究的参与者往往是白人中产阶级妇女(Cannon, Higginbotham, & M. L. Leung, 1988)。因此,一些女性主义研究者提出心理学不应该放弃心理学中的核心研究方法(Campbell & Wasco, 2000; Peplau & Conrad, 1989; Unger, 1988)。他们认为,定量分析是反对性别歧视的宝贵工具,例如,量化结果显示,男性和女性在人格和表现能力的标准化测量方面没有显著差异，而元分析等新的统计技术的发展加强了女性主义经验论研究（Peplau & Conrad, 1989）。批评家可能会说，无论是定量方法还是定性方法似乎都不能保证无偏见的研究，也没有哪一种方法比另一种方法"更女性主义"，而且这两种方法对于理解心理社会现象似乎都是必要的（Campbell & Wasco, 2000; Peplau & Conrad, 1989; Riger, 1992）。

另一个鲜为人知的区别涉及公共和能动研究。性别与研究实践之间存在潜在关系的观点可能起源于卡尔森（Carlson, 1972）。他修改了巴肯（Bakan, 1966）关于人类存在模态的能动—公共模式理论（见 Febbraro, 1997）。卡尔森（Carlson, 1972）提出了两种不同的研究方法。能动研究的方法反映在实验和定量的研究方法中，它采用了科学操作的核心特征，如分离、排序、量化、操作和控制。公共研究的方法反映了非实验的和定性的方法，自然主义的观察，以及对现象的内在结构和定性模式的敏感性。这种方法还意味着研究者的亲身参与。

佩普劳和康拉德（Peplau & Conrad, 1989）总结了这些关于性别和心理学研究的观点，并认为能动模式包括对个体和环境的操纵和控制、研究者和被研究对象之间的距离、行为与真实情境的分离、精神生活的压抑和量化。公共模式是指研究者和参与者之间的合作，研究者的个人参与、自然情境、精神生活的自由表达，以及定性方法（p.392）。卡尔森（Carlson, 1972）和麦凯（Mackie, 1985）认为，女性研究人员更倾向于使用公共模式，因为它们在传统上与女性相关的关系技能和情感技能是相容的。定性方法也要求减少对背景的抽象提炼，减少了统计分析。因为与女性相比，人们认为这些要求与男性更相容（Carlson, 1972; Gilligan, 1982）。而其他女性主义者认为能动方法不能代表社会世界的重要特征（见 Millman & Kanter, 1975）。

与对能动研究模式的批判一样，女性主义心理学家们对客观性的概念提出了质疑，认为客观主义否定了参与者和研究者的基本人性品质（Wilkinson, 1986）。他们还批评了简化概念、环境和社会互动的实验室实验，以及简化和减少社会世界复杂性的实验（Parlee, 1979）。另一方面，当经验和定量心理学与男性和父权制联系在一起，非经验的定性心理学被提倡为女性心理学的时候，佩普劳和康拉德（Peplau & Conrad, 1989）批评了作为本质主义者的公共和能动区分。这些属性可能复制传统的性别陈规观念，并使人们认为妇女和男子具有不同的本质，改变是不可能的，因为现状会准确地反映性别差异（关于这些问题的讨论，参见 Crawford, 1989; Jayaratne & Stewart, 1991; McDonald, 1994; Peplau & Conrad, 1989; Rosser, 1990）。

在后现代女性主义中，方法论的问题消失了。因为方法论问题被嵌入到更大的概念网络中，而这一网络应当被彻底地拒斥。后现代女性主义批判拒斥现代性、理性、客观性和普遍性等启蒙假设。任何科学研究，包括女性主义研究，似乎都包含了鲜明的男性思维模式。因此，女性主义经验论或女性主义立场理论的研究只从特权的角度来看是有意义的，但后现代主义反对任何优势观点的特权，不管是男性的还是女性主义的，并拒绝科学事业的所有后继者（Harding, 1987）。从后现代女性主义的角度来看，没有真理，也没有现实，科学只是文本的生产，而文本始终处于历史和文化的语境中。因此，怎么都行，而且万事万物都是相对的。从福柯式的观点来看，心理学是一个庞大的权力结构的一部分，在这个结构中，每个人和每件事都被纠缠在一起。在心理学上，哈尔—姆斯丁和马里切克（Hare-Mustin & Marecek, 1988）提出，后现代主义意味着对绝对和普遍真理追求的终结、对客观知识的拒绝，自主认识者的存在，以及逻辑、理性和独立于特定的社会历史语境的理性概念的消逝。同一性（一个心理学范畴）和认知者（一个认识论范畴），被看作是支离破碎的和多重的（见第 8 章）。

女性主义者也分享并发展了后殖民科学批判的主张（见 Harding, 1998）。从心理学的角度出发，莫恩（Moane, 1999）发展了女性主义解放心理学，她在其中将权力和压迫等社会问题与个人的思想、情感、自我、身份、人际关系和心理健康联系起来。按照女性主义的方法，她建议应该从那些经历压迫和解放的人的角度来描述它们。传统心理学并未充分重视与社会条件、权力差异或处于支配地位者和被支配地位者之间的关系有关的心理模式。由于心理生活与社会条件有关，因此必须了解等级统治制度（父权制和殖民主义），并确定与等级和统治相关的心理问题，包括内部化的压迫。

在发现了压迫的心理过程和实践之后，莫恩建议人们能够改变与压迫相关的心理伤害，采取行动来抵抗支配权，并致力于社会变革。其力量可以建立在个人、人际关系和政治层面上。她的研究中暗含着一种观念，即传统心理学没有解决克服压迫这一相关性问题，现在可以通过社区活动、性罢工或传统的政治参与形式，在政治层面上解决这个问题，最终目的是实现一个平等的社会。女性主义和反种族主义的结合也存在，例如柯林斯（Collins，1991）曾对社会科学领域的主流方法论提出了挑战，但他也批评女性主义立场理论过于关注白人妇女。

另一种批评认为，性/性别是一种人为的建构，在性别（所谓的女子气或男子气）行为方面，男女之间存在着巨大的重叠。这种观点可以由一种经验主义视角驱动，其依据是同一性别内部的差异比性别之间的差异大得多，那些被发现的性别差异通常很小，而且往往与社会背景有关（Unger & Crawford，1992）。这种经验证据表明，性/性别是人为的二分法，性别的生物学面向既不是固定的，也不是普遍的，生物学上的性可能是存在于一种连续统一之上（见 Butler，1989；Stoltenberg，1989）。最后，一些批评者认为，性或性别两分法是以男性为中心的偏见的结果，性或性别两分被用来维持现有的社会秩序。从这个意义上说，性/性别的概念成为一种社会政治建构，在心理学和其他地方已被用于为父权制的利益服务（Penelope，1990）。

第 8 章　后现代批判

后现代主义充满了相互冲突的观念，这使得人们很难准确地谈论它的话语（Harvey，1990；Rosenau，1992）。对作为后现代时代的后现代性、作为文化表现形式的后现代主义与作为其反思的后现代思想之间进行概念上的区别上是有益的，但这并没有解决这些术语在哲学、建筑、文学、女性主义、政治和心理学中有不同用法问题。后现代主义思想的领导者之一让—弗朗索瓦·利奥塔（Jean-Francois Lyotard，1979/1984）强调后现代主义是一个有问题的概念，它的思想隐含在现代性之中。福柯（1926—1984）常被认为是一位后现代主义哲学家，但是他只能被含糊地归入这一范畴，因为福柯（如 1985，1986）在他的后期著作中恢复了主体性和启蒙思想，这些曾经是后现代反思的核心目标。德里达（Derrida，1994）认为自己是启蒙运动的后裔，他把现代主义者卡尔·马克思作为其解构主义的先驱。许多后现代思想家与现代传统、理论、方法和目标有着密切的联系（另见 Teo，1996）。

为了更全面地理解这些问题，似乎有必要区分北美传统和欧洲大陆传统，在这些传统中，后现代话语的中心问题具有非常不同的含义。罗森诺（Rosenau，1992）提出了怀疑（消极）和肯定（乐观）的后现代主义之间的区别，后者在北美更为流行。在北美心理学中，任何对实证主义方法论进行批判的人似乎都被认为是后现代主义者。例如，哈贝马斯（1929 年出生）正是后现代主义（见 Gergen，1990）中最坚定的批评者之一（见 Habermas，1987）。

简单的归属既不符合实证主义批判的漫长历史，也不符合大陆后现代思潮的思想背景。许多法国后现代思想家（如福柯）在马克思主义团体中从事他们的早期事业。欧洲后现代传统部分地来自对马克思主义自身的体制特性以及社会乌托邦之失败的批评。史密斯（M. B. Smith, 1994）从心理学的角度指出，后现代主义反映了欧美知识界的许多经验。心理学家可以关注个人层面，但如果社会历史现实构建了知识思想，那么后现代思想也应该在20世纪60年代以来欧美社会的社会、经济和文化变革的背景下来理解（Harvey, 1990; Jameson, 1991）。

为了理解后现代心理学的兴起，我们有必要认识到，心理学家倾向于高估来自于学科之外的元理论结构。以自然科学为导向的心理学家经常吸纳从物理学研究中衍生出来的科学哲学的元理论规定，例如，最近便吸纳了混沌理论（Barton, 1994）。人文科学取向的心理学家已经采用了源于人文学科的发展理论；当马克思主义仍然具有影响力时，心理学家们则讨论了异化、历史唯物主义和辩证法（例如，Riegel, 1978）。随着后现代思潮的兴起，建构、解构、叙事、话语、多元、差异、美学等概念均被接受。拒绝宏大叙事是利奥塔（Lyotard, 1979/1984）的后现代主义的一个核心特征，在心理学上更为复杂，因为传统的学院心理学总是对有关人的解放等主题的宏大叙事持怀疑态度。而它也没有意识到，采用总体化的方法论也构成了元叙事。

在时间框架方面，我们可以说，后现代是现代性之后的时间。现代性这一历史时期的跨距是从16世纪到19世纪或20世纪。其既与启蒙运动相吻合，也与殖民主义和奴隶制的兴起相吻合，因此现代性被等同于种族主义（见Mills, 1997；另见第9章）。在认识论方面，现代性导致了经验主义和后来的实证主义的兴起，因此被错误地与实证主义联系在一起。可以用弗里德里希·尼采（1844—1900）的著作，或利奥塔（Lyotard, 1979/1984）关于知识的报告，或20世纪60年代和70年代社会运动的批判性发展，以及肯尼斯·格根（Kenneth Gergen，例如，1985）的心理学著作为基础，找出后现代反思的起点。此外，历史学家应该回答这样一个问题：从现代性到后现代(如果它存在的话)是连续的还是不连续的;这两个时代之间是否存在着或多或少的重叠;或者后现代是否是历史发展的下一个逻辑的和必要的阶段。

罗森诺(Rosenau,1992)提供了一个关于现代性和后现代话语的极好概述。现代性的特征是通过理性和进步的原则,将人性从无知中解放出来。对后现代主义者来说,挑战理性和进步的累累记录是很容易发现的:奴隶制、战争、种族灭绝、奥斯威辛和广岛。随着许多反例的出现,现代性不再是解放的源泉,而是一种压迫的手段。北美后现代主义者也挑战西方文明的各种病态,并认为现代性应对此负有责任(马克思主义者提到了资本主义、女权主义者指向父权制和后殖民理论家揭露帝国主义)。基于利奥塔(Lyotard,1979/1984)对元叙事的拒斥,以及所有总体化思想体系中答案和问题似乎是预先决定的论点,后现代主义者质疑了诸如基督教、伊斯兰教、马克思主义、法西斯主义以及资本主义、自由民主、女性主义和科学等世界观。在科学方面,费耶阿本德(Feyerabend,1978)认为科学与占星术或原始崇拜没有太大的区别,科学家使用修辞来支持他们的立场。在科学史上,外部标准比经验事实更为重要。在解构了现实、客观性和真理等术语之后,基于任何严格的方法论都在阻碍科学进程的理念,他提出了一条规则:怎么都行。

罗森诺(Rosenau,1992)也指出了后现代建筑、文学、政治、人类学和哲学对文化和科学的影响。以包豪斯(Bauhaus)的规划为例,现代主义认为建筑的功能应该决定它的形式。后现代主义关注的是审美的维度而非功能的层面;它更倾向于显现而非效率,这意味着空间的理性布局的终结。在文学领域,后现代小说家在要求读者建构自己的故事结构的同时,放弃了故事的线性叙事。在政治领域,后现代主义挑战了官僚结构中等级决策的权威。在人类学中,土著文化被赋予比西方文化更重要的地位,后者的目的是理性地重塑这些文化。

在哲学上,德勒兹和瓜塔利(Deleuze & Guattari,1980/1987)运用了根的隐喻来描述各种不同的思想形式。形而上学被描述为一棵树的根,在这棵树中，一切事物都源于一个单一的来源或第一个原因。现代性的特征是倾向于一种丛生的根，一个由许多来源的小根组成的系统。然而，后现代主义被描述为一种块茎，一种茎干器官，空气中的树枝可以在其中重新生长到土壤中，在那里老的部分消失了，并在其他地方形成了新的分枝。人们可能会质疑，这些隐喻是否适用于19世纪以来的心理学的描述。当然，这门学科并不表征一棵树的根。人们可以说，统一心理学的企图是由形而上学的意图滋养的。心理学可以被描述成一个丛生的根，一个有着许多不同系统和不同世界观的研究领域。

目前还不清楚作为块茎的心理学会是什么样子。有人会说，心理学中的概念网络不应分等级运作，而应作为块茎（Teo，1998b）。块茎的概念将涉及新的理性概念（Welsch，1995），在这一概念中，多元化可以被充分概念化为以一种不断变化的方式运作。心理学中的一些后现代影响也可以归因于德里达（Derrida，1976），他试图挑战西方思想的逻各斯中心主义、对理性的信仰，并同时解构西方思想史上普遍存在的等级对立（如因和果）。桑普森（Sampson，1989）将德里达的思想运用到对心理学主体的解构中，挑战了人是意识的中心、是一个完整的整体、一个反对其他实体的实体的观点。

元叙事的终结

利奥塔（Lyotard，1984）特别关注后现代的认识论维度，并将后现代定义为对元叙事的怀疑。根据维特根斯坦（Wittgenstein，1953/1968）的语言游戏理论，他认为社会可以被理解为一个由多种语言游戏组成的交流网络，具有不可通约性的规则和不明确的关系。他接着指出，科学知识与叙事性知识具有同等的必要性，叙事知识对科学知识是宽容的，但反之则不然。这一问题在心理学中变得更加严重，因为科学知识和叙事知识之间的界限更加灵活，这使得心理学中自然科学知识的支持者在划定边界时更加严格。根据利奥塔的说法，由于一种知识中可接受的规则可能不适用于另一种知识的规则，一种游戏中的好动作在另一种游戏中并不被认为是好的，因此不能根据科学知识标准确定叙事知识的有效性。此外，叙事知识并不质疑其自身的合法性，并将科学知识理解为一种叙事可能性家族中的变体。

科学知识需要依靠叙事性知识的支持实现合法化，因为科学不能使自己的活动合法化。在利奥塔看来，存在着两个关于合法化的宏大叙事，一个是政治的，一个是哲学的。政治元叙事表明，人类通过知识成为自身解放的能动者。科学解除了人的迷信、束缚、愚昧和压迫，解放了自由和尊严。哲学元叙事指的是知识的进步和真理不断展开的观念。在黑格尔（Hegel，1807/1986）术语中，知识的主体不是人，而是知识本身。由于现代建制往往受一般规则和条例的支配和指导，这些规则和条例的合法性来自科学的方法和发现，因此社会的进步取决于科学的进步。根据利奥塔的说法，自"二战"以来，两种元叙事都失去了可信度，把科学作为一种解放和进步的工具，这种观点显得毫无意义。后现代状况在宏大叙事的结尾处回荡。

在传统心理学中，政治元叙事从未发挥过重要作用。政治元叙事只对马克思主义、女性主义或后殖民心理学等学科的边缘产生了显著的影响，最明显的是霍兹坎普（Holzkamp，1983）的研究（见第6章）嵌入了劳动主体解放的叙事之中（另见 Welsch，1992）。自然科学心理学家甚至拒绝政治目标和伦理理想（也见 Kendler，1993），尽管许多心理学先驱者有乌托邦式的抱负（Morawsk，1982）。哲学元叙事在传统心理学中起着重要的作用，它使人们对知识的进步性深信不疑。然而，这种可能性取决于领域的统一（见第2章）。后现代批判家认为，统一的概念可能代表着一种总体性的狂热，当过于异质而无法统一的物体和事件被强迫进入这样一个程序时，统一就变成了极权主义。研究人员不应该试图为心理学建立一个独特的主题和方法论，而应该对这种努力持批判态度，并对不确定性、缺乏解释和相对主义感到满意。一个人不应该接受普遍真理，而应该接受地方真理（见 Gergen，1985）。[1]

但从批判的角度来看，可以说，自然科学心理学发展出了一种学科元叙事，这是其自我理解的核心，被描述为方法论崇拜或方法论中心主义（见第2章）。心理学的奠基或统一很难做到，这一学科没有实现这一目标，而是发展了这样一种思想，即如果一个人遵循严格的心理学方法论规则（把重点放在统计学和实验技术的进步上），那么他就会自动地促进知识、真理和学科的进步。赞同后现代原则的丹兹格（Danziger，1985），称它为心理学中的方法论律令，意思是方法论对心理学的统治。理论假设嵌入在方法论中，但这些都没有被方法论的应用所检验。因此，人们在描述变量之间关系的心理学中发现了一般规律，但是这些关系以及变量都是由方法论决定的。无论如何，心理学中元叙事的结束意味着心理学家放弃了实证方法论的中心地位。

知识的问题

利奥塔（1924—1998）、德里达，甚至福柯都对知识的客观性持怀疑态度，但这对北美心理学的影响较小。库恩（Kuhn，1962）、费耶阿本德（Feyerabend，1978）、罗蒂（Rorty，1979）、伯格和卢克曼（Berger & Luckmann，1966）在其中受到了较多的关注（他们不一定是后现代主义者）。柏格和卢克曼影响了格根（Gergen，1985）的写作方向，他们感兴趣的是对知识的看法，知识成为现实的过程，以及主观意义如何转化为客观事实。他们始于这一前提，即知识的发展、传播和维护可以被理解为社会行为，而现实是社会建构的。在我看来，格根的后现代心理学类型（1985、1990、1994a、1994b、2001），虽然承认法国的传统（德里达，福柯），但受法语思想家的影响要比英语也许还有德语思想家的影响少。格根（Gergen，1990）认为费耶阿本德（1924—1994）、库恩、哈贝马斯、女性主义理论家、伽达默尔等都是后现代转向的导火索。

心理学家赞同后现代认识论的基本原理，指出知识不是对世界的反映或图绘，而是互动的产物（Gergen，1985）。心理学家们遇到的不是客观现实,而是社会产物。此外,心理学的反思和研究应该从心理对象和事件假定的非历史性向历史的维度转变。历史告诉我们,心理学的对象和事件随着时间的推移以及不同文化发生了重大的变化。因此,知识不能被概念化为人们在头脑中某个地方拥有的东西,而是人们共同创造的东西。这种立场导致了对主流心理学和实证经验主义知识构念的各种批判。

格根(Gergen, 1990)不相信存在独立的心理学主题,因为对象不是真实的,而是根据惯例和修辞规则构建的。对现有理解形式的支配或接受并不主要取决于经验有效性,而取决于社会过程。在格根看来,经验证据并不构成对世界的理解。心理学方法既被批评为分离主体和客体,产生了异化的关系,又被理解为一种"误导性的辩护手段"(p.30)。格根(Gergen, 1985)提倡将重点放在语言上,而不是传统心理学的方法。范畴和语言决定和确定了研究人员所观察到的内容,它们都嵌入于文化和历史中(格根借鉴了维特根斯坦和利奥塔的思想)(另见关于话语心理学的方案,Harré & Gillett, 1994)。

心理学概念不是建立在本体论的基础上的,它与真实的心理实体并不相符,而是与历史进程和社会语境中的发展意义相关。心理学概念不能用实证主义的方法来分析,而应该用民族心理学的工具来分析,因为它们是历史的和文化的,并且会在历史过程中成住坏空。只要概念在特定的机制中有用,就被视为在特定情况下持续存在。在日常生活中,理解是在人们互动和共同决策的过程中进行的。因此,对格根来说,情绪并不是真实的对象,而是在语言使用的语境中社会建构起来的。而按照格根的说法,愤怒不是一种精神状态,而是一种社会角色。同样,科学理性的意义不在于研究数据或它可以在独立个体的头脑中被识别,而是因为它是社会历史背景的一部分。个人的经验并不是独一无二的,而是根植于文化和历史结构之中。

赞同某些后现代目标的心理学家对后现代思想的局限性进行了思考(Parker, 1998;另见 Simons & Billig, 1994)。一些评论者甚至认为后现代主义的辉煌已经逝去(见 Teo & Febbraro, 2002)。事实上,格根(Gergen,

2001)近来的后现代心理学观念已经变得更加温和,他不再解构主流心理学,而是专注于心理学中后现代反思的积极后果。例如,他提到了一些务实的问题,如研究的影响、批判性讨论的加强、心理学的历史恢复和振兴、跨文化对话的必要性、方法论的百花齐放(现在包括使用定性方法以及实践的丰富等),这些都是后现代反思的结果。然而,在我看来,很难将这些所有的发展归因于后现代思想,因为很难将过去几个世纪的所有缺点和心理学的缺陷归咎于现代性(见 Teo & Febbraro,2002)。格根(Gergen,2001)也指出心理学的发展,可能表明心理学正在成为一种商品,其中认识论的问题不再相关。苛费尔(Kvale,2003)认为,是市场而不是方法,支配了心理学概念的统一,后现代世界中市场支配了心理学概念。对于后现代的批判,不管根源是什么,方法论很明显不可能是知识的第一起因。

主体与权力

现代性和现代社会依赖于个体的概念,这个概念被认为比群体、社区或社会更重要。后现代主义是对现代性观念的反抗,它企图抛弃主体和主体性的概念。后现代思想挑战了主体作为意义中心、意图和行为中心的观点,认为主体是个人主义的、以欧洲为中心的、过时的,是现代性未经思考的过去的一部分。利奥塔(Lyotard,1979/1984)并没有特别关注对这个主题的批判,他认为自我并不是孤立的,每个人都存在于一个关系网络之中,在历史进程中,其复杂性和流动性都在不断增加。

后现代主义关于主体性的论述比单纯的否定更为模糊。罗森诺(Rosenau,1992)认为,社会科学领域中持肯定态度的后现代主义者对个体有着充满希望和乐观的看法;而持怀疑态度的后现代主义者则提供了悲观的评价,包括主体性的碎片化和缺乏意义,以及人类主体的终结。这个被启蒙运动所发明的主体,被批评为一种虚构的结构,并不是行动、意志、语言和写作的源泉。我认为,这种情况在心理学中甚至更为复杂,因为基于严格评估大部分心理学被认为是遵循这样一种后现代传统：自然科学心理学很可能在19世纪末，20世纪初就放弃了主体的概念。心理学需要样本，而不是个体的主观描述，它关注的是分布的中心趋势而不是主体。另一方面，许多伦理政治和人文科学纲领，如霍兹坎普(Holzkamp, 1983)的批判心理学(见第6章)，都对主体性的丧失感到惋惜。该研究特别意在恢复心理学中的主体性，它不是再生产主体的个人主义观念，而是强调个体的行动、思想和情感总是镶嵌在文化与历史之中并由之中介的。

福柯发表了在这一领域的一些重要的研究，他的研究无论在认识论上，还是在心理学上都非常有意义。福柯(Foucault, 1985)并没有提供社会的真理史，而是研究真理产生的政治史，重点集中于对问题化的兴趣转移(见Foucault, 1996)。例如，他在早期研究中表明，精神疾病的历史、正常的定义、理性和非理性的划分以及社会和医学实践的建立，并不像传统学科的历史学家所建议的那样遵循理性的知识积累过程，而是一种排除式的做法(Foucault, 1961/1988)。福柯接受了心理学训练(见Eribon, 1991)，并证明了在中世纪和文艺复兴时期的疯狂行为是日常生活中被接受的的事实，但学术界对此并不关注。应该在理性主义哲学的背景下来理解17世纪对疯狂的排斥和精神病学的出现，理性需要疯狂来实现自身的理解(另见Dreyfus & Rabinow, 1982)。

福柯(Foucault, 1969/1972)在知识考古学中分析了人文科学的问题化，并强调了外部因素，而不是内部问题的解决或事实的生产，对理论发展的重要性。与以前的时代相反，现代性中人类成为衡量一切事物的标准(Foucault, 1966/1970)，认识论主体逐渐成为主宰。现代性发明了人类主体，并使其存在于西方知识之中。但是，人类科学并没有像假定的角色那样去解决问题，而是将人类变成了问题。人类科学非但没有解放主体，反而促成了它们的消失。有许多例子表明，心理学实际上并没有解决问题，而是产生了问题化。在这个过程中，中性问题变成了高度问题化的对象。这个过程在"种族"的建构中表现得尤为明显(参见第9章)(也体现在对女性、男同性恋、女同性恋等的建构上)。

第8章 后现代批判 | 147

福柯对权力的新分析也具有重要意义。作为一种结构现象，这种分析在心理学研究和传统心理学话语中被广泛忽视。后现代主义者格根（Gergen，2001）以权力为主题，指责现代主义的压迫性潜能。但他将权力主要定位在语言内部，而非客观的社会现实中。对马克思主义者而言，如霍兹坎普（Holzkamp，1983），权力是一个客观的结构实体，它产生于获得生产资料或者控制自身生活条件的不平等的机会之中。哈贝马斯（Habermas，1981）认为权力存在于体系和生活世界之中，并希望通过沟通过程超越权力（也见 Teo，1998b）。弗洛伊德（Freud，1969—1975）将权力定位在被压抑的性行为中。福柯反对马克思主义、精神分析学和其他传统权力理论的观点，他主要关心的是传统权力构念导致压迫这一问题。按照福柯的说法，现代权力是积极的和富有成效的。福柯以尼采的研究为基础，分析了权力在生活管理中的积极作用，权力与人文科学知识生产的关系。对福柯来说，权力是一个包罗万象的现实，每个人都被涵盖并参与其中。最重要的是，不得不补充一句，对这种权力在心理学建制中的作用进行反思是少见的。

福柯（Foucault，1975/1977）在犯罪行为、权力与惩罚实践的关系以及时间推移下权力实践的改变等背景下分析权力时，发现存在着一种空间和权力的关系，空间在权力的行使中具有重要意义。他认为，直接惩罚这种旧的规训形式已被一种新的惩罚形式所取代，即监视。他以边沁（J. Bentham，1748—1832）的"全景敞视监狱"为例，说明了在集中监视下的主体可见性原则，在这种情况下的每个囚犯都被监视而不信任他人。同时，这种通过透明度获得的权力不需要很大的开支，因为每个主体都在对自己实行监视，没有任何额外的财政负担。权力通过更精细的渠道流通，目标是日常活动中个体的身体和姿势。对福柯来说，酷刑的结束不是通过开明的过程完成的，而是通过一种新的、更有效的引入规训的权力实现的。

根据福柯的观点，18世纪越来越关注建筑基础设施的组织和建设，将其作为统治现代社会的工具。在这样的背景下，空间、住房、学校、医院、军事设施和监狱的历史,以其许多不同的技术代表了权力的历史。例如,人们可以研究工薪阶层住房的发展,以及客厅和卧室等空间的分配如何规定了某种形式的道德(Foucault,1996)。尽管规训技术在整个历史中都存在,但直到17和18世纪,它们才成为统治的普遍形式。根据福柯的说法,权力的规训在身体里传递,不是有意识的认知过程。身体可以被操纵、塑形、训练、改变、分割和计算。规训集中于个人在空间的分布,包括源自他处的封闭空间、建造修道院、寄宿学校、军营、医院和工厂。规训规定了行为程序,身体的协调,身体和手势、身体和物体、身体和时间之间的关系。身体从权力的规训和空间安排中学习,并滋养一个人的自我意识。个人还与其他个体在一个精确的有序系统中进行协调,在这个系统中,一切都是计划好的。

对权力、身体和空间的关注并不是对传统心理学的直接批判,而是一种隐性的批判,它识别了心理学中被忽略的话题和对心理学主体问题的新理解。女性主义文学中关于身体的许多研究并不必然是由福柯所驱动的(另见 Bayer & Malone,1996;Hartsock,1990;Ussher,1989)。然而,福柯关于权力和身体的联系与转变的分析在一些女性主义观点中受到了欢迎(Sheets-Johnstone,1994)。例如,美容标准可能像福柯所描述的那样。如果女性能够经常测量自己的体重、美丽、健康和社会行为,那么就没有必要让父权制来强加要求。身体权力和对女性特质的控制可以被重新定义为个人选择(也见 Morgan,1991)。此外,还可以通过对建筑物、隧道、人行道等建筑进行权力分析。[2]

福柯的研究在心理学领域开启了许多批判性问题和反思。例如,成为一名心理学家的过程就反映了规训的力量。学生需要一定的成绩进入大学并通过四年学习获得荣誉学士学位。学士学位计划详细,要求完成一定的课程和论文的写作。写作本身需要遵循的具体标准,如遵循出版手册。[3] 学生经过精心挑选进入研究生院并接受导师的指导,委员会根据学科和大学的标准,决定一个人是否应该获得硕士或博士的头衔。研究生级别的学生也要求参与不同的课程,每个人各有其位,每个位置都需要一个人。每

第8章 后现代批判 | 149

个地方和个人都要求有专门的培训和评估机制。学科还通过时间控制学生的活动。要求在规定的时间内完成硕士和博士学位，并通过明确的方案规定要求参与课程学习，如统计课程。其他过程还包括在整个学术生涯中的职能和级别分配，从硕士生到博士生，从助理、副教授到正教授，或从学生会员、正式会员，到专业组织中的会士。受试者从一个阶段移动到下一个阶段时刻处于控制和监控之下，权力有能力在每个时刻进行干预。心理学通常并不反映其自身在制度中的规训力量，以及心理学家身体被操纵、训练和形成的技巧。

福柯建议对研究者应该如何理解人的主体性进行全面的修订，这将包括对心理主体的修正。对福柯来说，人是通过自我规训被制造成主体的。权力构成了人，产生了个性，建构了自我。人不仅变成了主体，而且是通过权力变了主体。从历史的观点来看，以前可以夺取生命的权力成为了培育和培养生命，并确保了人口生存的重要事物（Foucault，1978）。当权力集中在生殖、生育、健康、寿命、预期寿命、死亡率等方面时，权力不仅针对人体，而且也针对物种的身体。福柯拒绝力量或权力由个人行使的想法，他认为权力是一个复杂的机器，权力的受害者和施害者等所有人都被困在权力之中。他认为，权力产生了监管和控制的永久机制。

在这种背景下，性别和性成了重要的话题，因为性既属于个人也属于社会（生活管理）。根据福柯（Foucault，1978）的观点，性没有被压制（至少在这一领域内，压抑不是主要特征），反而引起（对个人的）医学和心理检查和监视。性别（关于社会）产生的统计计算内容和政策与整个社会或社会的一些子群有关。在这种背景下出现的"牧师的权力"（Foucault，1992，p.309）就是以照顾社区的基督教牧师为模板的。它是一种权力的形式，照顾每一个人，并知道内部成员的想法、情感和意志。这种新的权力扩大到教会之外，并由慈善、家庭、医学、精神病学、教育、工作，当然还有心理学来行使（另参见 Ward，2002）。

牧师的力量由主体的告解所补充，其中包括主体就他或她的性取向进行论述的所有内容（Foucault，1980）。因为一个人向另一个人忏悔中，以性为其特殊话题的自白在权力关系中展开并受供述过程的制约。然而，权力并非来自外部；不存在机构、坏人或阴谋。相反，当权力以强迫的形式表达时，它就从自身内部产生了(Foucault, 1978)。在福柯看来，西方社会是一个忏悔的社会，西方的主体是"忏悔的动物"(p.59)。我想补充说，专业心理学不仅在有关性的忏悔方面，而且在社会所关心的所有问题上都发挥着中心作用。应用心理学是忏悔的学科。

如第 1 章所指出的，基于福柯的心理学分析是罕见的。丹兹格(Danziger, 1990)在他的创新研究中接受了福柯的批判和方法论精神，他证明了实验研究被试的概念并不完全是自然的，而是经历了重大的历史和文化变革。丹兹格发现了莱比锡模式(Leipzig model)，在这个模式中，被试的角色比实验者的角色更重要。冯特经常是被试，而他的学生则是实验者。这个模型是基于这样的想法，即实验被试的角色需要心理专长和成熟特征。同时，实验者和研究被试的角色是可以互换的，学生在不同的时间扮演不同的角色。此外，该模型中，朋友和同事之间也有合作，不要求受试者是陌生人。相反，巴黎模式(Paris model)是在医学心理学和实验催眠的背景下演变出来的。因此，被试和实验者的角色被严格定义(不可互换)。这种身份的差异也可以从大多数研究对象是妇女(和儿童)这一事实来解释。另一种模式是在英国发展起来的。在英国，高尔顿不再研究专家或临床被试，而是一般人群。实验者和被试的角色被明确定义，心理服务需要收费，参与者可以得到结果。高尔顿对社会中科学组织背景下的大数字产生极大兴趣(其最终目的是优生学)。

丹兹格(Danziger, 1997b)不仅指出了研究对象的历史文化建构，而且也指出了自我的历史形成。他强调这一概念几乎没有历史连续性，主流心理学长期压制自我这一话题。他部分借鉴福柯的理论，反对语言的表征理论，即词语反映和代表非语言的现实。根据丹兹格的观点，这一表征理论假设存在一种自我的现实，一个自然的对象，这一对象与人们如何描述它保持着独立性。然而，语言形成理论认为，一个人对自我的概念化方式不能与自我是什么分开。引入自我的新概念可能会导致新的自我经验组织。

一个人对语言的运用会影响到他在公共领域中是谁。自我是描述的对象和主体，并决定了自我可能是什么的边界(也见 Taylor，1989)。

类似地，同一性作为一个稳定的、连贯的、个体的和持续的自我概念(Erikson，1959)受到了挑战(Gergen，1991)。例如，罗斯(Rose，1996a)根据多重的、短暂的、非主体化的、无组织的、分解的以及更多元的身份概念，确定了自我的危机。罗斯借鉴了德勒兹和瓜塔里(Deleuze & Guattari，1980/1987)的研究，他认为应该更恰当地把主体理解为增加和减少其联系及性质的变质组合。他也拒绝任何表征的语言理论，自我概念被解释为交流中的对话和语法。罗斯还批评了人文科学心理学对自我的研究，这种研究依赖于互动叙事，因为它们将主体放回了能动性的基座上，这与多重身份的假设相矛盾。事实上，在临床实践的要求下，心理学家更偏爱叙事方法(例如，Freedman & Coombs，1996)。

伦理学

格根(Gergen，1985)通过方法论拒绝了由方法而来的真理概念，接受了道德标准应在心理学研究中发挥重要作用的观念(p.273)。这是值得注意的，因为与认识论相关的后现代相对主义似乎得到了与伦理学绑定的方法的补充。强调心理学中的后现代思想并不排斥道德反思，更具体地说，心理学应该真正地参与到关于"应当"的对话中来。然而，格根(Gergen，1994a，1994)却反对作为现代主义者的道德原则和普遍人类准则。格根(Gergen，1992a)似乎错误地将实证主义等同于现代主义，他认为现代主义在价值问题上仍然是无能的。然而，从康德(Kant，1797/1968)到哈贝马斯(Habermas，1990)，道德哲学一直是现代哲学家们关注的中心话题。

格根对道德的强调再次表明了北美和欧洲大陆之间的差异，以及哲学与心理学、后现代思想之间的差异。在哲学的后现代话语中，对道德的研究是一个被忽视的话题，几乎没有得到承认，甚至被当作误导的普遍主义的典型例子。后现代主义的读本很少提供关于伦理或道德问题的具体内容或讨论(例如,Docherty,1993;Natoli & Hutcheon,1993)。在后现代哲学中,伦理转向缓慢地发生(Honneth,1994)。韦尔施(Welsch,1995)将之称为当代后现代理性批判从理论理性到实践理性的转变。利奥塔(Lyotard,1987)提出了正义理论;福柯(Foucault,1985,1986)则沉浸在主体性伦理学中;德里达(Derrida,1988)在其哲学中引入了友谊的伦理概念;鲍曼(Bauman,1993)发表了一本关于后现代伦理学的专著。

后现代哲学中的伦理转向并没有在心理学中被作为一个重要事件,因为道德问题在北美的后现代心理学话语中已经得到了解决。这一事实可归因于对实证主义—经验主义研究逻辑的后现代拒斥,它否定了价值判断。基于敌人的敌人便是朋友的观点,后现代心理学家似乎把道德领域视为一个越来越重要的问题,需要在心理学反思和实践中加以处理。我对将后现代道德反思注入心理学的一些尝试持批评态度(Teo,1996)。不是因为"是"和"应当"相分离的传统观点,而是因为我认为,后现代伦理概念可以在现代或新现代框架内重建(另见 Honneth,1994)。

关于教学、研究和实践的伦理考虑已经成为心理学话语的中心问题(例如,见 Friedrich & Douglass,1998;Pope & Vetter,1992)。然而,一些后现代心理学家对主流心理学缺乏道德反思提出了质疑,他们认为这不是一个研究的对象,而是心理学理论和实践中的一个反身性原则。波尔金霍恩(Polkinghorne,1992)质疑真理的首要性,他认为应用心理学是不正确的,实践应该指导治疗师的干预。他倾向于用实用主义的方法来解决心理问题,目的是以最有利的方式为精神痛苦的人服务。最有益的应该是以熟练的从业者(而不是象牙塔里的研究人员)的知识和技术为基础,并应与其他心理健康专家进行交流。苛费尔(Kvale,1992b)还要求伦理和美学领域的再生,并认为系统治疗将倾向于包括心理学的这些层面。肖特(Shotter,1992a)强调道德对心理学的重要性,但警告说在应用道德时必须遵循普遍原则。他对主流心理学提出了质疑,认为伦理问题应该与方法论和认识论问题具有同样的意义。

许多后现代思想家特别关注伦理政治领域。格根(Gergen,1992a)邀请心理学家参与政治领域的研究，而苛费尔（Kvale，1992b）则主张心理学的伦理—政治解决方案，即认为知识与社会价值观相互作用的实用主义效果应该是心理学关注的中心内容。帕克（Parker，1989）明确指出，社会心理学理论和研究应该受政治因素的驱动。他提出的一系列规则为社会心理学的危机提供了一个切实可行的解决方案。这些研究包括对自己想在政治上帮助的个人或团体的心理学反思、为被压迫者进行的研究产生的实际效果以及理解政治问题的能力。我认为这样的要求从根本上挑战了主流心理学的自我理解，没有理由不将伦理政治问题纳入心理学（见第10章）。然而，我也担心，后现代心理学在实践理性领域缺乏具有具体含义的概念，这些概念可以在现代性传统之外发展。如果没有精确的概念，这条道路可能会导致抽象的相对主义、价值的随意性，或反身性活动的丧失。我认为，在批判语境中，现有的规范、传统道德、伦理学和语用学均应该受到挑战。

美学与"解放"

后现代心理学批判的对象是主流心理学的认识论、本体论和相关性。然而，还有一种后现代思想的含蓄批判。这种批判主要集中在由于历史原因，被认为不适合于传统心理学研究，而被忽视的主题和问题上。自然科学心理学中缺乏涉及解放、抵抗和斗争的话题，除非这些问题在临床实践中被纳入个人目标（例如，增强能力）。我提出了一种基于社会历史背景和压迫经历的解放心理学，它也基于为战胜压迫而为个人提供的选择（Teo，1998b）。为了本书的目的，我将使用一个来自审美解放的例子，这一话题需要对主题和方法论的重新认识。美学的解放不一定导致愤世嫉俗的态度，这在面对痛苦的主观性时毫无作用；或者导致关于贫穷、异化、无家可归或丧失权力的唯美主义（Harvey，1990）。

文学中对解放的审美维度进行了探讨，指出了哲学与文学之间的界限转移。心理学可能需要方法论的转变，将文学（或一般艺术）作为新方法论的一部分。例如，魏斯（Weiss，1975）的小说涵盖了书中主角们美学灵感的抵抗意义，这些1937年的工人通过对柏林博物馆的佩加蒙祭坛场景的征用作出了对抵抗的解释。在公元前150多年前，佩加蒙祭坛便已建成。佩加蒙是希腊在小亚细亚（今土耳其）的一个重要城市，其图书馆仅次于亚历山大。祭坛上描绘的场景是用高品质的大理石制成的，展示了希腊众神与泰坦（泰坦神）之间的斗争。根据神话描述，当宙斯击败泰坦后，将他们放逐到地下世界。而小说的主角们将此场景解释为激励他们对抗德国法西斯主义。

在福柯看来，美学不仅仅是一种抵抗的手段，而且是一种领域。为了理解福柯的立场，有必要对传统的解放理论进行描述，这一术语由于其传统的社会哲学内涵而被福柯所摒弃。例如，在马克思主义理论中，解放被概念化为从压迫性的生产关系中释放出来（见Teo，1998b）。然而，从事斗争的群体，如妇女、少数族裔、残疾人、男女同性恋者、精神病幸存者等，不一定经历过劳动领域的权力。互动的经验，以及有关觉知、尊重、意识、意象、知觉、身体和性的问题，都不能被纳入马克思主义的劳动范式之下。与霍兹坎普或哈贝马斯不同，福柯意识到权力的微观物理学、技术、策略和程序，分析了包括空间、身体和自我在内的抵抗的美学维度。

福柯（Foucault，1996）摒弃了传统的权力概念，因为权力在每一种关系中，时刻都在发生；权力是一种机制，一种针对行动的永久行动，没有人能够控制。因此，一个没有权力的社会是不可能的。[4]他也放弃了解放的概念，因为它服务于这样一种观念，即存在一种被历史、经济或社会压制的人性（p.433）。福柯（Foucault，1992）允许抵抗、斗争和实践自由，而不是解放。[5]福柯（Foucault，1996）用他的反抗和斗争的概念发展了这样一种观念：我们不能完全从权力关系中解放出来，但我们总是可以改变它们（p.386）。总存在着抵抗、不服从和反对的可能性。[6]对福柯（Foucault，1961/1988）而言，反对服从主体性的斗争变得更加重要和普遍。

在空间方面，福柯（Foucault，1996）对建筑领域中的反抗（或解放）、结构与自由之间的关系持怀疑态度（pp.335-347）。因为他把反抗与自由的实践联系起来，而不是与建筑师的解放意图联系起来。像勒·柯布西耶

(Le Corbusier，1887—1965)这样的建筑师的建筑设计理念即使是好的，但是当居住者使建筑变得压抑时，建筑也可能会变得压抑。即使建筑表现出权力的技术，福柯也不认为一个建筑师，可以在支配权上和一个精神病学家处于同一个层面。精神病学家和监狱长或是天主教堂的牧师一样，是在一个复杂的权力关系环境中工作的。但是，一个人可以反对空间安排，例如，质疑引起危险和焦虑经验的直通隧道，为一个不同的空间组织提出建议。这就像说"不"一样让人感到解放，这是福柯的一种反抗形式(p. 386)。[7]

在福柯(Foucault，1970)的早期作品中存在诸如经验结构、知识型和对某一主体的支配性等概念。在他后来的著作中又回到了主体性，并且认为一个主体能够把他或她的生活作为一件艺术作品，从而将主体从与国家相联系的个体化中解放出来。艺术是与客体有关的，而不是与主体相关的，它允许新形式的主体性。福柯(Foucault，1984)认为每个人的生活都可以成为一件艺术品，挑战权力意味着将自己的生活定义为艺术。[8]这种存在美学被设想在性、身体和其他形式的自我表达领域。与临床心理学从变态的角度来定义所谓的偏差相反，福柯(Foucault，1996)将边缘化的性行为定义为一种创造和创新生活的可能性(pp. 382-390)。主体的反抗可以通过对自我技术的重新定义来实现。

福柯提到，愉悦和药物应该成为文化的一部分，正如电影和图书有好有坏一样，药物也有好有坏。个体与自己的关系应该建立在差异、创造和创新的基础上，因为相同意义上的身份认同是无聊的。在快感和性的背景下，福柯提到了施虐受虐的亚文化，他将其定义为：不是在潜意识中暴露出倾向，不是充满攻击性，而是通过把整个身体的爱俗化作为快乐的来源而带来新的满足的可能性。他还提到，女同性恋 S/M(施虐/受虐)实际上已经摆脱了对女性的陈观陋念，在 S/M 的色情化权力中，这种关系始终是流动的，权力可以在一个能够提供性或身体愉悦的游戏中表现出来。在这样做的过程中，施虐受虐行为可以被理解为解放(另见 Kögler，1994)。这样的亚文化观念或经验很难进入主流心理学的合法问题(在主流中，他们被理解为病态）。最后，基于后现代主义关于学科边界是随意性的这一观点，有人试图改变学术性的表述方式，发展新的美学形式，即表达、研究和实践的新形式，称之为展演心理学（performative psychology）(M. Gergen, 2001)。霍尔兹曼（Holzman，2000）认为，鉴于展演的潜力没有得到充分利用，展演心理学可以为教育、学习和发展做出贡献。

杜塞尔（Dussel，1992/1995）等后殖民思想家既有对现代主义的批判，也对后现代主义进行批判。在他看来，后现代主义思想似乎主要与欧美相关，并没有处理过去和现在存在的边缘国家的不公正问题。尽管解构与重构、对元叙事的拒绝、主体的死亡等，对心理学的批判意义重大，但在后殖民世界中并没有帮助具体的个体，即人类的大多数。如果认为每一种元叙事都具有同样的认识论和伦理政治解放的潜力，那也是令人怀疑的。发达国家富裕阶层对税收负担的抵制，并不具有与发展中国家对环境破坏的抵抗一样的道德政治地位。后现代话语需要一种新的视角，而不是被任意夸大的东西所困。这种新视角的要素可以从心理学的后殖民批判中获得。

第9章 后殖民批判

西方殖民主义的兴起是欧洲崛起的核心因素(Mills,1997),并爆发了对"理解"非西方群体的兴趣。这种社会历史进程导致了种族和种族主义概念的形成。种族主义的历史(及其在科学种族主义中的学术表现)是漫长和多方面的,在这里无法重复(Banton,1987;Barkan,1992;Geiss,1988;Hannaford,1996;Miles,1989;Weingart,Kroll,& Bayertz,1988)。在现代主义与后现代主义之争的背景下,一些作者将种族主义与现代性联系起来。例如,戈德堡(Goldberg,1993)将"种族"概念的兴起与现代性联系起来。然而,马利克(Malik,1996)维护现代性,并要求浪漫主义为反对启蒙哲学家的平等原则负责,浪漫主义背弃了他们的原则。

从对科学历史的内在主义观点来看,可以说,"种族"是在对分类的痴迷中出现的,而分类随后被应用于人类人口学(见 Mills,1997)。从社会历史的观点来看,"种族"的概念是对殖民主义、支配权和奴隶制的辩护。因为非欧洲群体(和某些欧洲人口)被构造成不同的、而且是低人一等的。从历史的角度来看,有足够的证据表明,对人类多样性的兴趣并不是一种价值中立的努力,而是涉及道德、美学和知性的评价,这导致了剥削、羞辱和诋毁。

弗朗索瓦·伯尼耶(Francois Bernier,1625—1688)是"种族"这个术语的历史先驱之一,他回避了他的四个"种族"的评价性特征。但卡尔·林奈(Carolus Linnaeus,1707—1778)将他对四种气质的人类分类和道德特征结合在了一起(见 Bindmann,2002)。林奈得出的结论是:多血质的欧洲人受法律支配，胆汁质的美国人受习俗支配，抑郁质的亚洲人受意见支配，懒惰和黏液质的非洲人受他们主人的专横意志所支配。康德对心理学的发展有很大的影响(参见第3章)，他是有史以来伟大的认识论家和道德哲学家之一，他把人类分成了四个种族(白人种族、黑人种族、蒙古人种和印度种族)。他并不回避道德和审美标准。例如，康德认为非洲人是愚蠢的、爱慕虚荣的和懒惰的，他们的难闻气味是不能通过任何卫生方法避免的(见 Teo，1999b)。康德用燃素理论解释非洲人的肤色，这也是科学种族主义逻辑的有趣原型。他指出，必须以一切必要手段来解释这种差别(Teo，1999b；另见 Bernasconi，2001；Mills，1997)。德国艺术家约翰·温克尔曼(Johann Winckelmann，1717—1768)的著作表达了美学观点，他研究中国人眼睛的形状，并将非洲人的面部特征与猴子做了比较(Bindmann，2002)。

高加索人这个词在北美仍然流行并在心理学研究中使用。约翰·弗里德里希·布鲁门巴赫(Johann Friedrich Blumenbach，1752—1840)提出将人类分为五种类型：高加索人、埃塞俄比亚人、马来人、蒙古人和美国人(Augstein，1999；Bindmann，2002)。布鲁门巴赫将欧洲文化起源的概念从非洲(埃及)转移到高加索地区，并提出，格鲁吉亚妇女的头骨代表了白人的典型(格鲁吉亚是高加索地区的一部分)。高加索假说是由法国博物学家乔治·居维叶(Georges Cuvier，1769—1832)改进的，他传播了高加索人的品种分为闪族人和雅利安人两个分支的观点(见 Bindmann，2002；Gould，1996)。这个理论在欧洲比在北美更有影响力，在德国法西斯主义那里引起了众所周知的后果(Mosse，1978)。考虑到雅利安一词的伪科学性质，这个概念在当前的心理学研究中并没有被使用。然而，对于高加索人这个概念也必须提出同样的论点，由于高加索人的非科学地位，在心理学中不应再使用这个概念。

在殖民主义、奴役和剥削的背景下，心理学已经从哲学学科转变为自然科学学科。因此，重要的心理学先驱者吸收或积极地促成了科学种族主义也就不足为奇了。保尔·布洛卡(1824—1880)因发现大脑中导致失语的位置(现在被称为布洛卡区)而在心理学上享有盛誉,他是科学种族主义的领导者之一。他相信,非欧洲种族在智力、活力和美丽方面都是劣等的(见 Teo,2004)。同样值得注意的是,布洛卡在"处理"人类"种族"研究时,放弃了所有的科学调查标准。他的结论先行,随后是数据收集和选择性报告。当结果不符合他最初的结论时,标准就被改变和放弃(见 Gould,1996)。他接受了"确证性"证据,并压制了驳斥性的信息。社会心理学先驱古斯塔夫·勒庞(Gustave Le Bon,1841—1931)根据心理学标准将人类分为原始、低等、中等和高等种族,他强烈地指出种族间在生理和心理上是不同的,不同种族是不同的物种,一个种族的所有成员都有一个永恒的种族灵魂(见 Teo,2004)。

在英国,高尔顿(Galton,1869/1962、1874/1970)表达了他对非欧洲人的蔑视,并建议根据欧洲人的自然能力高于非欧洲人这一信念,对种族智力水平进行量化。正如理查兹(Richards,1997)所重建的,高尔顿的科学种族主义不是研究获得的,而是他二十多岁时去非洲探险的结果,那时他没有收集到任何科学数据。高尔顿在他的远征中也对他的当地仆人实行种族主义,他的惩罚包括在法庭上向他的仆人泼沸水(见 Richards,1997)。高尔顿(1822—1911)在他的后期作品中没有改变他的种族主义信仰,对他来说,科学种族主义是他更宏大的优生学项目的一部分。正如范舍尔(Fancher,2001)所表明的,这是一个世俗宗教的角色。优生学取代了高尔顿的传统信仰,这一信仰已由于他转向进化论而破灭。

美国的学术界更关心黑人和移民问题,而不是偏远国家的原住民。斯坦利·霍尔是美国心理学界杰出的人物之一,也是美国心理学会的第一任会长。他认为,低等种族并不是处于一种发展停滞状态,而是在青春期,最终会走向成熟。这一论点为黑人、印第安人和白人儿童的隔离和隔离教育提供了科学理由(Tucker,1994)。把比奈-西蒙(Binet-Simon)量表翻译成了英语的亨利·戈达德(Henry Goddard,1866—1957)认为非裔美国人中智力低下的人的比例较高,他们不应该被允许结婚。刘易斯·推孟(Lewis Terman,1877—1956)曾提出在非洲裔美国人中典型的智力低下的儿童,应该被隔离成特殊的阶层,并向他们提供具体和实际的指导。耶基斯(Robert M. Yerkes,1876—1956)发现,欧洲移民可以根据他们的原籍国进行排名,而黑人缺乏主动性,没有领导能力,也缺乏责任心。根据这些美国先驱者的科学发现,许多州通过了绝育法。1924年的《移民限制法》对所谓有智力缺陷的移民数量大的欧洲国家强制实行配额(见 Gould,1996;Richards,1997;Tucker,1994)。

科学种族主义由许多心理学先驱者实施,但这一事实尚未成为心理学史的教科书上的标准信息。这同样适用于历史上的特殊术语,如高加索人或蒙古症,现在被称为唐氏综合征(由于有一个多余的染色体)。唐(John Langdon H. Down,1829—1896)是厄尔斯伍德精神病院的内科医生,他在19世纪60年代出版了一本关于白痴和低能者各种器官结构和功能的著作(见 Jackson,1999)。他描述了这些白痴和低能者中的一个特殊群体:圆圆的脸、扁平的头骨、眼皮上多余的皮肤褶、突出的舌头、短小的肢体、运动和智力障碍等。他不仅描述了这些人,而且根据他们与种族群体的相似程度给他们贴上标签。这些人的面部特征,如圆脸和突出的舌头和这些"白痴"的行为特征,代表了典型的蒙古人,因此有了先天愚型病(mongolism)这个词。识别并追溯种族概念的历史是后殖民心理学批判的一个重要课题。

本体论的问题

在后殖民心理学批判的背景下,本体论或主题问题所关心的是"种族"是一个有意义的自然科学范畴,还是一个在历史、政治、文化和经济背景下发展出相关性的概念,并应相应地被视为一种建构(Montagu,1974;Tate & Audette,2001)。尽管最近有证据表明"种族"的概念没有自然科学价值,不是一个科学生物学概念,而是一个社会历史概念。但这种知识并没有渗透进心理学研究,心理学仍然把"种族"当作一个自然范畴。这样的评估不仅适用于当前科学种族主义的追随者,如拉什顿(Rushton,1995)

的整个理论都基于对生物"种族"真实存在的假设，而且也适用于主流杂志上发表的常规心理学研究。

对"种族"概念的形态学批评主要集中在"种族"在数量方面缺乏一致性，这既体现了科学的任意性，又表明许多种族制度是在特定的社会政治环境中发展起来的社会事实（Teo，1999b）。种族分类的随意性导致未能区分不同的群体，而且也不存在与语言或文化群体的种族对应关系（Levin，1997）。基因批评者认为，基因分析表明，在种群内的差异比在种群之间的差异更大，而且研究人员一直未能发现一种与单个种族群体相关的单独特征。因此，科学家发现了变异的连续性，而不是离散的单独的群体（Levin，1997）。

在基因研究进展方面的开拓性研究是由莱旺顿（Lewontin，1995）进行的，他的研究表明，种群内包含的基因多样性约为85%，而不到15%的基因多样性可以用人类群体之间的差异（"种族"）来解释。此外，"种族"内的人口差异还占8%，因此传统种族分类只能解释6%的基因多样性。因此，到目前为止还没有任何基因证据支持将"种族"作为进化的一个类别，或表示人类物种的生物分化。其他排名居前的遗传学家，如卡瓦利-斯福尔扎和卡瓦利-斯福尔扎（Cavalli-Sforza, L. & Cavalli-Sforza, F.，1995），也提出了同样的论点，即个人之间的差异远远大于"种族群体"。他们的结论是，"种族"的传统生物学定义没有科学意义。科尔科斯（Corcos，1997）指出，人类并不是继承"种族"而是基因，基因决定了皮肤的颜色、毛发和鼻子的形状，等等。由于在这个利益攸关领域的遗传学研究，美国人类学协会（1998）决定在20世纪90年代末发表种族声明，并批评生物学"种族"的概念是虚构的（另见美国体质人类学家协会，1996年）。不幸的是，心理学作为一门学科还没有充分地处理好"种族"的概念和已经发生的科学进展（也见Yee，Fairchild，Weizmann & Wyatt，1993）。

可以说，古典自然科学关于研究对象和事件的概念与人文和社会科学不同（Danziger，1997a，1997b；Holzkamp，1972）。在物理学中，"重力"的概念被认为具有自然性质，也就是说，这个事件实际上是在自然界中发生的(独立于头脑之外,而与一个人是否能解释它无关)。心理学认为,"种族"等概念以及传统的精神生活范畴,如情感、认知、同一性、意识、动机、道德等,也具有一种自然性质,因此有必要使用自然科学方法。然而,身份等概念在很大程度上具有一种社会历史性质。这种评估并不意味着同一性没有生物学基础,而是意味着只有在各种社会历史环境中分析这一概念的含义,才能理解身份是如何被概念化的。

一个人可以简单地将欧美心理学概念输出到其他文化中。这一想法的基础是一种自然主义的本体论。然而,狄尔泰(Dilthey,1883/1959)已经指出,自然科学和人文科学之间存在着显著的差异,人文科学的主题是社会历史的现实。这种本体论上的差异导致了一种与自然科学不同的方法论(参见第5章)。丹兹格(Danziger,1997a)指出,一个人认为许多心理概念是理所当然的,因为他嵌入在自己的文化中。然而,一项历史或文化调查表明,在一个具有共同语言、文化和习俗的社区中看起来是自然存在的概念,却根本不是自然的,而是文化上的。

根据社会历史分析,当提出在经验世界中,一切都可以用物理的概念和方法来研究时,物理主义必须被确定为一个有限的程序(Carnap,1928/1967,1932)。东西方在电的现象上应该没有差别,但在不同的文化中研究同一性是有区别的。人文科学和心理学有其独特的本体论(和方法论)问题。西方心理学概念在非西方文化中的普遍化是一种没有根据的做法,需要进一步研究(见下文)。这一实践也表明,自卑概念不再适用于人类群体的本性,而是涉及心理话题的概念化。人们认为非西方的精神生活理论不值得研究,因为他们被认为是低人一等的,这是当前心理学中新殖民主义所面临的问题。

后殖民主义这个词有一个描述性的含义,因为它指的是("二战"后)公开的殖民主义已经消失的时期。这个词还有一个规范的含义,表明殖民地的思想和实践不应该在学术界、科学和心理学中发挥作用。后殖民思想作为批判性思考,确定了殖民化问题,对殖民主义采取了伦理政治立场,并考虑了世界边缘化人民的生活条件(Harding,1998;Shome & Hegde,

2002)。后殖民心理学应将批判性后殖民思维融入心理学的话语和实践中，以发展心理生活的另类理论为目标。以"中心"为核心的后殖民心理学，反映了西方心理学中殖民主义的历史和理论。它还发展了基于边缘心理学思想的新理论和实践。一个"边缘"的后殖民理论从边缘化民族的经验中浮现出来。因为本人专注于"中心"，我对"后殖民"的定义比在人文学科中的定义宽泛得多。

后殖民心理学不同于跨文化心理学。跨文化心理学开始将西方的范畴和方法应用到其他文化中，但很少是为了挑战西方心理学的基础。尽管跨文化心理学确定了文化在精神生活中的作用，但它仍然以主流本体论和认识论为基础。这使得它对那些生活在西方概念网络之外的人来说就不那么重要了。例如，朗戛尼（Laungani, 2002）认为，美国主流心理学与世界各国人民的文化需求无关。这种相关性的缺乏是由于对主流方法论的不加限制的接受。但是，按照朗戛尼的说法，无论是实验研究、心理测量工具还是分类学都没有提供关于精神生活在其他文化中的特殊性的知识。他甚至认为，这项实验在其他文化中可能是一种"徒劳的练习"（p.395），因为人们可能还没有被社会化到心理实验的意义之中（另见第2章）。

跨文化心理学可以理解为心理学理论和实践全球化的一部分。知识全球化伴随着经济全球化，而经济全球化由于没有履行其消除贫困、疾病和环境破坏的承诺而受到批评（Harding, 1998）。全球化是一个历史事实，但是对更好地理解非西方的心理生活做出了承诺的心理学的全球化，是否确实会带来对心灵的更好理解，以及在文化方面更为充分和适当的实践，还有待观察。不幸的是，考虑到心理学的历史记录，更有可能的是，欧美概念将被强加到其他文化中，而没有真正的相互学习过程。巴提亚（Bhatia, 2002a, 2002b）认为，跨文化心理学继续将他者视为劣等的，心理学假设理论、方法和结果可以输出到世界的任何地方。这些做法意味着必须从西方心理学的角度来理解这个世界。

心理学家还应该承认，所谓第三世界散居在欧洲和北美的人是殖民、帝国主义和奴隶制的结果（Bhatia & Ram, 2001）。在这种背景下，在许多欧洲国家、美国、加拿大和澳大利亚，少数族裔的人数已经增加，并将在今后几年中继续增加。这种社会现实是多元文化心理学产生的根源(G. C. N. Hall & Barongan，2002)。跨文化心理学关注的是不同的文化或不同的背景，而在加拿大这样的社会政治或地理背景下，多元文化心理学讨论不同的文化或亚文化。它在这种背景下研究多元文化个体的精神生活。

多元文化心理学以人口变化为基础，以有形和无形的少数民族的增多为基础，对传统心理学理论的相关性和意义提出了挑战。然而，多元文化心理学并不挑战传统心理学方法论(G. C. N. Hall & Barongan，2002)。多元文化心理学与女性主义经验主义的观点相似，它并不质疑传统心理学的方法论基础(见第 7 章)。由于多元文化心理学并没有将心理学的批判扩展到方法论，也没有分析方法论是否代表了一种特定的文化视角，所以它在主流社会中比激进的后殖民视角更受人们的接受。在文化心理学中也可以发现类似的问题群，一个派别批评美国心理学的单一文化品质，但接受它的方法论(如 Matsumoto，1996)，而另一个派系挑战它的理论和方法(例如Shweder，1995)。

认识论争辩

本体论问题，即心理学概念是自然的还是社会历史的问题，对认识论和方法论问题都有影响。我们认为，民族中心主义(用描述性的而不是规范性的)可以理解为康德式的直观形式(一种认知结构)，它扮演了一种产生知识的角色(见 Teo & Febbraro，2003)。[1]所有的文化都形成了自己独特的直观形式，但西方心理学在后殖民反思的基础上对西方心理学的批判主要集中在西方的民族中心主义上。从社会认识论的角度来看，我们认为，不应关注空间和时间(康德)等先验的物理原则、知识的人类生理决定因素(新康德主义)，而应关注作为直观形式(即文化产生有文化的知识)的社会结构(阶级、性别、范式、认识论、殖民主义、亚文化)。时间和空间可以在社会历史层面被理解为决定了我们能够知道什么的因素。物理时间被重新定义为历史时间，而物理空间则被理解为文化空间。根据康德（Kant，1781/1998），我们推荐关注社会历史显像，以及先于并塑造了经验过程的结构。因此，一个人生活于其中的时间，以及社会化人类的环境，例如边缘对中心，成为社会历史充贯和安排日常经验的直观形式。没有这些直观形式的知识是不可能的。

我们认为，社会历史的直观形式可以通过其"中心主义"来描述："时间中心主义"是指一个给定的时间（"我们的时间"），是发展和理解知识的标准（Teo & Febbraro，2003）。目前的知识既不是也不可能根据未来判断，知识可能但也通常不会以过去来评估。但除了历史学家之外，现在的知识与以前的知识没有对比的意义。一般认为现有的知识要比以前的知识优越。文化中心主义是指一个人自己的文化是产生和理解知识的标准。它在认识论意义上是一种直观形式，是知识生产的前提。然而，文化中心论也假定来自某一特定文化之外的知识是劣等的。

直观形式并不局限于日常生活，而是在心理学研究中发挥着重要的作用。心理学家通常用他们在特定情境中（包括其教育机构）学习到的方式来感知、理解和解释心理现象。从这个意义上说，文化中心主义是在实证研究之前的一个认识论上的先验原则。但这也意味着实证研究，包括方法论，代表了一种特殊的文化视角。文化中心主义在殖民主义的背景下发展成为科学种族主义的明确纲领。但它也毫无恶意地发展成一种隐藏的文化中心主义形式，认为西方的直观形式和范畴要比非西方的优越。

文化中心主义可能是一种普遍的直观形式，即所有文化都有其发展知识和创造经验的特定结构。此外，各种文化发展了自己的特殊范畴，以处理心理问题（见 Danziger，1997a）。[2] 例如，在西方中产阶级的日常生活中，人们可能会用气质或智商的概念来解释孩子的行为。在学术环境中，为了评估心理学研究的质量，人们可能会参考信度和效度（reliability）。心理学家通常并未意识到，心理学范畴位于一个特定的社会历史传统之中，而这一事实无助于挑战一个人的研究实践。尽管文化中心主义在所有文化中都是先验的，但任何对传统心理学的批判都应该集中在西方心理学理论和研究实践及其欧洲中心主义上。[3]

同样的论证也可以从伽达默尔(Gadamer，1960/1997)对传统的哲学解释学反思中得到。伽达默尔认为，每个人(包括心理学家)都嵌入在一个特定的传统中，这个传统决定了一个人的视野，意味着一个人视界的范围。由于一种特殊的传统，心理学家必然会有某种偏见，通过这些偏见，知识将被重新生产、组织和解释。理解力的发展需要一个人的眼界的扩展。然而，当一个人遇到两个或更多不同的视界时，一个人(如果他有能力的话)常常把自己的观点强加给别人。在这种情况下，我们不能说视界的融合，而是视界的威压。这样的强迫做不到对视界之外的他者有真正的理解。这只能通过对以前接受的视界的后殖民转变来实现。认识论的中心问题并不在于任何特殊主义，因为任何的直观形式都是从特定的传统开始的，而是基于西方的观点是普遍的这一假设，这意味着没有必要学习他者的观点。

科学种族主义

文化中心主义最明显的表现就是科学种族主义，它作为学术界的一个重要研究内容，影响了西方社会的精神，为殖民主义、奴隶制、种族隔离等提供了理论上的辩护。在科学种族主义中，某些人类群体是以理论和经验为基础的手段建立起来的，而与此同时，欧洲人则被概念化为文明或进化的守护者。心理学史为科学种族主义的研究提供了充分的证据，心理学的先驱和美国心理学学会主席都是其领导人(见 Gould，1996；Guthrie，1998；Richards，1997；Tucker，1994；Winston，2004)。尽管科学种族主义一直在消退，但拉什顿(Rushton，1995)等研究人员证实了进入21世纪以来，该思想的连续性。这些研究者要求客观性和真理性以推进其研究，而没有认识到这一研究是建构经验结果的世界观的一部分(见 Winston，1996)。

尽管存在各种种族主义(见 Ernst & Harris, 1999),科学种族主义遵循一种可以被描述的特定"逻辑"(如某些认知规则)(见 Memmi, 1982/2000;Teo, 1999b;Teo & Febbraro, 2003)。该逻辑从"种族"是自然种类的假设开始,其次是在实证研究的基础上构建差异。然后对这些差异进行评估,以显性或隐性的劣势为依据使之有利于欧洲人。评价范围从明确的劣等判断,到选择以欧洲人为规范的标签,到强调与欧洲世界观相关的特征。当这些被评估的差异被归因于不同的生物属性,而不是文化、历史或政治经济发展时,这种逻辑就完成了。这一过程可以被确定为差异的自然化。

科学种族主义的认知过程往往伴随着对具体实践、行动或政策的建议。对"种族"概念的历史分析表明,"种族"体系和种族主义不仅关注人的素质,而且是为了使政治、经济、军事、教育和意识形态的目的合法化,并为排斥和支配的做法辩护(见 Mecheril & Teo, 1997)。在意识形态方面,科学种族主义提供并产生了"知识",特别是为学术精英和整个西方文化形成了世界观(另见 Mills, 1997)。心理学中的科学种族主义仍然是一个强大的研究对象,因为它使用了备受推崇的科学心理学标准,包括操作性定义、变量和统计分析。

隐藏的新殖民思维

科学种族主义之于殖民主义,正如隐藏的文化中心主义之于新殖民主义。经济和政治上的新殖民主义表现为使"第三世界"国家依赖于富国的做法,同时也剥削穷国(Harding, 1998)。隐性文化中心主义表现为:西方的直观形式和概念优越,西方的知识主张优越,西方在社会科学和人文科学中获取知识的途径是唯一合理的方法,同时拒绝其他形式的知识形式(见 Dussel, 1992/1995;Fay, 1996)。[4]

必须强调的是,隐蔽的殖民主义思想并不像知识心理学(如 Müfreienfels, 1936),或者许多社会心理学和人格研究可能建议的那样(见

Jones，1997）是一种个人偏见。培根（1965）的所谓洞穴幻象，即仅仅检验研究人员的动机、或者研究内容的群体动力学是不够的，有必要研究在历史进程中形成的潜在文化假设。虽然关于重要心理学先驱者种族主义的历史研究（Weidman，1999）、关于偏见（Dovidio & Gaertner，1986）和右翼人物（Adorno，Frenkel-Brunswik，Levinson，& Sanford，1950）的历史研究是丰富的，但这些研究并没有涉及中介和充贯个人文化中心主义的文化历史背景、传统和视野，以及更重要的主流研究中存在的隐藏假设。尽管在20世纪上半叶，心理学从"种族"研究（往往是种族主义的）转向偏见研究（挑战种族主义的）（Samelson，1978），但仍然缺少从个人到社会历史层面的第二次转变。盖恩斯和里德（Gaines & Reed，1995）认为，将主流研究转向偏见的社会历史层面，会对将种族主义作为人性普遍特征的概念提出挑战。它将侧重于剥削和剥削的后果。

尽管有充分的证据表明，日常种族主义在社会上普遍存在（Essed，1991），但大多数当代心理学家认为，科学种族主义以及公然的种族偏见和行为是该学科过去的反常现象。但是，从后殖民主义的角度来看，当今的主要问题并不是科学种族主义，而是隐蔽的殖民主义思维。科学种族主义的心理学支持者在心理学期刊发表和吸引公众注意力方面并没有被边缘化，但他们在学科中占少数。隐藏在心理学中的殖民思维，作为一种隐性的文化中心主义，通常表现为对非西方心理学的排斥或漠视。此外，如果不对西方心理学进行整体的重新构念，对边缘心理学思想的吸收将使隐藏的殖民思想永久化。隐藏的殖民思维是基于这样一种假设，即西方关于精神生活的概念化是优越的，并且具有普遍有效性，只有欧美对心理对象、事件或故事的观点需要加以讨论。因此，在边缘的智识和文化环境中形成的非欧美观点或思想与心理学理论和实践无关（另见 Harding，1998）。

只要是建立在西方心理学优越论的基础上，心理学中隐藏的殖民思维是无法克服的。在排斥或忽视的过程中，隐藏的殖民思维往往是在没有"不良意图"的情况下进行的，许多心理学家在试图将非欧美视角融入西方心理学的过程中，甚至有良好的意图。但是，如果这种同化仍然是桑普森

(Sampson,1993)所说的"调节"(accommodative),也就是说,其他声音只是被纳入主流心理学,而不是从根本上改变心理学的基础,包括其方法论(这也是女性主义观点),那么这种同化并不能克服隐藏的殖民主义思想。历史和文化研究表明,在重要的心理学问题上存在不同的观点。因此,学院心理学应该经常学习其他文化的概念,正如丹兹格(Danziger,1997a)从历史的角度指出的,这种学习是以一种博采榜样的形式完成的。

如果心理学家知道存在不同的心理对象或事件的构念,但只报告一个特定的构念,或暗示只有一种特定的概念是有意义的,或暗示欧美的概念是优越的,那么他们都主动或被动地参与了隐蔽的殖民思维。如果研究人员没有意识到"边缘"的构念,反而使欧美构念普遍化,那么他们无意中强化了隐藏的文化中心主义。如果心理学家不愿意探究其他文化或亚文化中的另类构念,那么他们必须从一开始就承认他们的知识是特别的、以西方为中心的和以欧洲为中心的。他们必须接受这样的评价,即他们参与并促进了欧美心理学中隐藏的殖民主义思想的永久化。[5]

当涉及诸如主体性、同一性、智力、情感、动机、个性等社会历史心理学概念时,欧美研究者倾向于这样教学、写作和行动,就好像他们已经讲述了人类精神生活的全部故事。事实上,他们讲述的只是故事的一小部分,这个故事很大程度上受到欧美历史、文化和科学的历史和背景的影响(见Spivak,1999)。为了处理心理殖民主义,心理学家应该研究和揭示尽可能多的构念,并形成对心理生活的全面理解。这些构念可能(或没有)与欧美的不同,但研究者不能先验地回答这个问题。认为欧美的人格构念是普遍的,现在还为时过早。

当心理学的概念被经验地应用于其他文化时,它们被认为支持了这些概念的跨文化含义。然而,它们并不确认这些概念的文化有效性,而只是确认其普遍的实施适用性。[6]例如,霍韦特和奥乌苏-本巴(Howitt & Ownsu-Bempah,1994)指出,加纳人的人格结构可以通过西方的概念来评估,但是这样它就不会根据那种特定文化的思想被理解了。桑普森(Sampson,1993)指出,心理学家接受的培训是把所有的精神生活纳入现有的主流类别。正如赛义德（Said，1993）所揭示的西方一般思想那样，心理学可以通过普遍化的话语、非欧洲世界的沉默、直接统治和威压来描述。不幸的是，心理学家很少要求心理学倾听殖民地人民的想法。这就需要开放地彻底修正欧美关于精神生活的概念。

霍韦特和奥乌苏姆-本巴（Howitt & Ownsu-Bempah，1994）的评价，即"欧洲中心主义描述了大部分社会科学，特别是心理学的方向"（p.114）是以证据为基础的。对心理学的任何冷静分析都表明，大多数主流心理学都属于隐蔽的殖民主义思想。心理学家甚至可能意识到了这个问题，并将他们共享视野的学术职责委托给了跨文化心理学领域。跨文化研究在促进心理学对文化差异行为的认识方面同样重要（例如，Choi，Nisbett，& Norenzayan，1999），但只要跨文化心理学不认真考虑发展新的范畴和方法论，希望自然科学驱动的跨文化心理学能够克服隐藏的殖民思想是短视的（Bhatia & Ram，2001；见上文的跨文化心理学批判）。例如，重要的是不仅要研究不同的归因模式，而且要研究其他文化中归因概念的意义。应该清楚的是，不同的文化有不同的获取知识的方式，这些方式有助于体现这些文化的特殊性、他们的知识、以及他们在西方心理学中的被忽视的内容（Harding，1998）。一种针对这些具体方式的跨文化心理学，以及隐藏在西方心理学中隐藏的殖民思维，将转化为一种后殖民心理学。

隐藏文化中心主义的一个很好例子是由帕兰杰佩（Paranjpe，1998）在他的关于印度和西方心理学的著作中报道的（见 Teo & Febbraro，2003）。一位国际心理学家认为，证伪的概念是西方的发明。他先验地认为，没有必要去研究其他文化的观念或概念。帕兰杰佩证明这是不正确的，印度哲学已经发展了复杂的认识论概念，包括证伪的概念。帕兰杰佩（Paranjpe，1998）的分析描述了西方和印度心理学的认识论、存在论和伦理学基础的知识，显示了精神生活的文化多样性的不同背景之间的相同和差异。为了克服隐藏的殖民思想，有些书籍介绍了其他的哲学文化，例如哈瑞（Harré，2000）的著作，其中包括印度、中国、日本和伊斯兰思想体系，但没有将它们纳入西方概念，这代表着后殖民内容重要的第一步（另见 Fay，

1996)。

精神分析学和许多其他的发展理论指出了重大的文化局限。原型是科尔伯格的理论，已从女性主义的角度对其进行了批判(Gilligan, 1982；见第7章)，但它也容易受到后殖民主义的批评。科尔伯格(Kohlberg, 1981, 1984)在提出道德发展的阶段理论和评价他的理论在不同文化中的跨文化有效性时，有良好的意图。然而，对欧美理论做出反应的能力并不能确定一种理论的全球有效性；相反，它证实了人类可以对认知材料做出反应。对于一个全球性的道德理论，人们必须理解不同文化中的道德构念。同样显而易见的是，对道德判断本身的关注(而不是道德行为、情感等)是一种文化选择，它影响着方法论和对结果的解释。

甚至批判理论在建立新的理论和实践时，也不能免除文化中心主义的问题。正如前面所指出的(见第6章)，霍兹坎普(Holzkamp, 1973, 1983)提出了一种构建心理范畴的新方法。由于只有包括自然史、史前史和人类史才能真正理解心理概念，霍兹坎普在分析心理概念时发展了三个步骤。这些步骤从对自然历史的分析，即确定一个概念的一般进化生物学特征，发展到重建一个过渡时期。在这个过渡时期，前人类的生命形式发展为人类的生活形式，并使人们能够认识到一个概念的一般社会历史特征。到最后一步，其中的概念被关联到特定的历史经济现实，如资产阶级社会(见Teo, 1998a)。存在这样一种假定，即对西方资产阶级社会的分析足以理解世界范围内的精神生活，但西方资产阶级社会以资本主义生产方式为基础并且变化很大，从中可以看出隐藏的文化中心主义。这种分析并不公正地对待各种政治文化和社会历史背景的社会历史特殊性，而这些背景是精神生活概念的视界。斯隆(Sloan, 1996b)很清楚这个问题，他认为，西方心理学不仅向世界其他地方输出心理概念，而且也输出核心假设。个人主义和科学主义是传统心理学中的核心假设，但心理学家在非西方国家运作时并没有看到自己的意识形态。

因为欧美心理学家认为，欧美国家发展起来的心理学概念是普遍成立的，所以他们在理解其他文化中的精神生活方面表现不佳。不幸的是，在学术和智识化的过程中，人们可以预期西方心理学家对非西方心理学的兴趣在减退，而非西方心理学家对强大、丰裕和有影响的西方观点的兴趣在增加。本土心理学家可能放弃他们对自己文化或亚文化、背景、历史、概念和直觉形式的理解，而采用外来的心理学理论。因此，莫哈达姆（Moghaddam，1996）建议，如果边缘的心理学家想要发展他们的社会，就应该克服他们对不充分的主流心理学的依赖。

如果我们关于民族中心主义是一种直观形式的论点是有意义的，那么我们必须假设所有的心理概念都是由文化决定的。但这并不意味着不存在普遍的心理学概念。然而，心理学家的任务是证明心理概念具有全球意义，而不是先验地假定它们具有普遍有效性。遗憾的是，心理学基于自然科学的方法论既没有解决心理学概念的社会历史本性问题，也不允许进行普遍有效性检验，而这只能通过历史和文化敏感的解释学方法才能实现。批判主义心理学家们应该意识到，在学术全球化的过程中，西方心理学观念变得更加占主导地位。在这一过程中，促进任何其他的直观形式和范畴都可能会变得更加困难。

显然，文化中心主义只是一个理论问题，西方一些最伟大的思想家，包括康德和黑格尔，都参与了这种文化中心主义，并且在西方社会的精神中产生了很大的影响。说到隐蔽的殖民思维，包括西方关于人的主体性的构念比别人优越的假设（这似乎是不言而喻的，不需要进一步解释，并已成为西方心理学的集体无意识的一部分），这似乎只是学术界的问题。然而，在非西方文化中，边缘和中心的心理学一直都有其现实意义，暗藏的殖民思维在处理诸如非西方文化中的精神健康问题时变得重要。

克莱曼（Kleinman，1995）指出，研究人员倾向于强调不同文化之间的相似性（即使他们既发现了差异性又发现了相似性）。因为表面上看，普遍特征可以理解为对精神疾病生物学起源的支持，而这与精神疾病的医学模型是一致的。这就不再有必要考虑到文化。他对其他文化中的精神病学研究的批评也集中在本质上，但却忽视了转译的问题，同时他也相信文化敏感的精神病学研究是可能的。休梅克（Schumaker，1996）强调文化与精神病理学之间的密切关系，这常常使西方的疾病模型变得无关紧要，而且对以这些模式为基础的实践毫无助益（关于精神病学史中对另一个的构建的研究，参见 Ernst, 1999; R. Keller, 2001）。

心理健康心理学的局限性不仅在后殖民世界的背景下被指出，而且在多元文化社会中也被指出。休和赞恩（Sue & Zane, 1995）认为，在美国的精神卫生体系中，由于缺乏对这些不同亚文化的了解，少数民族在精神卫生体系中被忽视了。然而，他们也认为，仅仅依靠发展文化知识和针对文化的技术来为少数群体提供心理正义是不够的。相反，他们强调了新的概念，如可信度和给予，作为治疗的的必要（但不充分）方面。霍尔（C. C. I. Hall, 1997）指出为了跟上美国不断变化的文化和民族构成，美国心理学将不得不进行实质性的修改（另见 Azibo, 2003）。

隐性文化中心主义还表现在学术实践中，如发表论文、提出想法、申请研究经费、参与各种同行评议过程、与同事交流以及教学等。心理学作为一个领域忽视、排斥或吸收边缘心理学知识，而心理学机构忽视、排斥或同化对心理学主题可能有不同构念或甚至不同认识方式的专家（另见 Collins, 1991）。这些专家通常不被雇用，或者即使被雇用了，也必须遵循成功的职业道路，强调同行评审的期刊发表。使得他们与传统道路相背离的空间不大。

霍韦特和奥乌苏姆-本巴（Howitt & Ownsu-Bempah, 1994）报告说，期刊编辑告诉他们，他们的语言使用在学术期刊上是不可接受的。如果他们想被接受并发表，他们被鼓励大幅度地改变他们的语调。当然，科学社会学家（Kuhn, 1962）强调了精简的制度行为对科学生产的重要性。科学不仅关乎科学，也关乎特定社会中某一特定机构中的特定行为，这种行为嵌入特定社会，在其中进行研究和伴随研究的活动。要求改变语调、精简论点和其他修改，可以作为将西方声音社会化的工具。的确，西方学术界同样会接受另类的贡献，只要它们认可主流的做法。朗戛尼（Laungani, 2002）提出说，心理测试在非西方文化中经常使用，因为它们使发表更容易，但测试结果往往与当地人群无关。斯隆（Sloan, 1990, 1996b）指出，在发展中世界开展并在工业化国家发表的心理学研究似乎往往有利于研究人员职业抱负的实现,而不是有利于发展中国家。而对"第三世界"群体有利的研究则正好相反,这种研究往往不是为在审稿期刊上发表而写的。

学术领域内隐藏的文化中心主义的社会化,同样发生在教学之中。一个以欧洲为中心的心理学史可能会引起所有学生的兴趣,因为像弗洛伊德这样的先驱已经获取了文化重要性。隐性文化中心论问题在欧美心理学史的教学实践中表现得好像不存在其他心理学一样。这并不是说每个心理学家都应该成为世界心理学方面的专家,而是应该支持认识论上的谦逊。心理学家承认,他们教的不是心理学史,而是欧美心理学史;他们关注西方人格理论,而不是人格理论;他们不是介绍人性,而是教授西方人性的介绍;他们不是编写发展心理学教科书,而是编写一本西方发展心理学教科书。这将是克服隐藏的殖民主义思想的又一小步。

然而,为了改变主流心理学以文化为中心的特点,仅仅有良好的意图或不时听取边缘的想法和概念是不够的。认为在没有体制支持的情况下,其他的直观形式会占上风是幼稚的。因此,需要具体的实践和政策来改变学术界的结构。我们可以设想一种肯定行动的过程,包括外围的直观形式和它的范畴,包括听不到的声音、被排斥和压制的知识以及被忽视的来自其他文化和亚文化的思想。这种扶持行动甚至可能比对传统群体的扶持行动更为重要——尽管目前,其中一些经验是携手并进的。显然,对来自后殖民国家的专家采取扶持行动不仅需要学术上的努力,而且需要进行重大的政治和法律改革。

问题化的问题

波普尔(K. Popper,1972)认为,科学不是归纳的,因为科学的进步可以用问题解决来描述。但是人类的科学和心理学是为了解决问题还是制造问题?在构建"他者"的背景下,存在着将不同群体的人变成问题的企图,而不是倾听他们的问题(在女性问题上也可以提出类似的论点)。一个典型的问题化例子是对东方的建构(Said,1979),这一问题化使殖民化看起来似乎是一个必然的结果。心理学促成了东方的问题化,使西方优越观念永久化(Bhatia,2002b)。问题化出现在英国和法兰西帝国(见 R. Keller, 2001)、德国殖民地(见 Grosse,1997)以及在美国奴隶制和统治黑人的背景下(Gould,1996)。心理学批判的历史有大量的材料可以用来分析这个学科中的问题化过程。

非洲人和非洲裔美国人的问题化有着悠久的历史,其假设是"黑人"在道德、美学、动机和认知上都处于劣势,这使黑人处于需要被控制、指导、隔离或统治的地位。古尔德(Gould,1996)提醒他的读者,非洲裔美国奴隶若逃离奴役则被贴上精神病的标签,他们的疾病被称为妄想狂(p.103)。心理学提供了概念性和经验性的工具,促成了黑人的问题化。经验上的差异被解释为生物差异,质疑"种族"(见上文)、"智商"以及围绕着它的许多未知因素这些概念的反思,必须跟上新的经验结果。事实上,这一领域的文献非常广泛(例如 Helms, 1995; Neisser, Boodoo, Bouchard, Boykin, Brody, Ceci et al., 1996)。基于被广泛引用的书籍和文章(Herrnstein & C. Murray, 1994; Jensen, 1969; Rushton, 1995),以及因为种族主义的悠久历史,对黑人认知能力的问题化受到了广泛关注。

西方人文科学史,当涉及非欧洲人口的特性时,就成了问题化的历史。作为这种问题化的一个例子,我已经在所谓的种族混合体中发现了人文科学的问题化技术(Teo,2004)。[7]希特勒臭名昭著的问题化依赖于人类科学中一直进行的论述。希特勒(Hitler,1927/1999)使用了述事型的问题化方法,他提出混合是一个问题,因为它违背自然和文化,而且会把优越的种族转换到低劣的水平。他关于种族混合为何与自然对立的论点是基于动物世界中的不同物种不混合,与此同时不同的人类种族被概念化为不同的物种。在这个问题化过程中,希特勒的独特之处在于他将不同的问题化结合,例如,他提出了一个阴谋论,认为犹太人要对莱茵兰混血(Rhineland Bastards)负责(他们是由德国白人妇女和法国黑人士兵的结合产生的)。

"混血"也是法律上的殖民话语的主题，规定对与黑奴有孩子的男子进行罚款。它也是文学中的一个话题，在启蒙小说中发挥了重要作用。康德（Kant，1798/1968）反对民族间的通婚，因为它会使各个民族的特性消失，而且对人类整体没有好处。罗伊斯（Royce，1906）从非种族主义的角度解决了这一问题，但即使以这种方式为讨论提供便利，也延续了"混血种族"的问题化。历史学家隆（Long，1774）曾希望白人男子"能减轻他们对黑人女性的迷恋"（p.327），并提出了各种技巧，使白人妇女对白人男子更有吸引力。

在科学种族主义的背景下，仅仅陈述问题是不够的，而且也不能为这些负面的评估提供论据和看似合乎逻辑的经验上的理由。戈比诺（Gobineau，1854/1966）了解到，在大洋洲的某些地区，与欧洲人结合成为母亲的土著妇女再也不能与他们的本国男子共同生育。基于这一"证据"，戈比诺（1816—1882）得出结论，基于不同种族群体的文明永远不应该走到一起。布洛卡（Broca，1864）引用了一个医学论点，大意是非洲人阴茎的大小与非洲人阴道的大小相吻合。这意味着一个白人男子可以与一个非洲妇女发生性行为，因为性交将很容易，非洲妇女没有任何的不便。然而，非洲男人和白人女人之间的性行为会让白人女人感到痛苦。此外，这种结合往往不会导致生殖，因此应该避免。

心理学上有趣的是对异族通婚的精神分析解释。例如，精神分析学家莱尔曼（Lehrmann，1967）认为，异族通婚是建立在强烈的俄狄浦斯冲突的基础上的，因为在异族婚姻中，伴侣是在对父母的敌意或因对乱伦强烈的神经质的恐惧中被选择的。在这样的话语中，"种族混杂"不再是生物学甚至文化问题，而是与心理学的个体化构念相一致，是一个个人病理和个人神经症的问题。让这个问题变得如此可憎的是，根据莱尔曼的说法，病人特别提到了社会上的蔑视问题，但它被精神分析的解释拒斥了，由此维持了问题化的水平。

问题化的大师之一是人类学家查尔斯·达文波特（Charles Davenport，1917），他提出在北欧和南欧联盟的第二代"混血"会导致内脏器官不足、血液循环不畅，因此会因为"种族混合"而陷入身体危险。达文波特强调"不和谐"（disharmony）的概念，并将之作为问题化"混血种族"的一种方法。例如，他认为齿缝变大是由于一个大颚、大齿种族和一个小颚、小齿种族之间不和谐的结合。达文波特和斯蒂格达（Davenport & Steggerda，1929）发现，在他们的实证研究中，虽然一些"混血种族"的人在他们的测试中表现良好，但他们发现了更多的完全无能的"混血"个体，接受"种族混合"对社会是不利的。"黑白混血儿"的特征是智力上的不足，同时又野心勃勃，这将使"混血儿"不快乐，也是对他人的一种滋扰。

类似的论点可以在较早的费希尔（Eugen Fischer，1913/1961）的著作和在他对雷霍博特（Rehoboth）的"私生子"的实证研究中找到。就像在儿童游戏"电话"中，詹宁斯（Jennings，1930）在混合种族的问题化上依靠达文波特提出的问题化。像卡斯尔（Castle，1930）和赫斯科维茨（Herskovits，1934）这样的批评家，质疑了用圣伯纳德大狗繁殖一只达克斯猎犬导致的不和谐比达克斯猎犬本身所表达的不和谐更大的观点。即使是通过实证研究，他们也陷入了是否应该对这些建构做出回应的困惑之中，从而导致了"混血种族"的问题化。为了阐明这一点，让我们假设我们成功地将人类划分为大耳朵的人和小耳朵的人，并且有一套完整的学术文献讨论这两个群体之间的差异。通过对这些群体之间的差异进行研究，我们促成了一个实际上并不是问题的问题。

作为其问题化的一部分，生物学和人类学在研究中使用了许多心理学方法，以倡导"种族混血"会导致生物学问题的观点。而20世纪上半叶的社会学和社会心理学讨论，会鼓励这样一种观点，即尽管"混血"可能不会导致生物灾难，但却会产生社会不和谐。显然，以社会不和谐为中心的话语不会改变"混血种族"的问题化，而是将其转移到社会和文化领域。在这种背景下，研究人员开发并概念化了"边缘人"的概念，即必须生活在两个世界的人，这本身就是导致问题化的概念（见 Park，1928；Stonequist，1937）。

心理学的先驱们对"混血种族"产生了强烈的看法。布洛卡（Broca，

1864)认为,"黑白混血儿"在繁殖力和寿命方面显得较低,因为偏远种族之间的混血是有害的。然而,他提出了紧密相关的种族之间的混血将是有益的(例如在德国人和法国人之间)论点。高尔顿(Galton,1874/1970)认为,在纯种族中会有更多的科学人员。斯宾塞(Spencer,1972)在19世纪提出,如果允许中国人在美国定居,他们将混合并形成一个糟糕的混血种。霍尔(Hall,1904)认为欧亚混血是罪恶的产物,并指出了诸如遗传的倦怠和天生的懒惰等特征。勒庞(1924)认为,黑人和白人的"混血儿"将构成一个劣等群体,这将无法创造或延续一个文明,因为"种族间的繁殖"将导致劣等的人口。德国先驱者冯特(1832—1920)实际上对这些问题兴趣较少,也不那么固执(又见 Brock,1992,错误地假定冯特的民族心理学是德国种族心理学的开端;Teo,2004)。

心理学家可能认为,这些评估是基于某些陷入时代精神(Zeitgeist)的人提出的思辨性论点。尽管19世纪的大多数人并没有使用严格的经验主义方法来培养他们对混合种族的观点,但是即使后来的研究广泛使用了经验方法,也并没有阻止他们将混血种族问题化。相反,实证方法导致了"混血种族"的进一步问题化。心理学中的许多实证研究就是很好的例子。重要的是要理解问题化概念(例如不和谐)非但没有被实证研究克服,反而是通过它得到补充。理论优于实证研究的观点认为,经验方法并不是反对"混血种族"或一般种族主义问题化的保证。因此,如果实证方法促成了问题化,那么这些方法就具有意识形态的性质(又见 Tseelon,1991)。

例如,斯特朗(Strong,1913)比较了34名黑人儿童、45名中等肤色儿童和43名浅肤色儿童。在讨论她的结果时,她强调了对她的结果有问题的解释,但也表示她无论如何都会报告这些结果。这是因为她的研究结果符合"混血种族"的学术问题化。根据斯特朗的研究结果,福格森(Ferguson,1916)比较了纯黑人、四分之三纯种黑人、黑白混血儿和四分之一黑人血统的个体,得出的结果强化了"混血种族"的问题化。有趣的是,许多研究都是针对"混血印第安人"进行的。亨特和索默米尔(Hunter & Sommermier,1922)比较了纯印度血统、四分之三的印度血统、一半印度血统和四分之一的印度血统的个人智力水平。加思（Garth，1923）比较了墨西哥人、混血印第安人、平原和东南部纯血印第安人、普韦布洛全血印第安人、纳瓦霍和阿帕奇全血印第安人。这些结果无关紧要，但全体现了问题化。显然，基于似乎无限的分类法，以及越来越多的心理变量，一个不确定数量的心理学研究可以支撑整个研究领域。基于这些实证研究中对混血种族问题化历史的了解，人们不能只进行客观的实证研究，如斯卡尔和温伯格（Scarr & Weinberg，1976）在比较混血儿童（父母一个黑人和一个白人）和有两个黑人父母的孩子的智商时，就无法进行客观的实证研究。这些研究，不管他们的结果如何，都有助于"混血种族"问题化的持续。

"混血种族"的广泛研究并不是因为经验上的结果，而是因为"二战"后智识的变化和对种族理论后果的认识。直到20世纪90年代，才发生了重大转变，从将混血作为一个问题来理解到理解多种族的个人在特定的社会文化背景下遇到的问题（Root，1992，1996）。对"混血种族"的研究历史表明，这些研究可能是暴力或认识论暴力（epistemic violence）的一部分（见Spivak，1999）。这种认知暴力是源于范畴错误，即将混血概念化为一种自然的类型。心理学作为一个领域，应该反省自己在认识论暴力史上的份额，而不是躲在一个价值中立的科学概念背后。心理学必须受到批评，因为它没有改变社会和心理现实，而是促成了将群体置于问题之中。

后殖民心理学之一例

西方心理学在理解或帮助"第三世界"方面的失败和无能，导致了对本土心理学发展的呼唤。然而，在全球化的过程中，许多本土心理学被抛弃了。相反，许多"第三世界"心理学家从西方的角度出发，模仿西方的精神生活观念，并使之永久化（Bhatia，2002b）。确实，由于长期的殖民化和全球化进程，很难找到真正的本土心理学。例如，拉丁美洲是殖民时代的产物，很难发展前哥伦布的本土心理学。更合理的做法是根据目前最受压迫的人的生活和经历，形成一种后殖民心理学，这些人代表了殖民主义以及新殖民主义的经济、政治和社会实践的后果(Harding，1998)。

已经有人试图发展这种心理学，从古典思想家开始，有法农(Fanon，1952/1967)或梅米(Memmi，1957/1965)(更近期的想法，见 Azibo，2003；Carr & Schumaker，1996；Holdstock，2000；Howitt & Owusu-Bempah，1994；Owusu-Bempah & Howitt，2000；Paranjpe，1998)。但是，我想把讨论限制在拉丁美洲最著名的心理学家之一伊格纳西奥·马丁-巴洛(Ignacio Martín-Baró，1942—1989)上，他的心理学代表了西方和后殖民思想的独特结合。事实上，肖克史密斯(Shouksmith，1996)指出，拉丁美洲比其他"发展中"地区对西方心理学更加开放。马丁-巴洛的心理学在结合解放神学、心理学批判和地方实践方面是独特的。

马丁-巴洛是一位受过西方训练的耶稣会牧师和心理学家，他生活在萨尔瓦多，毕生致力于萨尔瓦多人民的心理健康和社会正义(另见 Montero，2003)。在萨尔瓦多，对穷人的支持和捍卫以及对压迫的描述和解释，使他在精英阶层和支持者眼中成为颠覆分子。1989年，马丁-巴洛作为该校副校长和大学公共意见研究中心主任，在圣萨尔瓦多的中美洲大学校园里，与其他五名耶稣会牧师及其女管家一道被谋杀。

在《走向解放心理学》一书中，马丁-巴洛(Martín-Baró，1994，pp.25-30)认为心理学应该为拉丁美洲的社会发展做出贡献。他认为只有从受苦的人的立场上出发，贡献才有可能。他的主要意图是将解放心理学，作为一个实践(而不是理论)的纲领。他还建议解放心理学应该将自身从西欧和北美的视角中解放出来。作为一名耶稣会教士，他将基督教理想融入自己的心理学，并借鉴了解放神学。这一运动在拉丁美洲于20世纪60年代发展起来，将宗教信仰和政治行动结合在一起。该方案基于这样的假设，即造成贫困、不平等和痛苦的结构应当改变。

他的解放心理学包含宗教思想，如上帝是生命之神的观念，促进生命是一种原始的宗教任务。罪的概念并不适用于无神论者，而是适用于阻止穷人的解放和解脱以及压迫大多数人的结构。的确，造成贫穷的结构被视为是有罪的。与耶稣选择穷人的论点一样，马丁-巴洛认为，基督教信仰要求穷人优先选择，穷人在萨尔瓦多是大多数。而贫穷被理解为被救赎之道。然而，他明确表示，将人民从压迫、诋毁和羞辱他们的结构中解放出来的做法，比理论更重要，这一原则也适用于宗教（信仰实践比信仰声明要重要）。

他对解放心理学的设想引发了对欧美主流心理学的批判，因为他拒绝了价值中立科学的思想以及研究和理论在学术界的首要地位。马丁-巴洛的观点非常明确，他认为，拉丁美洲的心理学不应关心它是否会在富裕国家得到承认，而是它能否为大多数拉丁美洲国家提供服务。他自己的心理学建立在心理学的政治伦理立场和实践至上的基础之上。心理工作的对象应该是拉丁美洲人民的问题和使多数人摆脱压迫性社会结构的问题，而不是欧美的话语。他指出，在传统心理学中，个人解放被认为是一种目标，但他反对把它有限地概念化，并认为应该向社会解放迈进，因为个人和社会存在是相互交织在一起的。他还反对"外部控制"或"习得性无助"等概念，从解放心理学的角度来看，这些概念代表着一种生存宿命论，而不是对压迫和剥夺人民并迫使他们屈服的客观基础结构进行分析。作为拉丁美洲解放实践的例子，他提到了弗莱雷（Freire, 1997）在巴西倡导的良心化（conscienticizing）扫盲实践。

马丁-巴洛主张一种新的认识论，即为拉丁美洲人民寻求知识的新途径。他建议从受支配者的角度来看待心理社会过程；从文盲的立场出发发展教育心理学；从失业者的角度研究工业心理学；从边缘人的角度研究临床心理学；从庄园中佃户的角度研究心理健康；从生活在城市垃圾场的人的角度来看待个人成熟度；以及从街头集市上妇女的角度界定动机。这意味着心理学不应该从政府、管理者、医疗保健专家等角度来研究心理问题，而应该从被压迫者的角度来看待这些问题。或者用他自己的话来说，心理学不应该是某某"之"（of）心理学，或者"关于"（about）某某的心理学，而应该是来自被压迫者的心理学。这样的观点对认识论有着重要的意义。因为他认为，只有从穷人的角度，才能发现拉丁美洲人民的真相。这也意味着从拉美大众的角度来看，北美和欧洲在心理学方面的知识将只是相对其自身而言的心理学。

最后，马丁-巴洛主张一种新的做法，它不仅从被压迫者的角度出发，而且要求开展改变现实的活动，以便我们"不仅了解什么是什么，而且了解不是什么，并通过这种了解努力使自己走向应该成为的样子"（第29页）。他特别提到参与式行动研究，因为这样的研究将改变传统研究中研究者和参与者之间的不对称关系。这也意味着心理学家不再从有权者的角度，而是从被压迫者的角度进行研究。这种变化需要一些时间，它将改变研究人员和社会现实，并有助于人民群众的解放。他驳斥了传统心理学关于持有这种观点会与科学客观性相矛盾的假设。马丁-巴洛认为，这种观点将偏见与客观性混为一谈。他强调，有意识的伦理选择将不同于研究人员未觉察到的主观和无意识影响。他举了一个例子，说明可以客观地了解实施酷刑者和酷刑的影响，但同时仍然谴责这种行为。马丁-巴洛认为，在保持客观性的同时保持道德也是可能的。

第10章 反思心理学的伦理—政治特性

从康德到后殖民主义理论，为心理学批判的历史和理论提供了一种元批判。然而，我发现更重要的是反思马克思主义者、女性主义者、后现代者和后殖民主义对心理学的批判，以及以另一种不同的方式存在的对心理学的人文科学批判所共享的一个问题。批评家们处理传统心理学的相关性问题。它涉及传统心理学对实践、理解人类主体性的复杂性，以及公正对待文化内部和文化之间的特定群体的相关性。相关性是一个伦理政治话题，也是一个价值问题。然而，自然科学心理学有着从研究中消除价值判断的长期传统，这种研究源自实证主义或批判理性主义的科学哲学。

批判理论的长期传统之一，就是要指认实证主义视角的不足。哈贝马斯（Habermas，1968/1972）认为，任何知识都是在人类学上奠基于兴趣的。没有兴趣的知识、脱离价值的知识和缺乏伦理政治基础的知识都是说不通的。霍克海默（Horkheimer，1937/1992）批评实证主义理论不理解科学发生在社会之中，而且没有分析其社会功能。对于霍克海默来说，事实是通过客体和感觉器官的历史特征社会性地形成的，并且随着历史的发展而变化。因此，应克服价值与研究、知识与行动、个人与社会的分离。霍克海默没有在研究中压制自己的价值观，没有否认价值指导研究，没有隐藏自己的兴趣，而是特别地提出了应该指导批判理论的价值观。他设想的社会组织应该满足整个社会的需要，并最终结束社会的不公正。

心理学领域为价值与科学的分离寻找辩护者（如 Kendler，1993）。然而，越来越多的文献承认伦理—政治领域对理论和实践的作用（例如，

Fox，1985；Kurtines，Azmitia & Gewirtz，1992；Morawski，1982；Prilleltensky，1994，1997；Sampson，1993，2003；Tolman，2001；Walsh-Bowers，1995）。但是我不准备从科学价值维度对这些论述进行批判或评价，而是提供了一个启发性的概念工具箱，使心理学家能够思考这些问题。这在心理学上特别重要，因为有些讨论并没有超越对问题的简化的和争论性的认可或拒绝。

这种评价可以在以下讨论中得到辩护，林德、特洛维奇和鲍塞曼（Rind，Tromovitch & Bauserman，1998）在美国心理学会的《心理学公报》上发表的文章指出，儿童遭受性虐待与其后来的精神病理学之间的联系很薄弱。这篇文章被指控的对恋童癖的支持引发了美国国会对这一研究结果的谴责，国会对美国心理学会采取了正式行动，而美国心理学会则与这篇文章撇清关系（见 Baird，2002；Lilienfeld，2002）。此外，本讨论还包括提交给《美国心理学家》的利里恩菲尔德（Lilienfeld）手稿，它对林德等人的文章的争议，以及被指控为由政治驱动的美国心理学会的编辑同行评议过程进行了总结和分析。（也见 Garrison & Kober，2002）。

2002 年 3 月，《美国心理学家》着重研究科学与政治的相互关系，并出版了《科学家和决策者之间的相互作用：挑战与机遇》特刊。斯特恩伯格（Sternberg，2002）提出，为了理解"林德和利里恩菲尔德之争"，我们需要知道的一切，几乎都本应该从心理学研究中了解到了。我建议，为了理解这些争论和科学与政治的连结，一个人必须知道比心理学多得多的知识。特别是，必须了解政治理论、历史、社会学，当然还有哲学。事实上，阿尔比（Albee，2002）强调了将这些问题置于政治、社会和历史语境的必要性。

政治与科学（政治学与心理科学）之间的关系问题，需要历史的、系统的理论反思。这里提议的启发式技术试图提供一个对心理学家关于科学和政治之间相互作用的内隐模型的现象学理解、一种对科学与政治联结的评价性场景的考量，以及在自然与人文科学之间的事实和决定的问题。我想强调的是设计研究和评价结果存在的问题，简言之，解释，可以直接受到一个人的政治取向的影响。表达对有道德和政治见解的心理学的需求是非常重要的，因为社会现实指导价值观和科学。将政治概念化为政治家的活动范围是目光短浅的。社会和科学应该为一个共同体谋福利的观点（伦理—政治一词表达了这种关系）不能被排除在心理反思之外。

科学—政治关系模型

显然，科学与政治关系的隐性和显性概念化类似于心身问题的模型。二元论者认为，科学和政治是两种基础性现实，每一个在生活中都拥有其现实。研究人员既生活在学术领域，也生活在政治世界中。也有科学—政治一元论者。政治一元论者（一些马克思主义者、女性主义者和后现代主义者）认为，只有政治才是根本的现实，政治就是一切，科学在政治之外并没有真正的意义。因此，科学是政治的结果，或可还原为政治，政治是生活中唯一有意义的现实。如果是这样，那么科学可以用政治范畴进行详尽的分析。这种同一性理论家认为，并不存在真正的科学—政治问题，因为科学和政治是相同的，实际上只有政治存在。科学一元论者也许会争辩说"一切事物都是化学"，或者"一切事物都是生物学"。但这类观点的大多数支持者都会承认，存在一种政治现实，不能简单地归结为化学或生物学。同样，有些研究人员希望一切都是科学的，政治应该以科学为基础，人们应该关注科学而不是政治，他们是二元论者而不是一元论者。

在二元论中，可以确定科学与政治的平行关系。尽管身心之争的平行论这种观点已不再受推崇，但某些硬核科学家似乎已经把它作为理想的形态。平行主义者渴望在科学和政治之间建立一种预先确定的和谐。虽然两者都存在，但是政治不应该影响科学，科学为了保持纯粹，就不应参与政治。科学成果影响的是科学，政治决策也应该影响的是政治，而不是科学。科学和政治是平行运行的，就像被单独留在墙上的两个莱布尼茨钟（Leibnizean clocks）。科学和政治应该是独立的，在最理想的情况下，这两个领域相互一致，却不会互相影响。

科学—政治互动主义可能是心理学中最流行的二元论模式。互动主义者认为，科学和政治之间存在着相互影响。他们认为，科学和政治必定影响自身，但也相互影响。有意识的互动主义者喜欢确定政治影响科学和科学影响政治的过程和制度。例如，在政府拨款的分配上，政治影响着科学；心理科学影响对于人类行为的政治决策（例如，戒烟计划）。

最后，我们不应忘记另一种立场：科学—政治的突现论（emergentism）。突现论者认为，科学过程最初是由政治需要产生的。然而，科学过程在性质上不同于产生这些过程的政治制度。例如，行为主义最初可能产生于控制和预测人类行为的政治环境。对行为主义的批判不一定是由政治欲望决定的，而是由学术反思决定的。在此种意义上，科学不仅仅是政治，政治规则不一定决定科学的规则。此外，科学规则不能被简化为政治规则。

科学—政治关系的评估场景

二元论模型，特别是交互主义模型，并不是基于科学和政治这两个领域具有同等价值的假设来运作的。基于心身问题构建了对科学与政治互动的理解这一假设，人们可能会怀疑，在悠久的传统中，心智（科学）是否被概念化为"好"，而身体（政治）被概念化为"坏"。事实上，我认为许多心理学判断正是基于这一场景，即科学是好的，而政治是不良的，因此政治对科学的影响也是不良的。故而要求科学中不应有政治。就这一场景的支持者而言可以列举出历史上从教会政治中解放科学这一过程的重要例子。哥白尼（1473—1543）因发现太阳中心而被放逐；布鲁诺（1548—1600）因他对科学的执着而在罗马被烧死；伽利略（1564—1642）因讨论事实而被无知的教会官员恐吓；达尔文（1809—1882）因其进化论的科学论证而被嘲笑。马克思（1818—1883）关于通过剥削工人积累资本的论述不被认为是知识，而弗洛伊德（1856—1939）所描述的无意识动机在人类行为中的作用被认为是过时的。

即使是战后美国的例子也显示了政治对学术界的负面影响。例如，在麦卡锡（McCarthy）时代，加州大学伯克利分校要求教职员工宣誓他们不是共产主义者（见 Albee，2002）。另一个当代的例子是，一些学校董事会要求将圣经创世论和进化论一起呈现。对科学商品化的反思越来越少。当科学家个人被承诺获得数十万美元的研究资金时，从好的科学和不良的政治场景中产生的批判精神往往会消失。研究资助奖励只被视为个人成就，而不是道德政治决策过程的一部分。好的科学和不良的政治这一场景在学术界很可能是受欢迎的，因为它理想化地将在办公桌边和实验室里花费大量时间的个人和团体作为最后的真正的真理斗士。[1]

然而，历史也表明科学家愿意在不良的政治环境下创造出糟糕的科学。存在这样一种糟糕的科学和不良政治场景，在这种场景中，科学家并没有反对政治的影响以坚持真理，而是基于他们自己的信念，发展出伪科学。在斯大林主义和德国法西斯主义中都可以找到这样的例子，科学家们在不良的政治环境中领导了糟糕的科学。有说法认为许多支持德国法西斯主义的科学家是被迫制造糟糕科学的。这种说法是目光短浅的，实际上这是糟糕的科学和不良政治的合作。人们也可以引用西方民主社会的例子，许多关于种族劣等性的研究都是不良的偏见科学的例子。在英国，高尔顿建议夫妇"科学地"配对，并要求政府干预，通过选择性育种来改善人类（见 Richards，1997）。心理学家们在 20 世纪初提出，许多从欧洲到美国的移民在智力上处于劣势。1924 年《移民限制法》在美国获得了军队测试数据和重要心理学家专门知识的支持，在研究和测试的基础上，移民驱逐率急剧增加，（见第 9 章；Gould，1996；Richards，1997；Tucker，1994）。

观察者可能会争辩说，这两种场景（好的科学和不良的政治，糟糕的科学和不良的政治）都证明了将政治排除在科学之外的必要性。然而，这样的论点是基于政治和科学是独立的因素这一观点，而这一假设在历史上并不成立（见 Taylor，1985）。因为过去有问题会导致将来有问题，这种观点是没有经验支持的。最后，这两种情况并非详尽无遗。还存在其他好的政治和不良的科学场景，我能想到的政治倡议有助于克服对美国儿童的隔离，而在加勒特-詹森-肖克利（Garrett-Jensen-Shockley）时代，糟糕的科学被用来抵制好的政治决定（见 Guthrie, 1998, p.107）。在女性的历史上也有许多例子，在这些例子中，糟糕的科学支持将妇女排除在大学和专业之外，但同时良好的政治倡议却促进了平等。

最后，心理学家不应该拒绝想象一个好的政治和好的科学的场景，在这个场景中，对好的政治的承诺和对好科学的承诺是相辅相成的。还有德国法西斯主义的一些例子，在这些例子中，反对希特勒的进步学者在政治上变得活跃，他们的学术努力与主流不同（例如 Weisse Rose 的成员）。保守的爱德华·斯普朗格反对希特勒的政策（见 Geuter, 1984/1992），并继续他的学术研究。弗朗茨·法农（Frantz Fanon，1925—1961）或者艾伯特·梅米（Albert Memmi，生于 1920 年）等反殖民主义研究人员融合了他们激进的政治和科学观点。马丁-巴洛（1942—1989）因其政治和学术信念而献出了自己的生命。弗莱雷（1921—1997）提出的的政治议程和研究计划相辅相成。一种为被压迫者服务的哲学（Dussel, 1985）提出一个特殊的结合观念：好的政治是好科学的一部分，反之亦然。基于平等和解放是重要政治目标的政治假设，对女性问题的实证研究和非实证研究也为我们展示了如何将良好的政治与良好的科学结合起来的例子。

拒绝好的政治和良好的科学场景是没有科学的理由的，它通常是基于政治决策本身。没有逻辑上的理由认为，对这种场景的承诺会导致某种不一致的情况。没有任何先验的原因说明政治参与和科学的结合为何会变成消极的。基于政治影响而产生负面结果的例子很多，但在许多情况下，科学和政治的结合产生了积极的结果；科学家不应该仅仅从科学哲学的角度来研究证实他们的假设是否正确，而且还要研究其假设的不一致情况。此外，如果是社会政治语境影响了心理学研究，那么一个人所做的事情的伦理反思必须被描述为心理学方法论中的一个重要维度。的确，有义务从伦理角度对社会需求进行反思。[2]

同样清楚的是，心理科学可以充贯政治进程。一个早期的例子是 F. A. 朗格（F. A. Lange, 1875），他认为一个拥有慷慨自由的社会会对权利的适度恶化产生强烈不满,他建议将韦伯(Weber)定律应用于社会和政治现象(见第4章)。朗格本人在劳工运动中在政治上十分活跃。人们还知道,实验心理学的核心奠基人之一冯特也是如此(见 Diamond,2001)。美国心理学的几位早期先驱,如斯坦利·霍尔、闵斯特伯格,甚至华生都有政治动机,他们想利用心理学来改善美国社会(见 Morawski,1982)。斯金纳在他的小说《沃尔登第二》和《超越自由与尊严》中发展了政治视野。

另一方面,政治理论家也拥有心理学思想。在西方思想中,政治思维与心理思维一直存在着密切的关系。例如,柏拉图(Plato,1997)根据他的人类灵魂模型构建了国家,包括三个部分:理性部分、勇敢部分和情欲部分。柏拉图在他的人格心理学中提出,那些被灵魂欲望支配的个体应该成为工人。灵魂勇敢的一面占优势的人应该成为士兵。被灵魂理性方面统治的人类应该统治并成为哲学王。其他哲学心理学家,如托马斯·霍布斯(Thomas Hobbes,1588—1679),约翰·洛克(John Locke),尼科洛·马基雅维利(Niccolo Machiavelli,1469—1527),或卢梭(1712—1778)形成的政治思想与他们对人类的哲学—心理理解一致。

最后简述一下这种态度:科学是好的,我们对政治态度了解得还不够。事实上,正如德国法西斯主义所表明的那样,这种态度可能是危险和不负责任的。有趣的是,心理学的早期先驱者在19世纪上半叶的动乱中遇到了这个问题。魏茨由于对政治了解不够,所以未能积极参与政治事务。而贝内克(Beneke,1845)则认为可以借助心理学来解决政治问题(见第3章)。当然,魏茨的立场并没有阻止政治影响科学,它只是让研究人员对科学—政治辩证法一无所知(当代的例子涉及同性恋和无序概念等)。

人文与自然科学中的事实与决定以及政治可供性

想要有意义地讨论伦理政治问题,不能不从心理学的主题和概念的角度对心理学的自然或人文科学的性质进行反思。假设人的精神生活有一种本体论的特殊性,那么显然,对自然科学的方法的全面运用并不能使心理学成为一门自然科学。心理学在某种层面上（生理心理学），可以允许被视为一门自然科学。然而，心理学的重要部分仍属于人文科学领域。例如，可以用实验的方法来研究我的思想，但是为了理解我的思想内容，需要一种解释方法。因为我的思想与我作为一个人的经历，我的传记，或我的意义结构是相关的。心理学史上的许多重要研究表明，心理学的特定主题需要一种替代自然科学技术的方法。

丹兹格（Danziger，1997a）展示了心理范畴的历史维度，证实了智力等概念不是一种自然品质。但是，如果心理概念是社会历史类别的，那么它们必然是嵌入到最广泛意义上的政治之中。政治和人文科学过去（和现在）总是交织在一起。甚至高尔顿的统计知识也是从优生学、殖民主义和种族主义的政治议程中产生的。事实上，心理学价值中立、政治公正、是一门发现了普遍规律的自然科学的观点，在历史上是站不住脚的。

自然科学和人文科学之间的区别也影响了事实和决定、是（is）和应当（ought）、价值中立和党派偏见（partisanship）等之间的典型区别。传统观点认为，人不能从"是"中得出应当。但是，如果仔细思考这个问题，人们就会认识到，在是与应当之间进行划界在自然科学的许多领域里可能没有意义，但在人文科学中却处于中心地位。地球不是宇宙的中心这样的说法是有意义的，它可以是正确的，也可以是错误的。地球应该是宇宙的中心的说法确实没有意义可言。另一方面，在心理学中，人们可能会发现一些识别心理问题风险因素的研究。如果将贫困确定为不健康发展的一个风险因素，那么，这也意味着这种情况可以而且应该改变。在心理学中，研究和伦理政治考虑是密切相关的。

我还想提请大家注意政治方向和政治可供性问题。在西方文化中，左派和右派的区别，以及在北美文化中自由主义和保守主义之间的区别，已经成为一个有意义的现实，它构建了一个人的经验。观点和研究问题在结构上可能处于这样一种政治二元论之中。此外，还有一些研究主题具有政治可供性，在其中可以预测将进行哪些研究以及如何评价研究。例如，同性恋、单亲父母、日托、婚前性行为、性别平等，都有政治可供性。例如，可以预测当同性恋的积极结果被确定时，保守派或自由主义者将如何反应。一个纯粹主义者可能会认为心理学家不应该研究这些充满政治色彩的话题，而只应关注看似中性的问题。当然，这本身就是一项对弱势群体有影响的政治决定。

真理、政治与一种伦理—政治心理学

有政治意识的心理学家在试图发展一种伦理—政治心理学时，必须意识到一个重要的问题：存在着维持现状的力量，以及因为事物如此，它就应该如此的信念。这确实是一个人们必须反思"是"与"应该"的地方。亚里士多德（Aristotle，2001）在他的政治学中提出，每个社会都是为了行善而建立起来的。在理想化的版本中，科学界所拥护的善是真理，而不是金钱和政治。然而，传统的真理符合论，尽管引人注意并且在自然科学中或许是必要的，但它却并未公正对待人文科学和心理学中真理生产的现实。

自马克思和恩格斯（Marx & Engels，1932/1958）以来，真理与权力相互联系的观念不断被提出。福柯（Foucault，1980）则为这一课题的研究注入了新的活力。即使将金钱、政治和真理区分开，真理本身也受到了攻击。阿奎那（Aquinas，1265—1273/1947/1948）认为真理是思想和事物的一致性，但事实上它比人们假定的更为复杂。真理是历史的。心理学家在心理学作为一门学科的制度化之初所认为是真理的内容，现在大多数情况已经不复如是。100年后的心理学家认为是真理的东西将不包括当前心理学在著名期刊上发表的同样的经验证据。真理具有文化性质。在一种心理背景下被认为正确的东西，在另一种文化中不一定是正确的。这个说法甚至适用于亚文化和理论框架：精神分析学家认为的真理与行为主义者不同。

真理的时空相对性对任何实体的真理理论都提出了挑战。因此，心理学家应该承认他们参与了真理的共识理论（Habermas，1984）。例如，传统心理学中的一个共识是，当研究人员遵循严格的方法论时，真理是可以被揭露的。但是，就其定义本身而言，真理作为一个共识事项是一个政治进程。[3]认为应该实现没有任何政治的纯粹真理，科学中不应该有政治，研究是真理性的，这些想法本身就是一种价值判断。这种判断不是从天上掉下来的，不能从科学自身中产生，而只能从政治或伦理框架中产生。心理学产生于人的具体生活经验中，因而心理学和政治都是人类生活联结的一部分。心理科学应根据人权或普遍伦理价值观来发展的观点（例如，将人作为劣等者来对待和建构是不可接受的）。以上种种，也都是价值判断。但前者不能宣称对于后者的科学优越性。这些反思强调了建立一个良好的政治和科学场景的必要性，这可能是基于心理学批判的历史，但并不结束于此。

注 释

第1章

[1]对"传统的"和"批判的"这两个术语的应用属于描述性的,而非规范性的。传统的和批判的历史都有助于理解心理学的动态性和复杂性。在这里并未认可这一观点,即只有批判的历史才能够公正对待心理学的过去。

[2]的确,对"她"的关注较少(另见第7章中的女性主义心理学批评)。

[3]当然,"传统的"这一标签并不是这些历史学家自我理解的一部分。

[4]R. I. 华生和R. B. 埃文斯(R. I. Watson & R. B. Evans, 1991)把唯灵论的前科学的历史理论也添加到了这个列表中。

[5]例如,巴勒莫(Palermo, 1971)提出了心理学的这种阶段划分:内省—实验(冯特,Wundt),行为主义和认知心理学。

[6]伍德沃德(Woodward, 1980)认为批判史学意味着将批判性思维应用于历史研究。

[7]马克思主义历史学家可以分为正统的马克思主义者,新马克思主义者,或者新左派马克思主义者等子群体。

[8]历史主义意味着从过去的视野出发解读过去,而不是从现在出发去解读的过去。厚今论意味着从现在的角度解读过去(参见 Richards, 1996)。

[9]曾经有过殖民主义的企图,它致力于为非洲人制定伪本土心理学。这种心理学将能够公正地对待他们"有限的心理能力",并保护他们免受伤害(见 Grosse, 1997年)。

[10]以下我将为2000年之前出版的作品使用过去时。

[11]范式在社会学上指的是一种学术世界观;然而,库恩以许多不同的,甚至是

相互矛盾的方式使用了这个概念(参见 Masterman,1970)。

[12]后殖民主义史学必须处理将种族主义的部分与其他部分分开的问题,以及将人所做的事与做事的人分开的问题。在历史传记的叙事下对这种分离的解释,可能比在社会历史的框架下的解释更为困难。将职业生涯早期写作的作品与晚年完成的作品进行对比是很常见的。人们通常认为,在人文科学和社会科学中,后期的作品会比较成熟,因此它比早前的作品更具代表性。但是也有研究者认为青年时期的哲学家比年长时期的哲学家更重要(例如马克思和维特根斯坦)。在科学史上,似乎重要的著作是在研究者职业生涯的早期发表的。而当其工作是在同一阶段完成时,将作品区分开来会变得更加复杂,当某些部分与其他部分相关时更是如此。伟人说的支持者可能会争辩说,必须把科学心理学家与搞政治的那些人分开,他们甚至否认这些部分是相互联系的。而反对者则可能希望展示那些有问题的作品和没有问题的作品之间的关联。反对好古主义的批判史学的问题在于,它可能导致一种"有偏见的人"的趋向,这意味着只根据他们的个人偏见去考量那些重要的先驱者。这种态度会重演心理学史的伟人说的问题,并妨碍对思想和实践的社会、历史和文化中介的理解。由此,本来作为一个社会问题的种族主义,就根据某一先驱而被个人化了。另一个问题可能包括,在评估有偏见的先驱者时,将其所有贡献都视为有偏见的。其论点可能是,如果一个先驱者在族群问题上如此错误,那么就不能认真对待这个人在其他领域的研究!这可能导致把在其他领域的研究创新一笔勾销了。

[13]解放被福柯主义者认为是一个成问题的术语(见第8章)。

[14]我看到一些后殖民主义和女性主义的批评如何产生了罗斯的有罪的判决,但我也认为在这种语境中出版了不少优秀的书籍(见 Fox&Prilleltenksy,1997)。

[15]为了保卫真理理论的理性共识,见哈贝马斯(Habermas,1973/1984)。

[16]例外的是马克思主义历史学家,他们遵循真理的符合论,这使得他们能够评估"各种"历史建构的"真实性"。

[17]哈里斯将丹兹格作为真正的批判心理学史家的代表。

[18]元理论包括对理论的反思,在我看来,为了迎合本书的目的,它需要历史的知识。

第 2 章

[1]柏林版,《形而上学》(Metaphysics),vii. 4-6.1029b-1032b。

[2]自然—科学心理学与自然科学一样,随着时间的推移发生了显著的变化。19世纪早期将自己理解为自然科学的心理学将被称为哲学(例如,Drobisch,1842)。

[3]笛卡尔可以被作为自然—科学心理学以及人文—科学心理学建立过程中的先驱。这种模棱两可的角色是由于他将现实的二元论划分为广延(身)和认识(心)。

[4]我没有采取将心理学作为一门社会科学的观念,因为一种社会科学心理学可以同时追随自然科学或人文科学的领导。

[5]批判心理学和伦理—政治心理学这两个术语,虽然后者只是前者的一部分,但有时在本书中可以互换使用,因为重点是对心理学的伦理—政治批判。

[6]这种现象学是基于我在约克大学的特殊经历。

[7]我还观察到,获得理科学位的学生经常热衷于强调他们的学位不属于那些软科学。

[8]然而,福拉在这两种心理学之外做了更多的区分(例如,他还将颅相学列为心理学的一种形式)。

[9]Völkerpsychologie可被翻译为民间心理学、社会心理学、集体心理学和文化心理学。

[10]我自己的翻译。

[11]这种描述表明,人文—科学心理学遵循一种伦理—政治要求。

[12]当代心理学并没有消除思辨和形而上学。这并不一定意味着心理学的死亡,但心理学需要分析这些问题而不是压抑它们。

[13]危机一词以膨胀的方式在不同的和不相容的语境中,被用于不同的和不相容的事物上。危机一词的两个基本特征是:事件开始的突然性和持续时间的短暂性。然而,对危机的讨论对心理学而言是永久性的。从库恩的角度来看,永久性危机的概念并没有意义。事实上,将心理学描述为一门前范式学科可能更好。

[14]我曾建议(Teo,1999a)这个第三体系出现在解构、重建和建构这三个功能中。

[15]心理学体系之间的摩擦经常被界定为基础研究对应用研究(从我的角度来看这是误导性的),并且这在新的学术组织的建立中也有表现(例如,美国心理协会作为一个组织,其成立旨在支持科学家的关切,而不是实践者的关切)。

[16]一些作者认为,心理学的主题是心理学危机的核心因素(参见Holzkamp,1983)。此外,可以将相关性这一因素分成几个子因素。

[17]我不认为理论—实践问题是危机的实质,因为心理学一直非常实践(见Ward,

2002)。

[18]更有希望的是像赫尔佐格(Herzog,1984)那样的立场,他认为只有基于同一人性模型的理论才能实现心理学的统一。

[19]假设有一项反对心理学实验的政治倡议,它认为人们经常在实验中受骗。该倡议邀请人们参与实验,以欺骗实验者自身。实验者会得到结果,但是这些结果是由自变量引起的吗?实验取决于内隐的意义的主体间性。实验者期望一个人将展现某种行为,展现其在实验中作为被试的角色。该实验仅允许有限范围的行为(例如,该人不应该站起来并且表明该实验是无意义的)。做心理学实验需要合作的、善良的、天真的,并且在某种程度上没有受过教育的被试(参见 Holzkamp,1972)。

第3章

[1]这些讨论在涉及诸如性教育时仍然在进行,它强调信息(自由主义的人性论)或品质养成(保守主义的人性论)。

[2]我自己的翻译。

[3]英语翻译更喜欢"能力"这一术语,而在德国传统中则使用术语"Vermögen"(官能)(例如,Drobisch,1842,pp.298-302)。

[4]柏林版,《论灵魂》(de anima),ii.3.414a。

[5]官能心理学也在英语世界中产生过话语[例如,Thomas Reid(1710—1796)]。

[6]除了关于官能的论述之外,还讨论了联想的概念。然而,德国在那段时期的联想原则仅限于简单的心理过程(参见 Dessoir,1902)。

[7]在当代的术语中,人们会将这三个基本能力标记为认知、情感和动机。康德的三大批判涵盖了那些问题(理性、审美和道德)。

[8]不应忘记康德和赫尔巴特将形而上学视为一门科学。

[9]译自沃尔夫(Wolff,1912,p.229)。

[10]最近的学术研究主要集中在康德的超验心理学(Kitcher,1990;Kitchener,1999)。

[11]他将范畴分为四组:第一组是量,它包括单一性、复多性、全体性;第二组是质,它包括实在性、否定性和限定性;第三组是关系,它包括依存性与自存性、原因性与隶属性、共联性;第四个也是最后一个称为模态,它包括可能性—不可能性,

存在—非有，必然性—偶然性。

[12]对于康德来说，因果关系的概念具有特殊意义。大卫·休谟(David Hume, 1711—1776)(1748/1988)认为因果关系不是必然性，不能从经验或逻辑中得出。因为人类的经验并没有证明一件事引起了另一件事，因果关系是基于重复的关联，它是习惯性的，而且仅仅是一种主观的必然性。康德可以用他的体系证明休谟是错误的，因果关系不是基于主观经验，而是一种先验原则，即心灵加到了感觉信息之上。因果关系施加于感知，而且在感知中无法找到。

[13]柏林版，《诗学》(poetics)，24.1460a。

[14]德索(Dessoir, 1911)列出了早期的官能心理学批评者(pp. 155-161)。

[15]我自己的翻译。

[16]他的实用心理非常理论化。

[17]我自己的翻译。

[18]令人惊讶的是，在赫尔巴特的毁灭性批评之后，谢林仍然认为有必要质疑官能心理学。然而，官能心理学仍然继续存在。甚至詹姆斯(1890/1983)也认为反驳官能心理学很重要(见 pp. 16-17)。

[19]我自己的翻译。

第 4 章

[1]以下对朗格立场的描述是对梯欧(Teo, 2002)的部分总结。

[2]朗格将这一部分分为四章：人与动物世界的关系；大脑和灵魂；科学心理学；感官生理学和作为表象的世界。

[3]我自己的翻译。

[4]朗格提到了由 H. 施泰因塔尔(H. Steinthal)和 M. 拉扎勒斯(M. Lazarus)开创的德国民族心理学。他们于 1860 年创设了《Zeitschrift für Völkerpsychologie》(民族心理学杂志)(参见 O. Klemm, 1911)。冯特(Wundt, 1921)现在通常被与民族心理学联系在一起，但他认为是施泰因塔尔和拉扎勒斯为这个研究纲领提供了名称和愿景(p. 30)。

[5]我自己的翻译。

[6]如果没有思辨，那么心理学作为一个领域，至少目前不能存在。我认为(在自然科学的逻辑中)如果思辨出现在假设中，然后接受检验，那就不是问题。然而，概念

的思辨内容无法被检验，在对结果的解释中，假设也对思辨开放。事实并不能为其本身代言。

[7]从女性主义者的角度来看，人们会想知道为什么洛伦兹(Lorenz)使用这个例子（见第 7 章）。

第 5 章

[1]以下对狄尔泰立场的描述是对梯欧(Teo, 2001)的部分总结。

[2]在狄尔泰后来的著作中，当他吸收了布伦塔诺关于心理学的一些思想后，其将心理学作为人文科学核心的观点发生了变化。

[3]所有狄尔泰的引文都由我从德语翻译成英语，文责自负。

[4]里克曼(Rickman, 1988)认为理解不是一种方法。然而，狄尔泰(Dilthey, 1958)认为理解和解释是人文科学的方法(p. 205)。

第 6 章

[1]在文献中可以找到俄语名称的不同拼写。

[2]我自己的翻译。

[3]以下对马克思立场的描述是对 Teo(2001)的总结。

[4]本部分中的马克思和恩格斯德英转译，文责自负。

[5]自然史(Naturgeschichte)具有自然科学的意义。

[6]《德意志意识形态》由马克思和恩格斯共同撰写。恩格斯(1888/1962)承认马克思在发展其中心思想方面更为重要。

[7]豪格(Haug, 1984)指出，照相机暗箱是 19 世纪常见的认识论隐喻。狄尔泰(Dilthey, 1977)也将眼睛的运作与照相机暗箱进行比较(p. 98)。

[8]这篇重要论文也有其英文版本(Vygotsky, 1997)。然而，我对维果茨基(Vygotsky)关于心理学危机的论点的重构基于德语译本。

[9]霍兹坎普(Holzkamp)作品的完整清单可以在期刊 Kritische Psychologie(《批判心理学论坛》)，第 36 期, pp. 180-193 中找到。该清单基于杰格和欧斯特坎普(Jaeger & Osterkamp, 1987)的研究。

[10]霍兹坎普的以下特征总结自 Teo(1998a)。

[11]霍兹坎普为什么受到学生运动的影响无法在这里得到解答。

[12]《Grundlegung der Psychologie》这一标题在本书中被翻译为《心理学基础》。托尔曼(Tolman,1989)将其翻译为《为心理学奠定基础》。另一种可能的翻译是《心理学的基础》。

[13]在心理学研究所涌现的另一项工作,对心理学的批判史具有重要意义,但是并未被书写在霍兹坎普批判心理学框架中。它是由杰格和斯道博(Jaeger & Staeuble,1978)发表的。

[14]霍兹坎普(Holzkamp,1987)同样通过论证心理学混淆了理由与原因,研究了伪经验主义的概念(Holzkamp,1987)。因此,经验性的假设检验不是一种检验,而是应用了好的理由(另见第2章)。

第7章

[1]见第5章。

[2]AB 109(§ 26)。

[3]我自己的解释。

[4]特别感谢 A. 费布拉罗(A. Febbraro)在本章中提出的建议。

[5]莱欣巴赫(Reichenbach,1938)将科学哲学局限于辩护的语境,并将发现语境诸心理学领域。

第8章

[1]也可以在心理学的分支学科中研究元叙事。例如,沃克丁(Walkerdine,1993)将发展概念确定为发展心理学中的元叙事之一(又见 Teo,1997)。

[2]例如,如果一个人害怕通过隧道,而实际上存在着其他非威胁性的选择,空间权力就会被行使。

[3]关于出版手册的权力,见沃尔什-鲍尔斯(Walsh-Bowers,1999)。

[4]哈贝马斯(Habermas,1987)指出了福柯的总体权力理论存在的问题。

[5]福柯区分了反对种族、社会和宗教统治的斗争、反对生产领域剥削形式的斗争

以及反对将个人与他或她自身联系在一起的斗争。

[6]福柯还参与了学术界以外的政治活动。例如，他对监狱运动和将社会边缘群体融入政治斗争感兴趣。这个想法来自反马克思主义的观念，即囚犯、妇女、妓女、同性恋者和药物成瘾者是真正的革命力量。福柯参与了反对种族主义的行动，争取巴德尔-迈因霍夫组织(Baader-Meinhof group)的顾问克洛赞特(K. Croissant)留在法国这个他曾申请政治庇护的国家。他为因激进的活动而被大学开除的德国心理学教授布鲁纳(P. Brückner)辩护。他参加了反对西班牙法西斯主义的活动。福柯参加并组织了反对波斯沙阿政权(Shah regime in Persia)的行动，并报道了那里的革命前事件。他参与了波兰的团结工会运动(见 Eribon, 1991)。

[7]主体也可以对权力分化系统进行反思(Foucault, 1992)。人们可以问，权力是否基于经济、语言或者文化差异。人们可以确定权力的目标(特权、获取利润、行使某种职能、建立公正、平等)、手段(武器、文字、技术、法律)，以及权力的制度化、合理化和组织化。

[8]福柯认为，权力只能对自由主体行使。因此，奴隶制不是一种权力关系，因为没有自由。

第 9 章

[1]这个关于认识论的争论与梯欧和费布拉罗(Teo & Febbraro, 2003)的观点非常吻合。下面的这些反思是后殖民"中心"主义反思的例子，带有西方偏见。

[2]霍兹坎普(Holzkamp, 1983)认为，概念问题是科学心理学的中心问题(也见 Tolman, 1994; 见第 6 章)。

[3]欧洲中心主义一词包含美国中心主义的概念。此外，只有少数国家(如德国、法国、英国)主导了欧洲的学术结构。

[4]下面的论证是对梯欧和费布拉罗(Febbraro, 2003)观点的总结。

[5]盖特纳和杜维迪奥(Gaertner & Dovidio, 1986)的"厌恶性种族主义者"概念具有相似之处。他们认为偏见是错误的，他们是平等主义者，但却没有意识到自己的消极的种族态度。

[6]例如，在其他文化中进行智力测验的经验证实了该测验在这种文化中的实施适用性，但没有说明测验对该文化的意义。

[7]以下是对梯欧(Teo,2004)观点的简短总结。

第10章

[1]学者是认识论的军队,运用方法论、客观性和中立作为武器。

[2]显然,对于什么是好的政治,不会有最终的共识。然而,这不应该妨碍心理学家致力于他们对良好政治的看法。同样的道理也适用于没有最终共识的良好科学。重要的是,心理学家们揭露了他们的伦理和认识论观念,并使它们供批判性的讨论之用。

[3]我假设研究人员在他们的努力中是真实和诚实的。这种假设是基于一种伦理共识。

参考文献

Aalbers, D. (2002). The rhetoric of the middle ground. *History and Philosophy of Psychology Bulletin*, 14(2), 11-17.

Adorno, T. W., Frenkel-Brunswik, E., Levinson, D. J., & Sanford, R. N. (1950). *The authoritarian personality*. New York: Harper & Row.

Albee, G. W. (2002). Exploring a controversy. *American Psychologist*, 57(3), 161-164.

Allport, G. W. (1937). *Personality: A psychological interpretation*. New York: Holt.

Allport, G. W. (1940). The psychologist's frame of reference. *Psychological Bulletin*, 37, 1-28.

Allport, G. W. (1947). Scientific models and human morals. *Psychological Review*, 54, 182-192.

American Anthropological Association. (1998, May 17). *American Anthropological Association Statement on "Race"*. Retrieved June 1, 2004, from http://www.aaanet.org/stmts/racepp.htm

American Association of Physical Anthropologists (1996). AAPA statement on biological aspects of race. *American Journal of Physical Anthropology*, 101(4), 569-570.

American Psychological Association. (2001). *Publication Manual of the American Psychological Association* (5th ed.). Washington, DC: Author.

Aquinas, T. (1947/1948). *Summa theologica*. New York: Benziger. (Original work published 1265-1273).

Aristotle. (2001). In R. McKeon (Ed.), *The basic works of Aristotle*. New York: Random House. (Copyright 1941)

Ash, M. G., & Geuter, U. (Eds.). (1985). *Geschichte der deutschen Psychologie im 20. Jahrhundert: Ein Überblick* [History of German psychology in the 20th century: An overview]. Opladen, Germany: Westdeutscher Verlag.

Augstein, H. F. (1999). From the land of the Bible to the Caucasus and beyond: The shifting ideas of the geographical origin of humankind. In W. Ernst & B. Harris (Eds.), *Race, science and medicine*, 1700—1960 (pp. 58 - 79). London: Routledge.

Austin, S. (2003). *The influence of the feminist movement in/on the history of psychology*. Unpublished doctoral dissertation, York University, Canada.

Azibo, D. A. y. (Ed.). (2003). *African-centered psychology: Culture-focusing for multicultural competence*. Durham, NC: Carolina Academic Press.

Bacon, F. (1965). In S. Warhaft (Ed.), *A selection of his works*. Toronto: Macmillan.

Baird, B. N. (2002). Politics, operant conditioning, Galileo, and the American Psychological Association's response to Rind et al. (1998). *American Psychologist*, 57(3), 189-192.

Bakan, D. (1966). *The duality of human existence*. Boston: Beacon Press.

Bakan, D. (1967). Idolatry in religion and science. In D. Bakan (Ed.), *On method: Toward a reconstruction of psychological investigation* (pp. 150 - 159). San Francisco: Jossey-Bass. (Original work published 1961)

Bakan, D. (1996). The crisis in psychology. *Journal of Social Distress and the Homeless*, 5(4), 335-342.

Baldwin, J. M. (Ed.). (1905). *Dictionary of philosophy and psychology* (vol. III). New York: Macmillan.

Banton, M. (1987). *Racial theories*. Cambridge, UK: Cambridge University Press.

Barkan, E. (1992). *The retreat of scientific racism: Changing concepts of race in Britain and the United States between the world wars*. Cambridge, UK: Cambridge University Press.

Barton, S. (1994). Chaos, self-organization, and psychology. *American Psychologist*, 49(1), 5-14.

Bauman, Z. (1993). *Postmodern ethics*. Oxford, UK: Blackwell.

Bayer, B. M., & Malone, K. R. (1996). Feminism, psychology and matters of the body. *Theory and Psychology*, 6(4), 667-692.

Beauvoir, S. de. (1961). *The second sex*. New York: Bantam. (Original work published 1949)

Belenky, M. F., Clinchy, B. M., Goldberger, N. R., & Tarule, J. M. (1986). *Women's ways of knowing: The development of self, voice, and mind*. New York: Basic Books.

Beneke, E. (1845). *Lehrbuch der Psychologie als Naturwissenschaft* (Zweite, vermehrte und verbesserte Auflage) [Textbook of psychology as a natural science

(Second expanded and improved edition)]. Berlin: Mittler. (First edition published 1833)

Beneke, E. (1853). *Lehrbuch der pragmatischen Psychologie oder der Seelenlehre in der Anwendung auf das Leben* [Textbook of pragmatic psychology or psychology in its application for life]. Berlin: Mittler.

Benetka, G. (2002). *Denkstile der Psychologie: Das 19. Jahrhundert* [Thought styles of psychology: The 19th century]. Wien, Austria: WUV Universitätsverlag.

Benhabib, S., Butler, J., Cornell, D., & Fraser, N. (1995). *Feminist contentions: A philosophical exchange.* New York: Routledge.

Benjafield, J. G. (1996). *A history of psychology.* Boston: Allyn & Bacon.

Benz, W. (Ed.) (1989). *Die Geschichte der Bundesrepublik Deutschland* (4 Bände) [History of the Federal Republic of Germany]. Frankfurt am Main, Germany: Fischer.

Berger, P. L., & Luckmann, T. (1966). *The social construction of reality: A treatise in the sociology of knowledge.* New York: Penguin Books.

Bernasconi, R. (2001). Who invented the concept of race? Kant's role in the Enlightenment construction of race. In R. Bernasconi (Ed.), *Race* (pp. 11 – 36). Malden, MA: Blackwell.

Bhatia, S. (2002a). Acculturation, dialogical voices and the construction of the diasporic self. *Theory and Psychology*, 12(1), 55 – 77.

Bhatia, S. (2002b). Orientalism in Euro – American and Indian psychology: Historical representations of "natives" in colonial and postcolonial contexts. *History of Psychology*, 5(4), 376 – 398.

Bhatia, S., & Ram, A. (2001). Rethinking "acculturation" in relation to diasporic cultures and postcolonial identities. *Human Development*, 44(1), 1 – 18.

Bindmann, D. (2002). *Ape to Apollo: Aesthetics and the idea of race in the 18th century.* Ithaca, NY: Cornell University Press.

Bohan, J. S. (1990). Contextual history: A framework for re-placing women in the history of psychology. *Psychology of Women Quarterly*, 14(2), 213 – 227.

Boring, E. G. (1950). *A history of experimental psychology* (2nd ed.). New York: AppletonCentury – Crofts.

Boudewijnse, G. – J., Murray, D. J., & Bandomir, C. A. (1999). Herbart's mathematical psychology. *History of Psychology*, 2, 163 – 193.

Boudewijnse, G. – J., Murray, D. J., & Bandomir, C. A. (2001). The fate of Herbart's mathematical psychology. *History of Psychology*, 4(2), 107 – 132.

Brandtstädter, J., Eckensberger, L. H., Gadenne, V., Holzkamp, K., Kempf, W.,

Maiers, W., et al. (1994). Zur Problematik des Empiriebezugs psychologischer Theorien [Concerning the problem of the empirical meaning of psychological theories]. *ForumKritische Psychologie*, 34, 5–79.

Brentano, F. (1995). *Psychology from an empirical standpoint* (A. C. Rancurello, D. B. Terrell, & L. L. McAlister, Trans.). London: Routledge. (Original work published 1874)

Brett, G. (1962). *Brett's history of psychology* (2nd ed.) (edited and abridged by R. S. Peters). London: Allen & Unwin. (Original work published in 3 volumes, 1912–1921)

Broca, P. (1864). *On the phenomena of hybridity in the genus homo*. London: Longman, Green, Longman, & Roberts, Paternoster Row.

Brock, A. (1992). Was Wundt a "Nazi"? Völkerpsychologie, racism and anti-Semitism. *Theory and Psychology*, 2(2), 205–223.

Broughton, J. M. (Ed.). (1987). *Critical theories of psychological development*. New York: Plenum.

Bruder, K.-J. (Ed.). (1973). *Kritik der bürgerlichen Psychologie* [Critique of bourgeois psychology]. Frankfurt am Main, Germany: Fischer.

Bühler, K. (1978). *Die Krise der Psychologie* [The crisis of psychology]. Wien, Austria: Ullstein. (Original work published 1927)

Bugental, J. F. T. (Ed.). (1967). *Challenges of humanistic psychology*. New York: McGraw-Hill.

Bunge, M. (1990). What kind of discipline is psychology: Autonomous or dependent, humanistic of scientific, biological or sociological? *New Ideas in Psychology*, 8(2), 121–137.

Burman, E. (1994). *Deconstructing developmental psychology*. London: Routledge.

Busch, T., Engelhardt, W., Geuter, U., Mattes, P., & Schulte, D. (1979). *Zur Kritik der Kritischen Psychologie* [On the critique of critical psychology]. Berlin: Oberbaumverlag.

Butler, J. (1989). *Gender trouble: Feminism and the subversion of identity*. New York: Routledge.

Campbell, R., & Wasco, S. M. (2000). Feminist approaches to social science: Epistemological and methodological tenets. *American Journal of Community Psychology*, 28(6), 773–791.

Cannon, L. W., Higginbotham, E., & Leung, M. L. (1988). Race and class bias in qualitative research on women. *Gender and Society*, 2, 449–462.

Caplan, P. J. (1985). *The myth of women's masochism*. New York: Dutton.

Caplan, P. (1991). Delusional dominating personality disorder (DDPD). *Feminism andPsychology*, 1, 171 - 174.

Carlson, R. (1972). Understanding women: Implications for personality theory and research. *Journal of Social Issues*, 28(2), 17 - 32.

Carnap, R. (1932). Psychologie in physikalischer Sprache [Psychology in physical language]. *Erkenntnis*, 3, 107 - 142.

Carnap, R. (1967). *The logical structure of the world: Pseudoproblems in philosophy* (R. A. George, Trans.). Berkeley, CA: University of California Press. (Original work published 1928)

Carr, S. C., & Schumaker, J. F. (Eds.). (1996). *Psychology and the developing world*. Westport, CT: Praeger.

Carus, F. A. (1808). *Geschichte der Psychologie* [History of psychology]. Leipzig: Barth &Kummer.

Castle, W. E. (1930). Race mixture and physical disharmonies. *Science*, 71, 603 - 606.

Cavalli - Sforza, L. L., & Cavalli - Sforza, F. (1995). *The great human diasporas: The history of diversity and evolution*. Reading, MA: Addison - Wesley.

Caygill, H. (1995). *A Kant dictionary*. Oxford: Blackwell.

Cherry, F. E. (1995). *The "stubborn particulars" of social psychology: Essays on the research process*. London: Routledge.

Chodorow, N. J. (1978). *The reproduction of mothering: Psychoanalysis and the sociology of gender*. Berkeley, CA: University of California Press.

Choi, I., Nisbett, R. E., & Norenzayan, A. (1999). Causal attribution across cultures: Variation and universality. *Psychological Bulletin*, 125(1), 47 - 63.

Chomsky, N. (1967). Review of Skinner's verbal behavior. In L. A. Jakobovits & M. S. Miron (Eds.), *Readings in the psychology of language* (pp. 142 - 171). Englewood Cliffs, NJ: Prentice Hall. (Original work published 1959)

Chorover, S. L. (1979). *From genesis to genocide: The meaning of human nature and the power of behavior control*. Cambridge, MA: MIT Press.

Cixous, H. (1976). The laugh of the Medusa (K. Cohen & P. Cohen, Trans.). *Signs*, 1, 245 - 264.

Code, L. (1993). Taking subjectivity into account. In L. Alcoff & E. Potter (Eds.), *Feminist epistemologies* (pp. 15 - 48). New York: Routledge.

Collins, P. H. (1991). *Black feminist thought: Knowledge, consciousness, and the politics of empowerment*. New York: Routledge.

Comte, A. (1896). *The positive philosophy of Auguste Comte* (Freely translated and condensed by Harriet Martineau. With an introduction by Frederic Harrison).

London: George Bell.

Corcos, A. (1997). *The myth of human races*. East Lansing, MI: Michigan State University Press.

Cramer, L. (1914). *Kants rationale Psychologie und ihre Vorgänger* [Kant's rational psychology and its predecessors]. Leipzig: Reisland.

Crawford, M. (1989). Agreeing to differ: Feminist epistemologies and women's ways of knowing. In M. Crawford & M. Gentry (Eds.), *Gender and Thought: Psychological Perspectives* (pp. 128 – 145). New York: Springer – Verlag.

Cronbach, L. J. (1957). The two disciplines of scientific psychology. *American Psychologist*, 12, 671 – 684.

Danziger, K. (1983). Origins and basic principles of Wundt's Völkerpsychologie. *British Journal of Social Psychology*, 22, 303 – 313.

Danziger, K. (1985). The methdological imperative in psychology. *Philosophy of the Social Sciences*, 15, 1 – 13.

Danziger, K. (1990). *Constructing the subject: Historical origins of psychological research*. Cambridge, MA: Cambridge University Press.

Danziger, K. (1997a). *Naming the mind: How psychology found its language*. London, UK: Sage.

Danziger, K. (1997b). The historical formation of selves. In R. D. Ashmore & L. Jussim (Eds.), *Self and identity: Fundamental issues* (pp. 137 – 159). New York: Oxford University Press.

Danziger, K. (2001). The unknown Wundt: Drive, apperception, and volition. In R. W. Rieber & D. K. Robinson (Eds.), *Wilhelm Wundt in history: The making of a scientific psychology* (pp. 95 – 120). New York: Kluwer Academic, Plenum.

Danziger, K. (2003). Prospects of a historical psychology. *History and Philosophy of Psychology Bulletin*, 15(2), 4 – 10.

Darwin, C. (1871). *The descent of man, and selection in relation to sex* (2 volumes). London: Murray.

Darwin, C. (1965). *The expression of the emotions in man and animals*. Chicago: University of Chicago Press. (Original work published 1872)

Davenport, C. B. (1917). The effects of race intermingling. *Proceedings of the American Philosophical Society*, 56, 364 – 368.

Davenport, C. B., & Steggerda, M. (1929). *Race crossing in Jamaica*. Washington, DC: Carnegie Institute of Washington.

Davis, S. N. & Gergen, M. (1997). Toward a new psychology of gender: Opening conversations. In M. M. Gergen & S. N. Davis (Eds.), *Toward a new psychology of gender: A reader* (pp. 1 - 27). New York: Routledge.

Deleuze, G., & Guattari, F. (1987). *A thousand plateaus: Capitalism and schizophrenia* (B. Massumi, Trans.). Minneapolis: University of Minnesota Press. (Original work published 1980)

Derrida, J. (1976). *Of grammatology*. Baltimore: John Hopkins University Press.

Derrida, J. (1988). The politics of friendship. *Journal of Philosophy*, 85, 632 - 645.

Derrida, J. (1994). *Specters of Marx: The state of the debt, the work of mourning, and the new international* (P. Kamuf, Trans.). New York: Routledge. (Original work published 1993)

Descartes, R. (1996). In D. Weissmann (Ed.), *Discourse on the method and meditations on First Philosophy*. New Haven, CT: Yale University. (Original work published 1637 - 1641)

Dessoir, M. (1902). *Geschichte der neueren deutschen Psychologie* (zweite, völlig umgearbeitet Auflage) [History of newer German psychology (2nd. completely rev. ed.)]. Berlin: Dunckers.

Dessoir, M. (1911). *Abriß einer Geschichte der Psychologie* [Outline of a history of psychology]. Heidelberg: Winter.

Diamond, S. (2001). Wundt before Leipzig. In R. W. Rieber & D. K. Robinson (Eds.), *Wilhelm Wundt in history: The making of a scientific psychology* (pp. 1 - 68). New York: Kluwer Academic, Plenum.

Dilthey, W. (1957). Ideen über eine beschreibende und zergliedernde Psychologie [Ideas on a descriptive and analytical psychology]. In W. Dilthey (Ed.), *Die geistige Welt: Einleitung in die Philosophie des Lebens* (Gesammelte Schriften V. Band) [The mental world: Introduction to the philosophy of life (Collected writings: Volume 5)] (pp. 139 - 240). Stuttgart: Teubner. (Original work published 1894)

Dilthey, W. (1958). *Der Aufbau der geschichtlichen Welt in den Geisteswissenschaften* (Gesammelte Schriften VII. Band) [The construction of the historical world in the human sciences (Collected writings: Volume 7)]. Stuttgart: Teubner.

Dilthey, W. (1959). *Einleitung in die Geisteswissenschaften* (Gesammelte Schriften I. Band) [Introduction to the human sciences (Collected writings: Volume 1)]. Stuttgart: Teubner (Original work published 1883)

Dilthey, W. (1960). *Weltanschauungslehre* (Gesammelte Schriften VIII. Band) [Philosophy of worldviews (Collected writings: Volume 8)]. Stuttgart: Teubner.

Dilthey, W. (1962). *Die geistige Welt* (Gesammelte Schriften VI. Band) [The mental world (Collected writings: Volume 6)]. Stuttgart: Teubner.

Dilthey, W. (1976). *Selected writings* (edited, translated, and introduced by

H. P. Rickman). Cambridge: Cambridge University Press.

Dilthey, W. (1977). *Die Wissenschaften vom Menschen, der Gesellschaft und der Geschichte: Vorarbeiten zur Einleitung in die Geisteswissenschaften* (1865—1880) (Gesammelte Schriften XVIII. Band) [Human, societal, and historical sciences: Preliminary works for the Introduction to the Human Sciences (1865 - 1880) (Collected writings: Volume 18)]. Göttingen, Germany: Vandenhoeck & Ruprecht.

Dilthey, W. (1990). *Logik und System der philosophischen Wissenschaften* (Gesammelte Schriften XX. Band) [Logic and system of philosophical sciences (Collected writings: Volume20)]. Göttingen, Germany: Vandenhoeck & Ruprecht.

Dobles, I. (1999). Marxism, ideology and psychology. *Theory and Psychology*, 9(3), 407 - 410.

Docherty, T. (Ed.). (1993). *Postmodernism: A reader.* New York: Columbia University Press.

Dovidio, J. F., & Gaertner, S. L. (Eds.). (1986). *Prejudice, discrimination, and racism.* Orlando: Academic Press.

Dreßler, J. G. (1840). *Beneke oder die Seelenlehre als Naturwissenschaft* [Beneke or psychology as natural science]. Bautzen, Germany: Reichel.

Dreyfus, H. L., & Rabinow, P. (1982). *Michel Foucault: Beyond structuralism and hermeneutics.* Chicago: Chicago University Press.

Driver - Linn, E. (2003). Where is psychology going? Structural fault lines revealed by psychologists' use of Kuhn. *American Psychologist*, 58, 269 - 278.

Drobisch, M. W. (1842). *Empirische Psychologie nach naturwissenschaftlicher Methode* [Empirical psychology according to the natural scientific method]. Leipzig: Voss.

Dussel, E. D. (1985). *Philosophy of liberation* (A. Martinez & C. Morkovsky, Trans.). Maryknoll, NY: Orbis Books.

Dussel, E. (1995). *The invention of the Americas: Eclipse of "the other" and the myth of modernity* (M. D. Barber, Trans.). New York: Continuum. (Original work published 1992)

Eagly, A. H., & Carli, L. L. (1981). Sex of researchers and sex-typed communications as determinants of sex differences in influenceability: A meta-analysis of social influence studies. *Psychological Bulletin*, 90(1), 1 - 20.

Eagly, A. H., Johannesen - Schmidt, M. C., & van Engen, M. L. (2003). Transformational, transactional, and laissez-faire leadership styles: A meta-analysis comparing women and men. *Psychological Bulletin*, 129(4), 569 - 591.

Ebbinghaus, H. (1896). Über erklärende und beschreibende Psychologie [Concerning explanatory and descriptive psychology]. *Zeitschrift für Psychologie und Physiologie der Sinnesorgane*, 9, 161–205.

Eberlein, G., & Pieper, R. (Eds.). (1976). *Psychologie: Wissenschaft ohne Gegenstand?* [Psychology: A science without subject matter?]. Frankfurt am Main, Germany: Campus.

Eckardt, G. (2000). Psychologie um 1800 [Psychology around 1800]. In O. Breidbach & D. Engelhardt (Eds.), *Hegel und die Lebenswissenschaften* [Hegel and the life sciences] (pp. 157–174). Berlin: Verlag für Wissenschaft und Bildung.

Eckardt, G. (2001). Anspruch und Wirklichkeit der Erfahrungsseelenkunde, dargestellt an Hand periodisch erscheinender Publikationen um 1800. In O. Breidbach & P. Ziche (Eds.), *Naturwissenschaften um 1800: Wissenschaftskultur in Jena – Weimar* [Natural sciences around 1800: Scientific culture in Jena and Weimar] (pp. 179–202). Weimar, Germany: Böhlau.

Edwards, J. M., & Endler, N. S. (1987). The "stars" revisited: What are the "stars" of the 1970s doing in the 1980s? *Canadian Psychology*, 28(2), 148–160.

Eribon, D. (1991). *Michel Foucault* (B. Wing, Trans.). Cambridge, MA: Harvard University Press.

Erikson, E. H. (1959). *Identity and the life cycle: Selected papers.* New York: International Universities Press.

Erismann, T. (1924). Die Eigenart des Geistigen: Induktive und einsichtige Psychologie [The peculiar nature of the mind: Inductive and insightful psychology]. Leipzig: Quelle & Meyer. Ernst, W. (1999). Colonial policies, racial politics and the development of psychiatric institutions in early nineteenth-century British India. In W. Ernst & B. Harris (Eds.), *Race, science and medicine*, 1700—1960 (pp. 80–100). London: Routledge.

Ernst, W., & Harris, B. (Eds.). (1999). *Race, science and medicine*, 1700—1960. London: Routledge.

Essed, P. (1991). *Understanding everyday racism: An interdisciplinary theory.* Newbury Park, CA: Sage.

Evans, R. I. (1976). *The making of psychology: Discussions with creative contributors.* New York: Knopf.

Fancher, R. (1973). *Psychoanalytic psychology: The development of Freud's thought.* New York: Norton.

Fancher, R. E. (1987). Henry Goddard and the Kallikak Family photographs:

"Conscious skullduggery" or "Whig history"? *American Psychologist*, 42(6), 585 – 590.

Fancher, R. E. (1996). *Pioneers of psychology* (3rd ed.). New York: Norton.

Fancher, R. E. (2001). Eugenics and other Victorian "secular religions". In C. D. Green, M. Shore, & T. Teo (Eds.), *The transformation of psychology: Influences of 19th century philosophy, technology, and natural science* (pp. 3 – 20). Washington, DC: American Psychological Association.

Fanon, F. (1967). *Black skin, white masks* (C. L. Markmann, Trans.). New York: Grove. (Original work published 1952)

Fay, B. (1996). *Contemporary philosophy of social science: A multicultural approach.* Cambridge, MA: Blackwell.

Febbraro, A. R. (1997). *Gender, mentoring, and research practices: Social psychologists trained at the University of Michigan, 1949—1974.* Unpublished doctoral dissertation, University of Guelph, Ontario, Canada.

Febbraro, A. (2003). Alpha bias and beta bias in research on labour and love: The case of enhancement versus scarcity. *Feminism and Psychology*, 13, 201 – 223.

Fechner, G. T. (1860). *Elemente der Psychophysik* [Elements of psychophysics]. Leipzig: Breitkopff.

Ferguson, G. O. (1916). The psychology of the Negro: An experimental study. *Archives of Psychology*, 36, 1 – 138.

Feyerabend, P. (1978). *Against method: Outline of an anarchistic theory of knowledge.* London: Verso. (Original work published 1975)

Fichte, I. H. (1860). *Anthropologie: Die Lehre von der menschlichen Seele* (2. vermehrte und verbesserte Auflage) [Anthropology: The study of the human soul (2nd ed.)]. Leipzig: Brockhaus.

Fischer, E. (1961). *Die Rehobother Bastards und das Bastardisierungsproblem beim Menschen* [The Rehobother bastards and the problem of human bastardization]. Graz, Austria: Akademische Druck-u. Verlagsanstalt. (Original work published 1913)

Fischhaber, G. C. F. (1824). *Lehrbuch der Psychologie für Gymnasien und ähnliche Lehr - Anstalten* [Textbook of psychology for high schools and similar institutions]. Stuttgart: Steinkopff.

Flax, J. (1983). Political philosophy and the patriarchal unconscious: A psychoanalytic perspective on epistemology and metaphysics. In S. Harding & M. B. Hintikka (Eds.), *Discovering reality: Feminist perspectives on epistemology, metaphysics, methodology, and philosophy of science* (pp. 245 – 281). Dordrecht,

Holland: Reidel.

Fortlage, K. (1855). *System der Psychologie als empirischer Wissenschaft aus der Beobachtung des innern Sinnes* [System of psychology as an empirical science based on the observation of the inner sense]. Leipzig: Brockhaus.

Fortlage, K. (1875). *Beiträge zur Psychologie als Wissenschaft aus Speculation und Erfahrung* [Contributions to psychology as a science based on speculation and experience]. Leipzig: Brockhaus.

Foucault, M. (1988). *Madness and civilization: A history of insanity in the age of reason* (R. Howard, Trans.). New York: Vintage Books. (Original work published 1961)

Foucault, M. (1970). *The order of things: An archaeology of the human sciences*. London: Tavistock Publications. (Original work published 1966)

Foucault, M. (1972). *The archaeology of knowledge* (A. M. S. Smith, Trans.). New York: Pantheon Books. (Original work published 1969)

Foucault, M. (1977). *Discipline and punish: The birth of the prison* (A. Sheridan, Trans.). London: Lane. (Original work published 1975)

Foucault, M. (1978). *The history of sexuality, Vol. 1: An introduction* (R. Hurley, Trans.). New York: Vintage Books.

Foucault, M. (1980). *Power/knowledge: Selected interviews and other writings, 1972—1977* (C. Gordon, L. Marshall, J. Mepham, & K. Soper, Trans.). New York: Pantheon.

Foucault, M. (1984). On the genealogy of ethics: An overview of work in progress. In P. Rabinow (Ed.), *The Foucault reader* (pp. 340 - 372). New York: Pantheon.

Foucault, M. (1985). *The use of pleasure: Volume 2 of the history of sexuality* (R. Hurley, Trans.). New York: Vintage Books.

Foucault, M. (1986). *The care of the self: Volume 3 of the history of sexuality* (R. Hurley, Trans.). New York: Vintage Books.

Foucault, M. (1988). In L. D. Kritzman (Ed.), *Politics, philosophy, culture: Interviews and other writings 1977—1984* (A. Sheridan, Trans.). New York: Routledge.

Foucault, M. (1992). The subject and power. In D. Ingram & J. Simon - Ingram (Eds.), *Critical theory: The essential readings* (pp. 303 - 319). New York: Paragon.

Foucault, M. (1996). In S. Lotringer (Ed.), *Foucault live: Interviews, 1961—1984* (L. Hochroth & J. Johnston, Trans.). New York: Semiotext(e)

Fowers, B. J., & Richardson, F. C. (1996). Why is multiculturalism good? *American Psychologist*, 51(6), 609 - 621.

Fox, D. R. (1985). Psychology, ideology, utopia, and the commons. *American Psychologist*, 40, 48–58.

Fox, D., & Prilleltensky, I. (Eds.). (1997). *Critical psychology: An introduction*. London, UK: Sage.

Freedman, J., & Coombs, G. (1996). *Narrative therapy*. New York: Norton.

Freire, P. (1997). *Pedagogy of the oppressed* (new revised 20th-anniversary edition) (M. Bergman Ramos, Trans.). New York: Continuum.

Freud, S. (1969—1975). *Studienausgabe: Band I – X*. [Study edition: Vols. I – X]. Frankfurt am Main, Germany: Fischer.

Friedrich, J., & Douglass, D. (1998). Ethics and the persuasive enterprise of teaching psychology. *American Psychologist*, 53(5), 549–562.

Furumoto, L. (1980). Mary Whiton Calkins (1863—1930). *Psychology of Women Quarterly*, 5(1), 55–68.

Furumoto, L. (1988). Shared knowledge: The experimentalists, 1904—1929. In J. G. Morawski (Ed.), *The rise of experimentation in American psychology* (pp. 94–113). New Haven, CT: Yale University Press.

Furumoto, L. (1989). The new history of psychology. In I. S. Cohen (Ed.), *The G. Stanley Hall lecture series* (vol. 9, pp. 9–34). Washington, DC: American Psychological Association.

Furumoto, L., & Scarborough, E. (1986). Placing women in the history of psychology: The first American women psychologists. *American Psychologist*, 41(1), 35–42.

Gadamer, H.-G. (1997). *Truth and method* (J. Weinsheimer & D. G. Marshall, Trans., 2nd rev. ed.). New York: Continuum. (Original work published 1960)

Gaines, S. O., & Reed, E. S. (1995). Prejudice: From Allport to DuBois. *American Psychologist*, 50(2), 96–103.

Galton, F. (1962). *Hereditary genius: An inquiry into its laws and consequences*. Cleveland, OH: World. (Original work published 1869)

Galton, F. (1970). *English men of science: Their nature and nurture*. London: Cass. (Original work published 1874)

Gannon, L., Luchetta, T., Rhodes, K., Pardie, L., & Segrist, D. (1992). Sex bias in psychological research: Progress or complacency? *American Psychologist*, 47(3), 389–396.

Garrison, E. G., & Kobor, P. C. (2002). Weathering a political storm: A contextual perspective on a psychological research controversy. *American Psychologist*, 57(3), 165–175.

Garth, T. R. (1923). A comparison of the intelligence of Mexican and mixed and full blood Indian children. *Psychological Review*, 30, 388 - 401.

Geiss, I. (1988). *Geschichte des Rassismus* [History of racism]. Frankfurt am Main, Germany: Suhrkamp.

George, L. (1854). *Lehrbuch der Psychologie* [Textbook of psychology]. Berlin: Reimer.

Gergen, K. J. (1985). The social constructionist movement in modern psychology. *American Psychologist*, 40(3), 266 - 275.

Gergen, K. J. (1990). Toward a postmodern psychology. *Humanistic Psychologist*, 18 (1), 23 - 34.

Gergen, K. J. (1991). *The saturated self: Dilemmas of identity in contemporary life*. New York: Basic Books.

Gergen, K. J. (1992a). Toward a postmodern psychology. In S. Kvale (Ed.), *Psychology and postmodernism* (pp. 17 - 30). London: Sage.

Gergen, K. J. (1992b). Social construction and moral action. In D. N. Robinson (Eds.), *Social discourse and moral judgment* (pp. 9 - 27). San Diego: Academic Press.

Gergen, K. J. (1994a). *Toward transformation in social knowledge* (2nd ed.). London: Sage.

Gergen, K. J. (1994b). Exploring the postmodern: Perils or potentials? *American Psychologist*, 49(5), 412 - 416.

Gergen, K. J. (2001). Psychological science in a postmodern context. *American Psychologist*, 56(10), 808 - 813.

Gergen, M. M. (1988). Building a feminist methodology. *Contemporary Social Psychology*, 13(2), 47 - 53.

Gergen, M. (2001). *Feminist reconstructions in psychology: Narrative, gender, and performance*. Thousand Oaks, CA: Sage.

Gerland, G. (1896). Waitz. In Historische Commission (Ed.), *Allgemeine Deutsche Biographie* (vol. 40) (pp. 629 - 633). Berlin: Duncker & Humblot.

Geuter, U. (1992). *The professionalization of psychology in Nazi Germany* (R. J. Holmes, Trans.). Cambridge, MA: Cambridge University Press. (Original work published 1984)

Gilligan, C. (1982). *In a different voice: Psychological theory and women's development*. Cambridge, MA: Harvard University Press.

Giorgi, A. (1970). *Psychology as a human science: A phenomenologically based approach*. New York: Harper & Row.

Giorgi, A. (1990). A phenomenological vision for psychology. In W. J. Baker, M. E. Hyland, R. Van Hezewijk, & S. Terwee (Eds.), *Recent trends in theoretical psychology (vol. II) (pp. 27 - 36). New York: Springer.

Giorgi, A. (1995). Phenomenological psychology. In J. A. Smith, R. Harré, & L. van Langenhove (Eds.), *Rethinking psychology* (pp. 24 - 42). London: Sage.

Gobineau, A. d. (1966). *The inequality of human races* (A. Collins, Trans.). Los Angeles: Noontide Press. (Original work published 1854)

Goldberg, D. T. (1993). *Racist culture: Philosophy and the politics of meaning*. Oxford: Blackwell.

Goodwin, C. J. (1999). *A history of modern psychology*. New York: Wiley.

Gould, S. J. (1996). *The mismeasure of man* (revised and expanded). New York: Norton.

Gregory, F. (1977). *Scientific materialism in nineteenth century Germany*. Dordrecht, Holland: Reidel.

Green, C. D. (1992). Of immortal mythological beasts: Operationism in psychology. *Theory and Psychology*, 2(3), 291 - 320.

Green, C. D., & Groff, P. (2003). *Early psychological thought: Ancient accounts of mind and soul*. Westport, CT: Praeger.

Green, C. D., Shore, M., & Teo, T. (Eds.). (2001). *The transformation of psychology: Influences of 19th - century philosophy, technology, and natural science*. Washington, DC: American Psychological Association.

Greer, S. (1997). Nietzsche and social construction: Directions for a postmodern historiography. *Theory and Psychology*, 7(1), 83 - 100.

Griffin, S. (1978). *Woman and nature: The roaring inside her*. New York: Harper & Row.

Grimshaw, J. (1986). *Philosophy and feminist thinking*. Minneapolis: University of Minnesota Press.

Grosse, P. (1997). Psychologische Menschenführung und die deutsche Kolonialpolitik, 1900—1940 [Psychological guidance and German colonial politics, 1900—1940]. In P. Mecheril & T. Teo (Eds.), *Psychologie und Rassismus* [Psychology and racism] (pp. 19 - 41). Reinbek, Germany: Rowohlt.

Gruhle, H. W. (1948). *Verstehende Psychologie* [Hermeneutic psychology]. Stuttgart, Germany: Thieme.

Gummersbach, W. (1985). Krise der Psychologie: Zur Aktualität eines traditionellen Themas [The crisis of psychology: On the actuality of a traditional theme]. In M. G. Ash & U. Geuter (Eds.), *Geschichte der deutschen Psychologie im 20. Jahrhundert* [History of Germanpsychology in the 20th century] (pp. 314 - 340). Opladen, Germany: Westdeutscher Verlag.

Guthrie, R. V. (1998). *Even the rat was white: A historical view of psychology* (2nd ed.). Boston: Allyn and Bacon.

Habermas, J. (1968). *Technik und Wissenschaft als "Ideologie"* [Technology and science as "ideology"]. Frankfurt am Main, Germany: Suhrkamp.

Habermas, J. (1972). *Knowledge and human interest* (J. J. Shapiro, Trans.). Boston: Beacon Press. (Original work published 1968)

Habermas, J. (1981). *Theorie des kommunikativen Handelns* [Theory of communicative action]. Frankfurt am Main, Germany: Suhrkamp.

Habermas, J. (1984). Wahrheitstheorien [Theories of truth]. In J. Habermas (Ed.), *Vorstudienund Ergänzungen zur Theorie des kommunikativen Handelns* [Preliminary and complementary studies to the theory of communicative action] (pp. 127 – 183). Frankfurt am Main, Germany: Suhrkamp. (Original work published 1973)

Habermas, J. (1987). *The philosophical discourse of modernity: Twelve lectures* (F. Lawrence, Trans.). Cambridge, MA: Polity & Basil Blackwell. (Original work published 1985)

Habermas, J. (1988). *On the logic of the social sciences* (S. W. Nicholsen & J. A. Stark, Trans.). Cambridge, MA: MIT Press. (Original work published 1967)

Habermas, J. (1990). *Moral consciousness and communicative action* (C. Lenhardt & S. W. Nicholsen, Trans.). Cambridge, MA: MIT Press.

Habermas, J. (1997). *A Berlin republic: Writings on Germany* (Die Normalität einer Berliner Republik) (S. Rendall, Trans., Introduction by P. U. Hohendahl). Lincoln: University of Nebraska Press.

Hacking, I. (1992). World-making by kind-making: Child abuse for example. In M. Douglas & D. Hull (Eds.), *How classification works: Nelson Goodman among the social sciences* (pp. 180 – 238). Edinburgh: Edinburgh University Press.

Hacking, I. (1995). *Rewriting the soul: Multiple personality and the sciences of memory*. Princeton, NJ: Princeton University Press.

Hacking, I. (2002). *Historical ontology*. Cambridge, MA: Harvard University Press.

Hall, C. C. I. (1997). Cultural malpractice: The growing obsolescence of psychology with the changing U. S. population. *American Psychologist*, 52(6), 642 – 651.

Hall, G. S. (1904). *Adolescence: Its psychology and its relation to physiology, anthropology, sociology, sex, crime, religion and education* (2 volumes). New York: Appleton.

Hall, G. C. N., & Barongan, C. (2002). *Multicultural psychology*. Upper Saddle River, NJ: Prentice Hall.

Hannaford, I. (1996). *Race: The history of an idea in the West*. Baltimore, MD: Johns HopkinsUniversity Press.

Harding, S. (1986). *The science question in feminism*. Ithaca, NY: Cornell University Press.

Harding, S. (1987). The instability of the analytical categories of feminist theory. In S. Harding & J. F. O'Barr (Eds.), *Sex and scientific inquiry* (pp. 283 - 302). Chicago: University of Chicago Press.

Harding, S. G. (1991). *Whose science? Whose knowledge? Thinking from women's lives*. Ithaca, NY: Cornell University Press.

Harding, S. (1998). *Is science multicultural? Postcolonialisms, feminisms, and epistemologies*. Bloomington, IN: Indiana University Press.

Hare-Mustin, R. T., & Marecek, J. (1988). The meaning of difference: Gender theory, postmodernism, and psychology. *American Psychologist*, 43(6), 455 - 464.

Harlow, H. F., & Zimmerman, R. R. (1959). Affectional responses in the infant monkey. *Science*, 130, 421 - 432.

Harré, R. (2000). *One thousand years of philosophy: From Ramanuja to Wittgenstein*. Oxford: Blackwell.

Harré, R., & Gillett, G. (1994). *The discursive mind*. London: Sage.

Harrington, A. (2000). In defence of Verstehen and Erklären: Wilhelm Dilthey's ideas concerning a descriptive and analytical psychology. *Theory and Psychology*, 10(4), 435 - 451.

Harris, B. (1996). Psychology and Marxist Politics in the United States. In I. Parker & R. Spears (Eds.), *Psychology and society: Radical theory and pratice* (pp. 64 - 78). London: Pluto.

Harris, B. (1997). Repoliticizing the history of psychology. In D. Fox & I. Prilleltensky (Eds.), *Critical psychology: An introduction* (pp. 21 - 33). London: Sage.

Hartmann, E. (1901). *Die moderne Psychologie: Eine kritische Geschichte der deutschen Psychologiein der zweiten Hälfte des neunzehnten Jahrhunderts* [Modern psychology: A critical history of German psychology in the second half of the nineteenth century]. Leipzig: Haacke.

Hartsock, N. C. M. (1987). The feminist standpoint: Developing the ground for a specificallyfeminist historical materialism. In S. Harding (Ed.), *Feminism and methodology* (pp. 157 - 180). Bloomington, IN: Indiana University Press.

Hartsock, N. (1990). Foucault on power: A theory for women? In L. J. Nicholson (Ed.), *Feminism/Postmodernism* (pp. 157 - 175). New York: Routledge.

Harvey, D. (1990). *The condition of postmodernity: An enquiry into the origins of cultural change.* Oxford, UK: Blackwell.

Haug, W. F. (1984). Die Camera obscura des Bewußtseins: Zur Kritik der Subjekt/Objekt‑Artikulation im Marxismus [The camera obscura of consciousness: On the critique of thesubject/object articulation in Marxism]. In Projekt Ideologie‑Theorie, *Die Camera obscurader Ideologie: Philosophie, Ökonomie, Wissenschaft* (pp. 9‑95). Hamburg: Argument.

Hegel, G. W. F. (1986). *Phänomenologie des Geistes* [Phenomenology of the mind]. Frankfurt am Main, Germany: Suhrkamp. (Original work published 1807)

Hegel, G. W. F. (1986). *Vorlesungen über die Geschichte der Philosophie II* [Lectures on the history of philosophy II]. Frankfurt am Main, Germany: Suhrkamp. (Lecture held 1817)

Hegel, G. W. F. (1992). *Enzyklopädie der philosophischen Wissenschaften im Grundrisse* [Encyclopaedia of the philosophical science]. Frankfurt am Main, Germany: Suhrkamp. (Original work published 1830)

Helmholtz, H. (1903). Ueber das Sehen des Menschen [On human vision]. In H. Helmholtz(Ed.), *Vorträge und Reden: Erster Band* (5. Auflage) [Lectures and papers: Volume 1 (5th ed.)] (pp. 87‑117). Braunschweig, Germany: Vieweg.

Helms, J. E. (1995). Why is there no study of cultural equivalence in standardized cognitiveability testing? In N. R. Goldberger & J. B. Veroff (Eds.), *The culture and psychology reader* (pp. 674‑719). New York: New York University Press.

Herbart, J. F. (1816). *Lehrbuch zur Psychologie* [Textbook of psychology]. Königsberg, East Prussia: Unzer.

Herbart, J. F. (1824). *Psychologie als Wissenschaft neu gegründet auf Erfahrung, Metaphysik undMathematik: Erster, synthetischer Theil* [Psychology as science newly based on experience, metaphysics, and mathematics: First, synthetic part]. Königsberg, East Prussia: Unzer.

Herbart, J. F. (1825). *Psychologie als Wissenschaft neu gegründet auf Erfahrung, Metaphysik undMathematik: Zweyter, analytischer Theil* [Psychology as science newly based on experience, metaphysics, and mathematics: Second, analytic part]. Königsberg, East Prussia: Unzer.

Herrmann, T. (1979). *Psychologie als Problem: Herausforderungen der psychologischen Wissenschaft* [Psychology as a problem: Challenges of psychological science]. Stuttgart, Germany: Klett‑Cotta.

Herrnstein, R. J., & Murray, C. (1994). *The bell curve: Intelligence and class structure in American life.* New York: The Free Press.

Herskovits, M. J. (1934). A critical discussion of the "mulatto hypothesis." *Journal of Negro Education*, 3(3), 389 – 402.

Herzog, W. (1984). *Modell und Theorie in der Psychologie* [Model and theory in psychology]. Göttingen, Germany: Verlag für Psychologie.

Hilgard, E. R. (1987). *Psychology in America: A historical survey*. San Diego: Harcourt Brace Jovanovich.

Hinshelwood, R. D. (1996). Convergences with psychoanalysis. In I. Parker & R. Spears (Eds.), *Psychology and society: Radical theory and pratice* (pp. 93 – 104). London: Pluto.

Hitler, A. (1999). *Mein Kampf* (R. Manheim, Trans.). Boston: Houghton Mifflin. (Original work published 1927)

Holdstock, T. L. (2000). *Re-examining psychology: Critical perspectives and African insights*. London: Routledge.

Holton, G. (1973). *Thematic origins of scientific thought: Kepler to Einstein*. Cambridge, MA: Harvard University Press.

Holzkamp, K. (1964). *Theorie und Experiment in der Psychologie: Eine grundlagenkritischeUntersuchung* [Theory and experiment in psychology: A foundation-critical study]. Berlin: Walter de Gruyter.

Holzkamp, K. (1968). *Wissenschaft als Handlung: Versuch einer neuen Grundlegung derWissenschaftslehre* [Science as action: Essay on a new foundation for the philosophy ofscience]. Berlin: Walter de Gruyter.

Holzkamp, K. (1972). *Kritische Psychologie: Vorbereitende Arbeiten* [Critical psychology: Preparatory works]. Frankfurt am Main, Germany: Fischer.

Holzkamp, K. (1973). *Sinnliche Erkenntnis: Historischer Ursprung und gesellschaftliche Funktionder Wahrnehmung* [Sensory knowledge: Historical origin and societal function operception]. Frankfurt am Main, Germany: Athenäum.

Holzkamp, K. (1978). Die Überwindung der wissenschaftlichen Beliebigkeit psychologischer Theorien durch die Kritische Psychologie [Overcoming the scientific indeterminacy of psychological theories by Critical Psychology]. In K. Holzkamp (Ed.), *Gesellschaftlichkeit des Individuums: Aufsätze 1974—1977* (pp. 129 – 201). Köln: PahlRugenstein. (Original work published 1977)

Holzkamp, K. (1981). *Theorie und Experiment in der Psychologie: Eine grundlagenkritische Untersuchung* (Zweite, um ein Nachwort erweiterte Auflage) [Theory and experiment inpsychology: A foundation-critical study (2nd ed., with an epilogue)]. Berlin: De Gruyter. (Original work published 1964)

Holzkamp, K. (1983). *Grundlegung der Psychologie* [Foundation of psychology].

Frankfurt am Main, Germany: Campus.

Holzkamp, K. (1984). Die Menschen sitzen nicht im Kapitalismus wie in einem Käfig [Humans are not trapped in capitalism as in a cage]. Das Psychologie Heute Gesprächmit Klaus Holzkamp. *Psychologie Heute*, 11, 29 - 37.

Holzkamp, K. (1986). Die Verkennung von Handlungsbegrundungen als empirische Zusammenhangsannahmen in sozialpsychologischen Theorien: Methodologische Fehlorientierung infolge von Begriffsverwirrung: I [Mistaking reasons of actions forempirical hypotheses in social-psychological theories: Methodological misorientation caused by conceptual confusion: I]. *Zeitschrift fur Sozialpsychologie*, 17(4), 216 - 238.

Holzkamp, K. (1991). Experience of self and scientific objectivity. In C. W. Tolman, & W. Maiers (Eds.), *Critical psychology: Contributions to an historical science of the subject* (pp. 65 - 80). Cambridge, MA: Cambridge University Press. (Original work published 1985)

Holzkamp, K. (1992). On doing psychology critically. *Theory and Psychology*, 2(2), 193 - 204.

Holzkamp, K. (1993). *Lernen: Subjektwissenschaftliche Grundlegung* [Learning: Subject-scientific foundation]. Frankfurt am Main, Germany: Campus.

Holzkamp, K., & Keiler, P. (1967). Seriale und dimensionale Bedingungen des Lernens der Größenakzentuierung: Eine experimentelle Studie zur sozialen Wahrnehmung [Serial and dimensional conditions in learning of size accentuation: An experimental study onsocial perception]. *Zeitschrift Fur Experimentelle Und Angewandte Psychologie*, 14(3), 407 - 441.

Holzkamp, K., & Schurig, V. (1973). Zur Einführung in A. N. Leontjews "Probleme der Entwicklung des Psychischen" [Introducing to A. N. Leontjew's "Problems of the development of the psyche"]. In A. N. Leontjew (Ed.), *Probleme der Entwicklung des Psychischen* (pp. XI - LII). Frankfurt am Main, Germany: Athenäum - Verlag.

Holzkamp - Osterkamp, U. (1975). *Grundlagen der psychologischen Motivationsforschung* 1 [Bases of psychological motivation research 1]. Frankfurt am Main, Germany: Campus.

Holzkamp - Osterkamp, U. (1976). *Grundlagen der psychologischen Motivationsforschung 2: Die Besonderheit menschlicher Bedürfnisse. Problematik und Erkenntnisgehalt der Psychoanalyse* [Bases of psychological motivation research 2: The specificity of the human needs. Problems and knowledge content of psychoanalysis]. Frankfurt am Main, Germany: Campus.

Holzman, L. (2000). Performative psychology: An untapped resource for educators. *Educational and Child Psychology*, 17(3), 86-100.

Honneth, A. (1994). Das Andere der Gerechtigkeit. Habermas und die ethische Herausforderung derPostmoderne [The other justice: Habermas and the ethical challenge of postmodernism]. *Deutsche Zeitschrift für Philosophie*, 42, 195-220.

Horkheimer, M. (1992). Traditional and critical theory. In D. Ingram & J. Simon-Ingram(Eds.), *Critical theory: The essential readings* (pp. 239-254). New York: Paragon House. (Original work published 1937)

Howitt, D., & Owusu-Bempah, J. (1994). *The racism of psychology: Time for change*. New York: Harvester Wheatsheaf.

Hume, D. (1988). *An enquiry concerning human understanding* (Introduction, notes, and editorial arrangement by Antony Flew). La Salle, IL: Open Court. (Original work published 1748)

Hunter, W. S., & Sommermier, E. (1922). The relation of degree of Indian blood to score on the Otis intelligence test. *Journal of Comparative Psychology*, 2, 257-277.

Hyde, J. S. (1990). Meta-analysis and the psychology of gender differences. *Signs*, 16 (1), 55-73.

Ideler, K. W. (1857). *Lehrbuch der gerichtlichen Psychologie* [Textbook of forensic psychology]. Berlin: Hayn.

Ijzendoorn, M. H. van, & Veer, R. van der. (1984). *Main currents of critical psychology: Vygotskij, Holzkamp, Riegel*. New York: Irvington.

Jackson, M. (1999). Changing depictions of disease: Race, representation and the history of "mongolism." In W. Ernst & B. Harris (Eds.), *Race, science and medicine*, 1700—1960 (pp. 167-188). London: Routledge.

Jaeger, S. (1982). Origins of child psychology: William Preyer. In W. Woodward & M. G. Ash (Eds.), *The problematic science: Psychology in nineteenth-century thought* (pp. 300-321). New York: Praeger.

Jaeger, S., & Staeuble, I. (1978). *Die gesellschaftliche Genese der Psychologie* [The societalgenesis of psychology]. Frankfurt am Main, Germany: Campus.

James, W. (1983). The *principles of psychology*. Cambridge, MA: Harvard University Press. (Original work published 1890)

Jameson, F. (1991). *Postmodernism, or the cultural logic of late capitalism*. Durham, NC: Duke University Press.

Jansz, J., & Drunen, P. van (Eds.). (2004). *A social history of psychology*. Malden, MA: Blackwell.

Jaspers, K. (1997). *General psychopathology* (2 volumes) (J. Hoenig &

M. W. Hamilton, Trans.). Baltimore, MD: Johns Hopkins University Press. (Original work published 1913)

Jaroschewski, M. (1975). *Psychologie im 20. Jahrhundert: Theoretische Entwicklungsprobleme der psychologischen Wissenschaft* [Psychology in the 20th century: Theoretical developmental problems of psychological science]. Berlin: Volk und Wissen. (Original work published 1974)

Jayaratne, T. E., & Stewart, A. J. (1991). Quantitative and qualitative methods in the social sciences: Current feminist issues and practical strategies. In M. M. Fonow & J. A. Cook(Eds.), *Beyond methodology: Feminist psychology as lived research* (pp. 85 - 106). Bloomington, IN: Indiana University Press.

Jennings, H. S. (1930). *The biological basis of human nature*. New York: Norton.

Jensen, A. R. (1969). How much can we boost IQ and scholastic achievement. *Harvard Educational Review*, 39, 1 - 123.

Jones, J. M. (1997). *Prejudice and racism* (2nd ed.). New York: McGraw - Hill.

Kant, I. (1968). In W. Weischedel (Ed.), *Kritik der reinen Vernunft* [Critique of pure reason] (2 volumes). Frankfurt am Main, Germany: Suhrkamp. (Original work published 1781)

Kant, I. (1968). In W. Weischedel (Ed.), *Kritik der praktischen Vernunft* [Critique of practical reason]. Frankfurt am Main, Germany: Suhrkamp. (Original work published 1788)

Kant, I. (1968). In W. Weischedel (Ed.), *Die Metaphysik der Sitten* [The metaphysics of morals]. Frankfurt am Main, Germany: Suhrkamp. (Original work published 1797)

Kant, I. (1968). Anthropologie in pragmatischer Hinsicht [Anthropology from a pragmaticpoint of view]. In W. Weischedel (Ed.), *Immanuel Kant: Schriften zur Anthropologie, Geschichtsphilosophie, Politik und Pädagogik* [Immanuel Kant: Writings on anthropology, philosophy of history, and education] (pp. 398 - 690). Frankfurt am Main, Germany: Suhrkamp. (Original work published 1798)

Kant, I. (1968). In W. Weischedel (Ed.), *Kritik der Urteilskraft* [Critique of judgment]. Frankfurt am Main, Germany: Suhrkamp. (Original work published 1790)

Kant, I. (1970). *Metaphysical foundations of natural science*. Indianapolis, IN: Bobbs - Merrill. (Original work published 1786)

Kant, I. (1998). *Critique of pure reason* (P. Guyer & A. W. Wood, Trans.). Cambridge, UK: Cambridge University Press. (Original work published 1781)

Keller, E. F. (1983). *A feeling for the organism: The life and work of Barbara McClintock*. San Francisco: Freeman.

Keller, E. F. (1985). *Reflections on gender and science*. New Haven, CT: Yale University Press.

Keller, E. F. (1987). Feminism and science. In S. Harding & J. F. O'Barr (Eds.), *Sex and scientific inquiry* (pp. 233-246). Chicago: University of Chicago Press.

Keller, R. (2001). Madness and colonization: Psychiatry in the British and French Empires, 1800—1962. *Journal of Social History*, 35(2), 295-326.

Kendler, H. H. (1993). Psychology and the ethics of social policy. *American Psychologist*, 48(10), 1046-1053.

Kimball, M. M. (2001). Gender similarities and differences as feminist contradictions. In R. K. Unger (Ed.), *Handbook of the psychology of women and gender* (pp. 66-83). New York: Wiley.

Kitchener, R. F. (1999). Is transcendental psychology possible? *New Ideas in Psychology*, 17, 195-203.

Kitcher, P. (1990). *Kant's transcendental psychology*. New York: Oxford University Press.

Kleinman, A. (1995). Do psychiatric disorders differ in different cultures? The methodological questions. In N. R. Goldberger & J. B. Veroff (Eds.), *The culture and psychology reader* (pp. 631-651). New York: New York University Press.

Klemm, O. (1911). *Geschichte der Psychologie* [History of psychology]. Leipzig: Teubner.

Klemm, P. G. (1953). Vorwort. In B. M. Teplow, *Psychologie* [Psychology] (pp. 5-8). Berlin: Volk und Wissen.

Koch, S. (Ed.). (1959—1963). *Psychology: A study of science* (vols. 1-6). New York: McGraw-Hill.

Koch, S. (1981). The nature and limits of psychological knowledge: Lessons of a century qua"science."*American Psychologist*, 36(3), 257-269.

Koch, S. (1993). "Psychology" or "the psychological studies"? *American Psychologist*, 48(8), 902-904.

Kögler, H. H. (1994). Michel Foucault. Stuttgart, Germany: Metzler.

Kohlberg, L. (1981). *Essays on moral development. Vol. I: The philosophy of moral development*. San Francisco: Harper and Row.

Kohlberg, L. (1984). *Essays on moral development. Vol. II: The psychology of moral development*. San Francisco: Harper and Row.

Köhnke, K. C. (1991). *The rise of neo-Kantianism: German academic philosophy between idealism and positivism* (R. J. Hollingdale, Trans.). Cambridge: Cambridge University Press.

Kozulin, A. (1984). *Psychology in Utopia: Toward a social history of Soviet psychology*. Cambridge, MA: MIT.

Krantz, D. L. (1987). Psychology's search for unity. *New Ideas in Psychology*, 5(3), 329–339.

Kristensen, K. B., Slife, B. D., & Yanchar, S. C. (2000). On what basis are evaluations possible in a fragmented psychology? An alternative to objectivism and relativism. *Journal of Mind and Behavior*, 21(3), 273–288.

Kuhn, T. S. (1962). *The structure of scientific revolutions*. Chicago: University of Chicago Press.

Kurtines, W. M., Azmitia, M., & Gewirtz, J. L. (Eds.). (1992). *The role of values in psychology and human development*. New York: Wiley.

Kusch, M. (1999). *Psychological knowledge: A social history and philosophy*. London: Routledge.

Kvale, S. (1992a). Introduction: From the archaeology of the psyche to the architecture of cultural landscapes. In S. Kvale (Ed.), *Psychology and postmodernism* (pp. 1–16). London: Sage.

Kvale, S. (1992b). Postmodern psychology: A contradiction in terms? In S. Kvale (Ed.), *Psychology and postmodernism* (pp. 31–57). London: Sage.

Kvale, S. (2003). The church, the factory and the market: Scenarios for psychology in a postmodern age. *Theory and Psychology*, 13(5), 579–603.

Lange, F. A. (1865). *Die Grundlegung der mathematischen Psychologie: Ein Versuch zur Nachweisung des fundamentalen Fehlers bei Herbart und Drobisch* [Foundation of mathematical psychology: Essay on the fundamental error of Herbart and Drobisch]. Duisburg, Germany: Falk & Volmer.

Lange, F. A. (1875). *Die Arbeiterfrage: Ihre Bedeutung für Gegenwart und Zukunft* (Dritte umgearbeitete und vermehrte Auflage) [The labor question: Its meaning for the present and future (Third adjusted and augmented edition)]. Winterthur, Switzerland: Bleuler–Hausheer. (First edition published 1865)

Lange, F. A. (1887). Seelenlehre [psychology]. In K. A. Schmid (Ed.), *Encyklopädie des gesamten Erziehungs-und Unterrichtswesens* [Encyclopedia of education and pedagogy] (pp. 521–613). Leipzig: Fues. (Original work published 1859—1878)

Lange, F. A. (1950). *The history of materialism and criticism of its present importance* (E. C. Thomas, Trans.) (3rd ed., with an introduction by B. Russell) (This translation first published in three volumes in 1877, 1890 and 1892; reissued in one volume in 1925; reprinted in 1950). New York: The Humanities Press. (Original work first published 1866)

Lange, L. (2003). The function of equal education in Plato's Republic. In J. P. Sterba (Ed.), *Social and political philosophy: Classical Western texts in feminist and multicultural perspectives* (3rd ed.) (pp. 33 – 40). Belmont, CA: Wadsworth.

Laungani, P. (2002). Cross-cultural psychology: A handmaiden to mainstream Western psychology. *Counselling Psychology Quarterly*, 15(4), 385 – 397.

Leahey, T. H. (2001). *A history of modern psychology* (3rd ed.). Upper Saddle River, NJ: PrenticeHall.

Le Bon, G. (1924). *The psychology of peoples*. New York: Stechert.

Lehrman, S. R. (1967). Psychopathology in mixed marriages. *Psychoanalytic Quarterly*, 36, 67 – 82.

Leibniz, G. W. (1930). *The monadology of Leibniz* (with an introduction, commentary, and supplementary essays by H. W. Carr). Los Angeles: University of Southern California. (Original work published posthumously 1720)

Leibniz, G. W. (1996). In P. Remnant & J. Bennett (Eds.), *New essays on human understanding* (P. Remnant & J. Bennett, Trans.). Cambridge, UK: Cambridge University Press. (Original work published posthumously 1765)

Leontjew, A. N. (1973). *Probleme der Entwicklung des Psychischen*. Mit einer Einführung vonKlaus Holzkamp und Volker Schurig [Problems of the development of the psyche]. Frankfurt am Main, Germany: Athenäum. (Original work published 1959)

Levin, M. (1997). Population differentiation and racial classification. In R. Dulbecco (Ed.), *Encyclopedia of human biology* (vol. 7 Po – Se, 2nd ed.) (pp. 33 – 39). San Diego: Academic Press.

Lewontin, R. (1995). *Human diversity*. New York: Scientific American Library.

Lilienfeld, S. O. (2002). When worlds collide: Social science, politics, and the Rind et al. (1998) child sexual abuse meta-analysis. *American Psychologist*, 57(3), 176 – 188.

Locke, J. (1996). *An essay concerning human understanding*. Indianapolis: Hackett. (Originalwork published 1689)

Long, E. (1774). *The history of Jamaica. Or, general survey of the antient and modern state of thatisland: With reflections on its situation, settlements, inhabitants, climate, products, commerce, laws, and government* (3 volumes). London: Lowndes.

Longino, H. E., & Doell, R. (1983). Body, bias, and behavior: A comparative analysis of reasoning in two areas of biological science. *Signs*, 9(2), 206 – 227.

Longino, H. E. (1990). *Science as social knowledge: Values and objectivity in scientific inquiry*. Princeton, NJ: Princeton University Press.

Lott, B. (1985). The potential enrichment of social/personality psychology through feminist research and vice versa. *American Psychologist*, 40(2), 155 – 164.

Lotze, R. H. (1852). *Medicinische Psychologie oder Physiologie der Seele* [Medical psychology orphysiology of the soul]. Leipzig: Weidmann.

Lück, H. E., Grünwald, H., Geuter, U., Miller, R., & Rechtien, W. (1987). *Sozialgeschichte derPsychologie: Eine Einführung* [Social history of psychology: An introduction]. Opladen, Germany: Leske and Budrich.

Lyotard, J. – F. (1984). *The postmodern condition: A report on knowledge* (G. Bennington & B. Massumi, Trans.). Minneapolis: University of Minnesota Press. (Original work published 1979)

Lyotard, J. – F. (1987). *Der Widerstreit* [The different]. München, Germany: Fink.

Maccoby, E. E., & Jacklin, C. N. (1974). *The psychology of sex differences*. Stanford, CA: StanfordUniversity Press.

Mackie, L. (1985). Female sociologists' productivity, collegial relations, and research style examined through journal publications. *Sociology and Social Research*, 69(2), 189 – 209.

Magolda, M. B. (1989). Gender differences in cognitive development: An analysis of cognitive complexity and learning styles. *Journal of College Student Development*, 30, 213 – 220.

Maiers, W. (1991). Critical Psychology: Historical background and task. In C. W. Tolman, &W. Maiers (Eds.), *Critical psychology: Contributions to an historical science of the subject* (pp. 23 – 49). Cambridge, MA: Cambridge University Press.

Malik, K. (1996). *The meaning of race: Race, history and culture in Western Society*. New York: New York University Press.

Martin, J., & Thompson, J. (1997). Between scientism and relativism: Phenomenology, hermeneutics, and the new realism in psychology. *Theory and Psychology*, 7(5), 629 – 652.

Martin, J., & Sugarman, J. (2001). Interpreting human kinds: Beginnings of a hermeneuticpsychology. *Theory and Psychology*, 11(2), 193 – 207.

Martín – Baró, I. (1994). *Writings for a liberation psychology*. Cambridge, MA: HarvardUniversity Press.

Marx, K. (1956). Zur Kritik der Hegelschen Rechtsphilosophie [Critique of Hegel's philosophy of right]. In K. Marx & F. Engels (Eds.), *Werke Band* 1 [Works: Volume 1] (pp. 201 - 333, 378 - 391). Berlin: Dietz. (Original work partially published 1844)

Marx, K. (1958). Thesen über Feuerbach [Theses on Feuerbach]. In K. Marx & F. Engels(Eds.), *Werke Band* 3 [Works: Volume 3] (pp. 5 - 7). Berlin: Dietz. (Original work published 1888, written 1845)

Marx, K. (1962). *Das Kapital: Kritik der politischen Ökonomie* (Erster Band) (Marx Engels Werke Band 23) [Capital: Critique of political economy (Volume I) (Marx Engels Works: Volume 23)]. Berlin: Dietz. (Original work published 1867)

Marx, K. (1964). Marx an Engels: 19. Dez. 1860 [Marx to Engels: December 19, 1860]. In K. Marx & F. Engels, *Werke Band* 30 (*Briefe* 1860—1864) [Works: Volume 30 (Letters1860—1864)] (pp. 130 - 131). Berlin: Dietz.

Marx, K. (1968). Ökonomisch-philosophische Manuskripte aus dem Jahre 1844 [Economico-philosophical manuscripts of 1844]. In K. Marx & F. Engels (Eds.), *Ergänzungsband*[Supplementary volume] (pp. 465 - 588). Berlin: Dietz. (Original work published 1932, written 1844)

Marx, K., & Engels, F. (1958). Die deutsche Ideologie [The German Ideology]. In K. Marx &F. Engels (Eds.), *Werke Band* 3 [Works: Volume 3] (pp. 9 - 530). Berlin: Dietz. (Originalwork published 1932, written 1845/1846)

Marx, K., & Engels, F. (1959). Manifest der kommunistischen Partei [Manifesto of the Communist Party]. In K. Marx & F. Engels (Eds.), *Werke Band* 4 [Works: Volume 4] (pp. 459 - 493). Berlin: Dietz. (Original work published 1848)

Marx, K. (1961). Zur Kritik der politischen Ökonomie [Critique of political economy]. In K. Marx & F. Engels (Eds.), *Werke Band* 13 [Works: Volume 13] (pp. 3 - 160). Berlin: Dietz. (Original work published 1859)

Marx, K., & Engels, F. (1964). *The German ideology*. Moscow: Progress Publishers. (Original work published 1932, written 1845/1846)

Marx, M. H. (1951). The general nature of theory construction. In M. H. Marx (Ed.), *Psychological theory: Contemporary readings* (pp. 4 - 19). New York: Macmillan.

Maslow, A. H. (1969). *The psychology of science: A reconnaissance*. Chicago, IL: Henry Regnery. (Original work published 1966)

Masterman, M. (1970). The nature of a paradigm. In A. Lakatos & A. Musgrave (Eds.), *Criticism and the growth of knowledge* (pp. 59 - 89). London: Cambridge University Press.

Matlin, M. W. (2000). *The psychology of women* (4th ed.). Fort Worth, TX: Harcourt.

Matsumoto, D. (1996). *Culture and psychology*. Pacific Grove, CA: Brooks, Cole.

Mattes, P. (1985). Die Psychologiekritik der Studentenbewegung [The critique of psychologyof the student movement]. In M. G. Ash & U. Geuter (Eds.), *Geschichte der deutschen Psychologie im 20. Jahrhundert* (pp. 286 – 313). Opladen, Germany: Westdeutscher Verlag.

Mattes, P. (1988). Das PI in Berlin—Wissenschaftskritik und Institution. Zur Geschichte eines psychologischen Instituts [The PI in Berlin—Critique of science and institution: Historyof a psychological institute]. In G. Rexilius (Ed.), *Psychologie als Gesellschaftswissenschaft*(pp. 28 – 61). Opladen, Germany: Westdeutscher Verlag.

McCarthy, T. (1978). *The critical theory of Jürgen Habermas*. Cambridge, MA: MIT Press.

McDonald, L. (1994). *The women founders of the social sciences*. Ottawa, Ontario, Canada: Carleton University Press.

McHugh, M. C., Koeske, R. D., & Frieze, I. H. (1986). Issues to consider in conducting nonsexist psychological research: A guide for researchers. *American Psychologist*, 41(8), 879 – 890.

Mecheril, P., & Teo, T. (Eds.). (1997). *Psychologie und Rassismus* [Psychology and racism]. Reinbek, Germany: Rowohlt.

Memmi, A. (1965). *The colonizer and the colonized*. New York: Orion. (Original work published 1957)

Memmi, A. (2000). *Racism*. Minneapolis: University of Minnesota Press. (Original work published 1982)

Merchant, C. (1980). *The death of nature: Women, ecology, and the scientific revolution*. San Francisco: Harper & Row.

Merleau – Ponty, M. (1962). *Phenomenology of perception* (C. Smith, Trans.). London: Routledge& Kegan. (Original work published 1945)

Métraux, A. (1985). Der Methodenstreit und die Amerikanisierung der Psychologie in der Bundesrepublik 1950—1970 [The method dispute and the Americanization of psychology in the Federal Republic of Germany between 1950 and 1970]. In M. G. Ash & U. Geuter (Eds.), *Geschichte der deutschen Psychologie im 20. Jahrhundert*. Opladen, Germany: Westdeutscher Verlag.

Meyer, J. B. (1870). *Kant's Psychologie* [Kant's psychology]. Berlin: Hertz.

Miles, R. (1989). *Racism*. London: Routledge.

Mill, J. S. (1985). *The subjection of women*. London: Dent. (Original work published 1869)

Miller, G. A., Galanter, E., & Pribram, K. H. (1960). *Plans and the structure of* behavior. New York: Holt, Rinehart & Winston.

Miller, P. H. (1993). *Theories of developmental psychology* (3rd ed.). New York: Freeman.

Millett, K. (1978). *Sexual politics*. New York: Ballantine. (Original work published 1969)

Millman, M., & Kanter, R. M. (Eds.) (1975). *Another voice: Feminist perspectives on social life and social science*. New York: Octagon Books.

Mills, C. W. (1997). *The racial contract*. Ithaca, NY: Cornell University Press.

Moane, G. (1999). *Gender and colonialism: A psychological analysis of oppression and liberation*. London: MacMillan.

Moerk, E. L. (1989). The LAD was a lady and the tasks were ill-defined. *Developmental Review*, 9(1), 21–57.

Moghaddam, F. M. (1996). Training for develolping-world psychologists: Can it be better than the psychology? In S. C. Carr & J. F. Schumaker (Eds.), *Psychology and the developing world* (pp. 49–59). Westport, CT: Praeger.

Montagu, A. (1974). *Man's most dangerous myth: The fallacy of race* (5th ed., revised and enlarged). New York: Oxford University Press.

Montero, M. (2003). Relatedness as the basis for liberation. *Critical Psychology* (9), 61–74.

Morawski, J. G. (1982). Assessing psychology's moral heritage through our neglected utopias. *American Psychologist*, 37(10), 1082–1095.

Morgan, K. P. (1991). Women and the knife: Cosmetic surgery and the colonization of women's bodies. *Hypatia*, 6(3), 25–53.

Morss, J. (1992). Making waves: Deconstruction and developmental psychology. *Theory & Psychology*, 2(4), 445–465.

Mos, L. P. (1996). Why we should bring about a crisis in psychology. *Journal of Social Distress and the Homeless*, 5(4), 359–368.

Mos, L. P. (1998). On methodological distinctions: Nomothetic psychology, or historical understanding. *Theory and Psychology*, 8(1), 39–57.

Mos, L. P. (2003). Are there limits on what we can know? Vanderwolf on brain, behavior and mind. *Theory and Psychology*, 13(2), 263–272.

Mosse, G. L. (1978). *Toward the final solution: A history of European racism*. New York: Fertig.

Müller-Freienfels, R. (1936). *Psychologie der Wissenschaft* [Psychology of science]. Leipzig: Barth.

Münsterberg, H. (1899). Psychology and history. *Psychological Review*, 6, 1–31.

Münsterberg, H. (1903). The position of psychology in the system of knowledge. *Psychological Monographs*, 4(1), 641–654.

Murray, D. J. (1995). *Gestalt psychology and the cognitive revolution*. New York: Harvester Wheatsheaf.

Natoli, J., & Hutcheon, L. (Eds.). (1993). *A postmodern reader*. Albany, NY: State University of New York.

Neisser, U. (1967). *Cognitive psychology*. New York: Appleton-Century-Crofts.

Neisser, U. (1976). *Cognition and reality: Principles and implications of cognitive psychology*. San Francisco: Freeman.

Neisser, U., Boodoo, G., Bouchard, T. J., Jr., Boykin, A. W., Brody, N., Ceci, S. J., et al. (1996). Intelligence: Knowns and unknowns. *American Psychologist*, 51(2), 77–101.

Nicholson, I. A. M. (2003). *Inventing personality: Gordon Allport and the science of selfhood*. Washington, DC: American Psychological Association.

Nietzsche, F. (1988). Unzeitgemässe Betrachtungen, zweites Stück: Vom Nutzen andNachtheil der Historie für das Leben [Untimely meditations, second part: On the use and abuse of history for life]. In G. Colli & M. Montinari (Eds.), *Friedrich Nietzsche: Die Geburt der Tragödie.Unzeitgemäß e Betrachtungen I–IV. Nachgelassene Schiften* 1870—1873 (Kritische Studienausgabe, Band 1) [The birth of the tragedy. Untimely meditations. Posthumous writings 1870—1873 (Critical edition, Vol. 1)] (pp. 243–334). München: Deutscher Taschenbuch Verlag. (Original work published 1874)

Oeser, E. (1988). *Das Abenteuer der kollektiven Vernunft: Evolution und Involution der Wissenschaft* [The adventure of collective reason: Evolution and Involution of science]. Berlin: Parey.

Osterkamp, U. (1999). On psychology, ideology and individuals' societal nature. *Theory and Psychology*, 9(3), 379–392.

Owusu-Bempah, K., & Howitt, D. (2000). *Psychology beyond Western persepctives*. Leicester, UK: British Psychological Association.

Palermo, D. S. (1971). Is a scientific revolution taking place in psychology? *Science Studies*, 1, 135–155.

Paranjpe, A. C. (1998). *Self and identity in modern psychology and Indian thought*. New York: Plenum.

Park, R. E. (1928). Human migration and the marginal man. *American Journal of Sociology*, 33(6), 881–893.

Parker, I. (1989). *The crisis in modern social psychology: And how to end it*. London:

Routledge.

Parker, I. (1998). Against postmodernism: Psychology in cultural context. *Theory and Psychology*, 8(5), 601 – 627.

Parker, I., & Shotter, J. (Eds.). (1990). *Deconstructing social psychology*. London: Routledge.

Parker, I., & Spears, R. (Eds.). (1996). *Psychology and society: Radical theory and practice*. London, UK: Pluto.

Parlee, M. B. (1979). Psychology and women. *Signs*, 5(1), 121 – 133.

Pavlov, I. P. (1960). *Conditioned reflexes: An investigation of the physiological activity of the cerebral cortex*. (G. V. Anrep, Trans.). New York: Dover. (Original work published 1927)

Penelope, J. (1990). *Speaking freely: Unlearning the lies of the fathers' tongues*. New York: Pergamon.

Peplau, L. A., & Conrad, E. (1989). Beyond nonsexist research: The perils of feminist methods in psychology. *Psychology of Women Quarterly*, 13, 379 – 400.

Perry, W. G. (1970). *Forms of intellectual and ethical development in the college years*. New York: Holt, Rinehart & Winston.

Philbin, M., Meier, E., Huffman, S., & Boverie, P. (1995). A survey of gender and learning styles. *Sex Roles*, 32(7 – 8), 485 – 494.

Plaass, P. (1965). *Kants Theorie der Naturwissenschaft* [Kant's theory of natural science]. Göttingen, Germany: Vandenhoeck & Ruprecht.

Plato. (1997). *Complete works* (edited, with introduction and notes by J. M. Cooper; associate editor, D. S. Hutchinson). Indianapolis: Hackett.

Politzer, G. (1978). *Kritik der Grundlagen der Psychologie: Psychologie und Psychoanalyse* [Critique of the foundations of psychology: Psychology and psychoanalysis]. Frankfurt am Main, Germany: Suhrkamp. (Original work published 1928)

Polkinghorne, D. E. (1992). Postmodern epistemology of practice. In S. Kvale (Ed.), *Psychology and postmodernism* (pp. 146 – 165). London: Sage.

Pongratz, L. J. (1984). *Problemgeschichte der Psychologie* (2., durchges. u. überarbeitete Aufl.) [History of problems of psychology (2nd rev. ed.)]. München: Francke.

Pope, K. S., & Vetter, V. A. (1992). Ethical dilemmas encountered by members of the American Psychological Association: A national survey. *American Psychologist*, 47(3), 397 – 411.

Popper, K. (1972). *Objective knowledge: An evolutionary approach*. Oxford:

Clarendon Press.

Popper, K. R. (1992). *The logic of scientific discovery*. London: Routledge (Original published 1935).

Potter, J., & Wetherell, M. (1987). *Discourse and social psychology: Beyond attitudes and behaviour*. London: Sage.

Prilleltensky, I. (1994). *The morals and politics of psychology: Psychological discourse and the status quo*. Albany: State University of New York Press.

Prilleltensky, I. (1997). Values, assumptions, and practices: Assessing the moral implications of psychological discourse and action. *American Psychologist*, 52(5), 517-535.

Prilleltensky, I., & Fox, D. (1997). Introducing critical psychology: Values, assumptions, andthe status quo. In D. Fox & I. Prilleltensky (Eds.), *Critical psychology: An introduction* (pp. 3-20). London: Sage.

Rabehl, B. (1988). *Am Ende der Utopie: Die politische Geschichte der Freien Universität Berlin* [The end of a utopia: Political history of the Free University of Berlin]. Berlin: Argon.

Ramm, A. (1967). *Germany, 1789—1919: A political history*. London: Methuen.

Reichenbach, H. (1938). *Experience and prediction: An analysis of the foundations and the structure of knowledge*. Chicago, IL: The University of Chicago Press.

Reinharz, S. (1992). *Feminist methods in social research*. New York: Oxford University Press.

Rennie, D. L. (1995). On the rhetorics of social science: Let's not conflate natural science and human science. *Humanistic Psychologist*, 23(3), 321-332.

Richards, G. (1996). *Putting psychology in its place: An introduction from a critical historical perspective*. New York: Routledge.

Richards, G. (1997). *"Race", racism and psychology: Towards a reflexive history*. London: Routledge.

Richards, G. (2002). The psychology of psychology: A historically grounded sketch. *Theory and Psychology*, 12(1), 7-36.

Rickman, H. P. (1988). *Dilthey today: A critical appraisal of the contemporary relevance of his work*. New York: Greenwood.

Rieber, R. W. (2001). Wundt and the Americans: From flirtation to abandonment. In R. W. Rieber & D. K. Robinson (Eds.), *Wilhelm Wundt in history: The making of a scientific psychology* (pp. 145-160). New York: Kluwer Academic, Plenum.

Rieber, R. W., & Salzinger, K. (Eds.). (1998). *Psychology: Theoretical-historical perspectives* (2nd. ed.). Washington, DC: American Psychological Association.

Rieber, R. W. , & Robinson, D. K. (Eds.). (2001). *Wilhelm Wundt in history: The making of a scientific psychology.* New York: Kluwer Academic, Plenum.

Riegel, K. F. (1978). *Psychology mon amour: A countertext.* Boston, MA: Houghton Mifflin.

Riger, S. (1992). Epistemological debates, feminist voices: Science, social values, and the study of women. *American Psychologist*, 47(6), 730 – 740.

Rind, B. , Tromovitch, P. , & Bauserman, R. (1998). A meta-analytic examination of assumed properties of child sexual abuse using college samples. *Psychological Bulletin*, 124(1), 22 – 53.

Robinson, D. N. (1976). *An intellectual history of psychology.* New York: Macmillan.

Root, M. P. P. (Ed.). (1992). *Racially mixed people in America.* Newbury Park, CA: Sage.

Root, M. P. P. (Ed.). (1996). *The multiracial experience.* Thousand Oaks, CA: Sage.

Rorty, R. (1979). *Philosophy and the mirror of nature.* Princeton, NJ: Princeton University Press.

Rose, H. (1987). Hand, brain, and heart: A feminist epistemology for the natural sciences. In S. Harding & J. F. O'Barr (Eds.), *Sex and scientific inquiry* (pp. 265 – 282). Chicago: University of Chicago Press.

Rose, N. (1996a). *Inventing our selves: Psychology, power, and personhood.* Cambridge, UK: Cambridge University Press.

Rose, N. (1996b). Power and subjectivity: Critical history and psychology. In C. F. Graumann & K. J. Gergen (Eds.), *Historical dimensions of psychological discourse* (pp. 103 – 124). Cambridge, UK: Cambridge University Press.

Rosenau, P. M. (1992). *Post-modernism and the social sciences: Insights, inroads, and intrusions.* Princeton, NJ: Princeton University Press.

Ross, B. , Febbraro, A. , Thoms – Chesley, H. , Bauer, N. , & Lubek, I. (1996). Is there a season for theory? Theoretical and methodological writings of men and women social psychologists over the lengths of their careers. In C. W. Tolman, F. Cherry, R. v. Hezewijk, & I. Lubek (Eds.), *Problems of theoretical psychology* (pp. 228 – 241). Toronto: Captus.

Rosser, S. V. (1987). Feminist scholarship in the sciences: Where we are now and when can we expect a theoretical breakthrough? *Hypatia*, 2(3), 5 – 17.

Rosser, S. V. (1990). *Female-friendly science: Applying women's studies methods to attract students.* New York: Pergamon Press.

Rossiter, M. (1982). *Women scientists in America: Struggles and strategies to 1940.* Baltimore, MD: Johns Hopkins Press.

Royce, J. (1906). Race questions and prejudices. *International Journal of Ethics*, 16(3), 265–288.

Ruddick, S. (1989). *Maternal thinking: Toward a politics of peace.* New York: Ballantine.

Rushton, P. J. (1995). *Race, evolution, and behavior: A life history perspective.* New Brunswick, NJ: Transaction.

Russell, B. (1950). Introduction: Materialism, past and present. In F. A. Lange, *The history of materialism and criticism of its present importance.* (pp. v–xix). New York: The Humanities Press.

Rutherford, A. (2003). B. F. Skinner's technology of behavior in American life: From consumer culture to counterculture. *Journal of the History of the Behavioral Sciences*, 39(1), 1–23.

Said, E. W. (1979). *Orientalism.* New York: Random House. (First edition published 1978)

Said, E. W. (1993). *Culture and imperialism.* New York: Knopf.

Samelson, F. (1978). From "race psychology" to "studies in prejudice": Some observations on the thematic reversal in social psychology. *Journal of the History of the Behavioral Sciences*, 14(3), 265–278.

Sampson, E. E. (1989). The deconstruction of the self. In J. Shotter & K. J. Gergen (Eds.), *Texts of identity* (pp. 1–19). London: Sage.

Sampson, E. E. (1993). Identity politics: Challenges to psychology's understanding. *American Psychologist*, 48(12), 1219–1230.

Sampson, E. E. (2003). Unconditional kindness to strangers: Human sociality and the foundation for an ethical psychology. *Theory and Psychology*, 13(2), 147–176.

Santrock, J. W., MacKenzie-Rivers, A., Leung, K. H., & Malcomson, T. (2003). *Life-span development: First Canadian edition.* Toronto: McGraw-Hill Ryerson.

Scarborough, E., & Furumoto, L. (1987). *Untold lives: The first generation of American women psychologists.* New York: Columbia University Press.

Scarr, S., & Weinberg, R. A. (1976). IQ test performance of Black children adopted by White families. *American Psychologist*, 31(10), 726–739.

Schaller, J. (1856). *Leib und Seele* [Body and mind]. Weimar: Böhlau.

Schilling, G. (1851). *Lehrbuch der Psychologie* [Textbook of psychology]. Leipzig: Fleischer.

Schnädelbach, H. (1984). *Philosophy in Germany 1831—1933* (E. Matthews, Trans.). Cambridge: Cambridge University Press. (Original work published 1983)

Schumaker, J. F. (1996). Understanding psychopathology: Lessons from the developing world. In S. C. Carr & J. F. Schumaker (Eds.), *Psychology and the developing world* (pp. 180 - 190). Westport, CT: Praeger.

Schurig, V. (1976). *Die Entstehung des Bewußtseins* [The origin of consciousness]. Frankfurt am Main, Germany: Campus.

Sève, L. (1983). *Marxismus und Theorie der Persönlichkeit* [Marxism and theory of personality]. Frankfurt am Main, Germany: Marxistische Blätter. (Original work published 1972)

Sheets - Johnstone, M. (1994). *The roots of power: Animate form and gendered bodies*. Chicago: Open Court.

Shome, R., & Hegde, R. S. (2002). Postcolonial approaches to communication: Charting the terrain, engaging the intersections. *Communication Theory*, 12(3), 249 - 270.

Shotter, J. (1992a). "Getting in touch": The meta-methodology of a postmodern science of mental life. In S. Kvale (Ed.), *Psychology and postmodernism* (pp. 58 - 73). London: Sage.

Shotter, K. J. (1992b). Social constructionism: Relativism, moral sources, and judgments of adequacy. In D. N. Robinson (Ed.), *Social discourse and moral judgment* (pp. 181 - 205). San Diego: Academic Press.

Shouksmith, G. (1996). History of psychology in developing countries. In S. C. Carr & J. F. Schumaker (Eds.), *Psychology and the developing world* (pp. 15 - 25). Westport, CT: Praeger.

Shweder, R. (1995). Cultural psychology: What is it? In N. R. Goldberger & J. B. Veroff (Eds.), *The culture and psychology reader* (pp. 41 - 86). New York: New York University Press.

Siebeck, H. (1880). *Geschichte der Psychologie. Erster Theil, erste Abtheilung: Die Psychologie vor Aristoteles* [History of psychology. First part, first division: Psychology before Aristotle]. Gotha, Germany: Perthes.

Siebeck, H. (1884). *Geschichte der Psychologie. Erster Theil, zweite Abtheilung: Die Psychologievon Aristoteles bis Thomas von Aquino* [History of psychology. First part, second division: Psychology from Aristotle to Thomas Aquinas]. Gotha, Germany: Perthes.

Siebert, O. (1905). *Geschichte der neueren deutschen Philosophie seit Hegel: Ein Handbuch zur Einführung in das philosophische Studium der neuesten Zeit* (2. Aufl.) [History of the newer German philosophy since Hegel: A handbook for the introduction to the philosophical study of the most recent era (2nd ed.)]. Göttingen, Germany: Vandenhoeck & Ruprecht.

Sieg, U. (1994). *Aufstieg und Niedergang des Marburger Neukantianismus: Die Geschichte einer philosophischen Schulgemeinschaft* [The rise and fall of the Marburg school of Neo - Kantianism: History of a philosophical community]. Würzburg, Germany: Königshausen & Neumann.

Signorella, M. L., Vegega, M. E., & Mitchell, M. E. (1981). Subject selection and analyses for sex-related differences: 1968—1970 and 1975—1977. *American Psychologist*, 36(9), 988 – 990.

Simons, H. W., & Billig, M. (Eds.). (1994). *After postmodernism: Reconstructing ideology critique.* London: Sage.

Skinner, B. F. (1953). *Science and human behavior.* New York: Macmillan.

Skinner, B. F. (1971). *Beyond freedom and dignity.* New York: Knopf.

Slife, B. D., & Williams, R. N. (1997). Toward a theoretical psychology: Should a subdiscipline be formally recognized? *American Psychologist*, 52(2), 117 – 129.

Sloan, T. S. (1990). Psychology for the Third World? *Journal of Social Issues*, 46(3), 1 – 20.

Sloan, T. (1996a). *Damaged life: The crisis of the modern psyche.* London: Routledge.

Sloan, T. (1996b). Psychological research methods in developing countries. In S. C. Carr & J. F. Schumaker (Eds.), *Psychology and the developing world* (pp. 38 – 45). Westport, CT: Praeger.

Sloan, T. (Ed.). (2000). *Critical psychology: Voices for change.* New York: St. Martin's Press.

Smedslund, J. (1963). The concept of correlation in adults. *Scandinavian Journal of Psychology*, 4, 165 – 173.

Smedslund, J. (1988). *Psycho-logic.* Berlin: Springer – Verlag.

Smedslund, J. (1994). What kind of propositions are set forth in developmental research? Five case studies. *Human Development*, 37, 280 – 292.

Smedslund, J. (1995). Psychologic: Common sense and the pseudoempirical. In J. A. Smith & R. Harré & L. van Langenhove (Eds.), *Rethinking psychology* (pp. 196 – 206). London: Sage.

Smith, D. (1987). Women's perspective as a radical critique of sociology. In S. Harding (Ed.), *Feminism and methodology* (pp. 84 – 96). Bloomington: Indiana University Press.

Smith, M. B. (1994). Selfhood at risk: Postmodern perils and perils of postmodernism. *American Psychologist*, 49, 405 – 411.

Smith, R. (1997). *The Norton history of the human sciences.* New York: Norton.

Smith, J. A., Harré, R., & Langenhove, L. V. (Eds.). (1995). *Rethinking Psychology*. London, UK: Sage.

Snell, J. L. (1976). *The democractic movement in Germany*, 1789—1914 (edited and completed by H. A. Schmitt). Chapel Hill: University of North Carolina Press.

Spencer, H. (1972). In J. D. Y. Peel (Ed.), *On social evolution: Selected writings*. Chicago: University of Chicago Press.

Spivak, G. C. (1999). *A critique of postcolonial reason: Toward a history of the vanishing present*. Cambridge, MA: Harvard University Press.

Spranger, E. (1928). *Types of men: The psychology and ethics of personality*. Halle, Germany: Max Niemeyer. (Original work published 1914 under the title: Lebensformen: Geisteswissenschaftliche Psychologie und Ethik der Persönlichkeit)

Spranger, E. (1929). *Psychologie des Jugendalters (Elfte Auflage)* [Psychology of youth (11th ed.)]. Leipzig: Quelle & Meyer. (First edition published 1924)

Staats, A. W. (1981). Paradigmatic behaviorism, unified theory, unified theory constructionmethods, and the Zeitgeist of separatism. *American Psychologist*, 36(3), 239 - 256.

Staats, A. W. (1991). Unified positivism and unification psychology: Fad or new field? *American Psychologist*, 46(9), 899 - 912.

Staats, A. W. (1999). Unifying psychology requires new infrastructure, theory, method, and a research agenda. *Review of General Psychology*, 3(1), 3 - 13.

Staats, A. W., & Mos, L. P. (Eds.). (1987). *Annals of theoretical psychology* (Vol. 5). New York: Plenum.

Stack, G. J. (1983). *Lange and Nietzsche*. Berlin: De Gruyter.

Staeuble, I. (1985). "Subjektpsychologie" oder "subjektlose Psychologie:" Gesellschaftliche und institutionelle Bedingungen der Herausbildung der modernen Psychologie[Psychology with or without a subject: Social and institutional conditions of the emergence of modern psychology]. In M. G. Ash & U. Geuter (Eds.), *Geschichte der deutschen Psychologie im 20. Jahrhundert* [History of German psychology in the 20th century] (pp. 19 - 44). Opladen, Germany: Westdeutscher Verlag.

Sternberg, R. J. (2002). Everything you need to know to understand the controversies you learned from psychological research: A comment on the Rind and Lilienfeld controversies. *American Psychologist*, 57(3), 193 - 197.

Sternberg, R. J. (Ed.). (2005). *Unity in psychology: Possibility or pipedream?* Washington, DC: American Psychological Association.

Sternberg, R. J., & Grigorenko, E. L. (2001). Unified psychology. *American

Psychologist, 56(12), 1069—1079.

Stoffers, M. (2003). Münsterberg's nightmare: Psychology and history in fin-de-siecle Germany and America. *Journal of the History of the Behavioral Sciences*, 39(2), 163–182.

Stoltenberg, J. (1989). *Refusing to be a man: Essays on sex and justice.* Portland, OR: Breitenbush Books.

Stonequist, E. V. (1937). *The marginal man: A study in personality and culture conflict.* New York: Scribner.

Strong, A. M. (1913). Three hundred fifty white and colored children measured by the Binet – Simon measuring scale of intelligence: A comparative study. *The Pedagogical Seminary*, XX, 485–515.

Sue, S., & Zane, N. (1995). The role of culture and cultural techniques in psychotherapy: Acritique and reformulation. In N. R. Goldberger & J. B. Veroff (Eds.), *The culture and psychology reader* (pp. 767–788). New York: New York University Press.

Sullivan, E. V. (1984). *A critical psychology: Interpretation of the personal world.* New York: Plenum.

Tate, C., & Audette, D. (2001). Theory and research on "race" as a natural kind variable in psychology. *Theory and Psychology*, 11(4), 495–520.

Tavris, C. (1992). *The mismeasure of woman.* New York: Simon & Schuster.

Taylor, C. (1985). *Philosophy and the human sciences: Philosophical Papers 2.* Cambridge, UK: Cambridge University Press.

Taylor, C. (1989). *Sources of the self: The making of the modern identity.* Cambridge, MA: Harvard University Press.

Teo, T. (1993). *Theoriendynamik in der Psychologie: Zur Rekonstruktion von Wissenschaftsentwicklung am Fallbeispiel von Klaus Holzkamp* [Theory dynamics in psychology: On reconstructing science development using Klaus Holzkamp as a case example]. Hamburg: Argument.

Teo, T. (1995). Society, subject, and development: Analysis of categories in German critical thought. In I. Lubek, R. van Hezewijk, G. Pheterson, & C. W. Tolman (Eds.), *Trends and issues in theoretical psychology* (pp. 353–358). New York: Springer.

Teo, T. (1996). Practical reason in psychology: Postmodern discourse and a neo-modern alternative. In C. W. Tolman, F. Cherry, R. v. Hezewijk, & I. Lubek (Eds.), *Problems of theoretical psychology* (pp. 280–290). Toronto: Captus.

Teo, T. (1997). Developmental psychology and the relevance of a critical metatheoretical reflection. *Human Development*, 40(4), 195 - 210.

Teo, T. (1998a). Klaus Holzkamp and the rise and decline of German critical psychology. *History of Psychology*, 1(3), 235 - 253.

Teo, T. (1998b). Prolegomenon to a contemporary psychology of liberation. *Theory and Psychology*, 8(4), 527 - 547.

Teo, T. (1999a). Functions of knowledge in psychology. *New Ideas in Psychology*, 17 (1), 1 - 15.

Teo, T. (1999b). Methodologies of critical psychology: Illustrations from the field ofracism. *Annual Review of Critical Psychology*, 1, 119 - 134.

Teo, T. (2001). Karl Marx and Wilhelm Dilthey on the socio-historical conceptualization ofthe mind. In C. Green, M. Shore, & T. Teo (Eds.). *The transformation of psychology: Influences of 19th-century philosophy, technology and natural science* (pp. 195 - 218). Washington, DC: American Psychological Association.

Teo, T. (2002). Friedrich Albert Lange on neo - Kantianism, socialist Darwinism, and a psychology without a soul. *Journal of the History of the Behavioral Sciences*, 38, 285 - 301.

Teo, T. (2003). Wilhelm Dilthey (1833—1911) and Eduard Spranger (1882—1963) on the developing person. *Humanistic Psychologist*, 31 (1), 74 - 94.

Teo, T. (2004). The historical problematization of "mixed race" in psychological and human-scientific discourses. In A. Winston (Ed.), *Defining difference: Race and racism in the history of psychology* (pp. 79 - 108). Washington, DC: American Psychological Association.

Teo, T., Becker, G., & Edelstein, W. (1995). Variability in structured wholeness: Context factors in L. Kohlberg's data on the development of moral judgment. *Merrill Palmer Quarterly*, 41(3), 381 - 393.

Teo, T., & Febbraro, A. (2002). Attribution errors in the postmodern landscape. *American Psychologist*, 57, 458 - 460.

Teo, T., & Febbraro, A. (2003). Ethnocentrism as a form of intuition in psychology. *Theory and Psychology*, 13, 673 - 694.

Teo, T., & Goertzen, J. (2004). [Review of the book: Ape to Apollo: Aesthetics and the Idea of Racein the 18th Century]. *Journal of the History of the Behavioral Sciences*, 40, 339 - 341.

Titchener, E. B. (1914). On "psychology as the behaviorist views it." *Proceedings of the American Philosophical Society*, 53, 1 - 17.

Tolman, C. W. (1988). Theoretical unification in psychology: A materialist perspective. In W. J. Baker, L. P. Mos, H. V. Rappard, & H. J. Stam (Eds.),

Recent trends in theoretical psychology (pp. 29 – 36). New York: Springer – Verlag.

Tolman, C. W. (1989). What's Critical about Kritische Psychologie? *Canadian Psychology*, 30(4), 628 – 635.

Tolman, C. W. (1994). *Psychology, society, and subjectivity: An introduction to German Critical Psychology*. London: Routledge.

Tolman, C. W. (2001). Philosophical doubts about psychology as a natural science. In C. D. Green, M. Shore, & T. Teo (Eds.), *The transformation of psychology: Influences of 19th-century philosophy, technology, and natural science* (pp. 175 – 193). Washington, DC: APA.

Tolman, C. W., & Maiers, W. (Eds.). (1991). *Critical psychology: Contributions to an historical science of the subject.* Cambridge, MA: Cambridge University Press.

Toulmin, S., & Leary, D. E. (1985). The cult of empiricism in psychology, and beyond. In S. Koch & D. E. Leary (Eds.), *A century of psychology as science* (pp. 594 – 617). New York: McGraw – Hill.

Tseelon, E. (1991). The method is the message: On the meaning of methods as ideologies. *Theory and Psychology*, 1(3), 299 – 316.

Tucker, W. H. (1994). *The science and politics of racial research.* Urbana, IL: University of Illinois Press.

Ulman, J. D. (1996). Radical behaviourism, selectionism, and social action. In I. Parker & R. Spears (Eds.), *Psychology and society: Radical theory and pratice* (pp. 81 – 92). London: Pluto.

Unger, R. K. (1983). Through the looking glass: No wonderland yet! (The reciprocal relationship between methodology and models of reality.) *Psychology of Women Quarterly*, 8(1), 9 – 32.

Unger, R. K. (1988). Psychology, feminist, and personal epistemology: Transcending contradiction. In M. M. Gergen (Ed.), *Feminist thought and the structure of knowledge* (pp. 124 – 141). New York: New York University Press.

Unger, R. K. (1989). Sex, gender, and epistemology. In M. Crawford & M. Gentry (Eds.), *Gender and thought: Psychological perspectives* (pp. 17 – 35). New York: Springer – Verlag.

Unger, R. K., & Crawford, M. (1992). *Women and gender: A feminist psychology.* New York: McGraw – Hill.

Unger, R. K. (2001). Women as subjects, actors, and agents in the history of psychology. In R. K. Unger (Ed.), *Handbook of the psychology of women and gender* (pp. 3 – 16). New York: Wiley.

Ussher, J. M. (1989). *The psychology of the female body*. London: Routledge.

Vaihinger, H. (1876). *Hartmann, Dühring und Lange: Zur Geschichte der deutschen Philosophie im XIX. Jahrhundert* [Hartmann, Dühring, and Lange: On the history of German philosophy in the 19th century]. Iserlohn, Germany: Baedeker.

Volkmann, W. (1884). *Lehrbuch der Psychologie. Erster Band* (3. Aufl.) [Textbook of psychology(Vol. 1, 3rd ed.)]. Cöthen, Germany: Schulze.

Vygotsky, L. S. (1962). *Thought and language* (E. Hanfmann & G. Vakar, Trans.). Cambridge: MIT Press. (Original work published 1934)

Vygotsky, L. S. (1997). The historical meaning of the crisis in psychology: A methodologica Iinvestigation (R. Van der Veer, Trans.). In R. W. Rieber & J. Wollock (Eds.), *The collected works of L. S. Vygotsky, Vol. 3: Problems of the theory and history of psychology* (pp. 233–343). New York: Plenum.

Waitz, T. (1846). *Grundlegung der Psychologie* [Foundation of psychology]. Hamburg: Perthes.

Waitz, T. (1849). *Lehrbuch der Psychologie als Naturwissenschaft* [Textbook of psychology as a natural science]. Braunschweig, Germany: Vieweg.

Waitz, T. (1863). *Introduction to anthropology* (J. F. Collingwood, Trans.). London: Longman, Green, Longman, and Roberts. (Original work published 1858)

Walker, L. J. (1984). Sex differences in the development of moral reasoning: A critical review. *Child Development*, 55(3), 677–691.

Walkerdine, V. (1988). *The mastery of reason: Cognitive development and the production of rationality*. London: Routledge.

Walkerdine, V. (1993). Beyond developmentalism? *Theory and Psychology*, 3(4), 451–469.

Wallach, L., & Wallach, M. A. (2001). Experiments in social psychology: Science or selfdeception? *Theory and Psychology*, 11(4), 451–473.

Walsh-Bowers, R. (1995). The reporting and ethics of the research relationship in areas of interpersonal psychology, 1939–89. *Theory and Psychology*, 5(2), 233–250.

Walsh-Bowers, R. (1999). Fundamentalism in psychological science: The Publication Manual as Bible. *Psychology of Women Quarterly*, 23, 375–393.

Ward, S. C. (2002). *Modernizing the mind: Psychological knowledge and the remaking of society*. Westport, CT: Praeger.

Watson, J. B. (1913). Psychology as the behaviorist views it. *Psychological Review*, 20, 158–177.

Watson, J. B. (1928). *The ways of behaviorism*. New York: Harper & Brothers.

Watson, J. B. (1998). *Behaviorism*. New Brunswick, NJ: Transaction. (Original work published 1924)

Watson, J. B., & Rayner, R. (1920). Conditioned emotional reactions. *Journal of Experimental Psychology*, 3, 1–14.

Watson, R. I., & Evans, R. B. (1991). *The great psychologists: A history of psychological thought* (5th ed.). New York: Harper Collins.

Weidman, N. (1999). *Constructing scientific psychology: Karl Lashley's mind - brain debates*. Cambridge: Cambridge University Press.

Weikart, R. (1999). *Socialist Darwinism: Evolution in German socialist thought from Marx to Bernstein*. San Francisco: International Scholars Publications.

Weingart, P., Kroll, J., & Bayertz, K. (1988). *Rasse, Blut und Gene: Geschichte der Eugenik und Rassenhygiene in Deutschland* [Race, blood, and genes: History of eugenics and racial hygiene in Germany]. Frankfurt am Main, Germany: Suhrkamp.

Weiss, P. (1975). *Die Ästhetik des Widerstands* [Aesthetics of resistance]. Frankfurt am Main, Germany: Suhrkamp.

Weisstein, N. (1992). Psychology constructs the female, or the fantasy life of the male psychologist. In J. S. Bohan (Ed.), *Seldom seen, rarely heard: Women's place in psychology* (pp. 61–78). Boulder, CO: Westview.

Welsch, W. (1992). Topoi der Postmoderne [Topics of postmodernism]. In R. Fischer, A. Retzer, & J. Schweitzer (Eds.), *Das Ende der groß en Entwürfe* (pp. 35–55). Frankfurt am Main, Germany: Suhrkamp.

Welsch, W. (1995). *Vernunft: Die zeitgenössische Vernunftkritik und das Konzept der transversalen Vernunft* [Reason: The contemporary critique of reason and the concept of transversal reason]. Frankfurt am Main, Germany: Suhrkamp.

Westland, G. (1978). *Current crises of psychology*. London, UK: Heinemann.

Wexler, P. (1996). *Critical social psychology*. New York: Lang.

Wilbrand, J. F. J. (1858). *Lehrbuch der gerichtlichen Psychologie für Aerzte und Juristen* [Textbook of forensic psychology for physicians and jurists]. Erlangen, Germany: Enke.

Wilkinson, S. (Ed.). (1986). *Feminist social psychology: Developing theory and practice*. Milton Keynes: Open University Press.

Wilkinson, S. (1997). Feminist psychology. In D. Fox & I. Prilleltensky (Eds.), *Critical psychology: An introduction* (pp. 247–264). London: Sage.

Wilkinson, S. (2001). Theoretical perspectives on women and gender. In R. K. Unger (Ed.), *Handbook of the psychology of women and gender* (pp. 17–28). New York: Wiley.

Willey, T. E. (1978). *Back to Kant: The revival of Kantianism in German social and historical thought*, 1860—1914. Detroit: Wayne State University Press.

Willy, R. (1899). *Die Krisis in der Psychologie* [The crisis in psychology]. Leipzig: Reisland.

Wilson, E. O. (1975). *Sociobiology: The new synthesis*. Cambridge, MA: Belknap Press of Harvard University Press.

Windelband, W. (1958). *A history of philosophy* (2 volumes). New York: Harper & Row. (Original work published 1892)

Windelband, W. (1998). History and natural science (J. T. Lamiell, Trans.). *Theory & Psychology*, 8(1), 5 - 22. (Original work published 1894)

Winston, A. S. (1996). The context of correctness: A comment on Rushton. *Journal of Social Distress and the Homeless*, 5(2), 231 - 250.

Winston, A. (2001). Cause into function: Ernst Mach and the reconstruction of explanation in psychology. In C. D. Green, M. Shore, & T. Teo (Eds.), *The transformation of psychology: Influences of 19th - century philosophy, technology, and natural science* (pp. 107 - 131). Washington, DC: American Psychological Association.

Winston, A. (Ed.). (2004). *Defining difference: Race and racism in the history of psychology*. Washington, DC: American Psychological Association.

Wittgenstein, L. (1968). *Philosophical investigations* (G. E. M. Anscombe, Trans.) (3rd ed.). Oxford: Basil Blackwell. (Original work published 1953)

Wolff, C. (1912). Rational psychology (E. K. Rand, Trans.). In B. Rand (Ed.), *The classical psychologists: Selections illustrating psychology from Anaxagoras to Wundt* (pp. 229 - 231). Boston: Houghton Mifflin.

Wolff, C. (1968). *Psychologia empirica* (Gesammelte Werke Band 5, herausgegeben und bearbeitet von J. École) [Empirical psychology (Collected works, Vol. 5, edited by J. École). Hildesheim, Germany: Olms. (Original work published 1738)

Wolff, C. (1972). *Psychologia rationalis* (Gesammelte Werke Band 6, herausgegeben und bearbeitet von J. École) [Rational psychology (Collected works, Vol. 6, edited by J. École). Hildesheim, Germany: Olms. (Original work published 1740)

Wollstonecraft, M. (1985). *A vindication of the rights of woman*. London: Dent. (Original work published 1792)

Woodward, W. (1980). Toward a critical historiography of psychology with an appendix on resources for funding. In J. Brozek & L. J. Pongratz (Eds.), *Historiography of modern psychology* (pp. 29 – 67). Toronto: Hogrefe.

Woodward, W., & Ash, M. G. (Eds.). (1982). *The problematic science: Psychology in nineteenth century thought*. New York: Praeger.

Wundt, W. (1877). Philosophy in Germany. *Mind*, 2(8), 493 – 518.

Wundt, W. (1910). *Principles of physiological psychology*. London: Sonnenschein. (First English edition 1904; first German edition 1874)

Wundt, W. (1921). *Völkerpsychologie: Eine Untersuchung der Entwicklungsgesetze von Sprache, Mythus und Sitte. Erster Band: Die Sprache; erster Teil* (4. Auflage) [Folk psychology: An investigation of the developmental laws of language, myth, and custom. Volume 1: Language, first part (4th ed.)]. Stuttgart: Kröner.

Wygotski, L. (1985). Die Krise der Psychologie in ihrer historischen Bedeutung [The crisis of psychology in its historical significance]. In L. Wygostki (Ed.), *Arbeiten zu theoretischen und methodologischen Problemen der Psychologie: Ausgewählte Schriften, Band 1* [Works on theoretical and methodological problems of psychology: Selected writings, Vol. 1) (pp. 57 – 277). Berlin: Volk und Wissen.

Yanchar, S. C., & Slife, B. D. (2000). The problematic of fragmentation: A hermeneutic proposal. *Journal of Mind and Behavior*, 21(3), 235 – 242.

Yee, A. H., Fairchild, H. H., Weizmann, F., & Wyatt, G. E. (1993). Addressing psychology's problem with race. *American Psychologist*, 48(11), 1132 – 1140.

Zuckerman, H., Cole, J. R., & Bruer, J. T. (1991). *The outer circle: Women in the scientific community*. New York: Norton.

Zygowski, H. (Ed.). (1993). *Kritik der Mainstream – Psychologie* [Critique of mainstream psychology]. Münster, Germany: Bessau.

主题索引①

暗箱 96
巴黎模式 147
北美传统 135，137，149
北美心理学 3，4，34，38，40，50，68，70-71，74，78，85，89-92，98，101，111，113，124，135，140，157，162，167，169，170，177
本体论 vii，22，28，31，33，37，38，44，92，127，150，158-162
本土心理学 4，5，170，178
编年史 2
辩证唯物主义 95，98，99，111
不纯粹的自然科学 49
不连续性 8，9，10，11，19
差异对相似的视角 116，122，127
传记史 2
传统心理学史 1，3，9
纯粹的自然科学 49
存在的问题 vii，4，14，31，37，75，89，91，92，107，127，140，149
道德 149
道德维度 11，25，57，89，91
德国心理学 14，16，34，39，40，41，42-44，64，85-89，101，103，106

地域性真理 109，140
定量心理学 25，91，128，129-131
定性心理学 25，27，128，129-131，142
动物心理学 57，67，68，99
  对其的后殖民主义批判 158，162
  对其的批判 32，33，41，70，74，79-80，104，107，111，113，140，145
  对其的批判 59-76，94-101
  对其的批判 68-72
  对其的批判 vii，2，4-5，7，9，38，111，127，131，132，153-180
对心理学相关性的批判 115，116，121-124
对研究主题的女性主义批判 116，121-124
对之的批判 32，33，36，42，70，74，82，107，140
对主流心理学的女性主义批判 38，113-134，168
对主流心理学的批判 135-153
多元文化心理学 162
二元论者 183，184

---

① 本索引的每个条目后所附数码为原文页码，即中文版边码。

发展 vii，11
发展心理学（和） 29，85，88
法国心理学 110-112
法则性知识 27，37
范式 5-6，9，15，33，54，107，117
方法论 16，22
    方法论崇拜 36，140
    方法论律令 36，140
    方法论批判 115，116，129-134
    方法论中心主义 36，37，91，100，140
非积累性发展 5，6
非裔美国心理学家 5
分析的心理学 23，42，72，77
符合论（和） 16，189
概念心理学 105
感觉 137
感觉 65，77，82，94
个性心理学 90
公共的和能动的研究 130，131
共情 84，87
构建差异 164
关怀劳动 125，127
官能心理学 42-44，45，50，51-54，57，162
后现代心理学 26，135，136，140，141，142，149，150
后现代主义 vii，2，3，10，20，26，92，109，132，135，136，137，142，149，153
后殖民主义 20，26，50，139
后殖民主义心理学 29，153，160，168，177-180
厚今论的历史主义 11
互动主义者 184
话语分析 16，137

混血种族 8，174
机能主义 27，74
激进女性主义 116
记忆 9，22，43，44，45
价值 181-183，185-190
假设检验（和） 35，37，43
建构主义 102
结构心理学 24，82，86
结构主义 21，27，74，86
解放心理学 105，177-180
解释学 78，84-89，92
解释学认识论 27，69，78
进化心理学 74，95，106-108
经济全球化 161
经验-分析的科学（和） 25
经验心理学（也见经验主义） 16，20，23，37，41，42，44-46，49-52，56，66，91
经验研究 35，102
经验主义崇拜 36
精神分析与伦理政治心理学 74
精神生活格式塔 82
静态客观性对动态客观性 120，131
考古学 8，9，15，143
科学一元论者 183
科学哲学 102，136，186
科学种族主义 155-158，164-165，174，185，186
客观精神 79-80，82，83
客观性（和） 26，35，66，79
跨文化心理学（和） 161，167-169
莱比锡模式 147
理解 83-87
理性 42，45
理性心理学 23，42，44-49，52，54，56

主题索引 | 247

历史编纂学　1，2，3，5，13，19，40，59，80
历史的-经验的方法　108
历史-分析的科学　25
历史-解释的科学　25
历史主义　11-12
历史主义的厚今论　11
灵魂　23，42-45，46-54，56，57-58，60-62，65-66，68，71，157，187
颅相学　58，61，62，63
伦理　148-150（也见伦理政治领域）
伦理政治立场（和）　160
伦理政治心理学　16，20，25，26，27，28，32，37-38，55，103，105，149-150，153，181-190
伦理政治心理学　188，189
逻各斯中心主义　138
逻辑经验主义　27，69
马克思主义　5，3，20，21，26，38，75，125，127，130，136，139，144，149，151
马克思主义心理学批判　93-112
美学与解放　136，151-153
描述特征的心理学　25
描述心理学　23，73，77，81，82，83，87
民族心理学　24，67，176
民族中心主义　4，36，67，91，162，163，167，172，180
谬误推理　47-49
母性思维　125
内部主义解释　vii，117
内容心理学　81
女性的认知方式　128
女性主义　vii，2，3，8，20，21，25，109，137，139
女性主义的后现代主义　116，127-132
女性主义对科学的批判　117-121
女性主义解放心理学　132
女性主义经验论　116，120-124，129-131，132-133，162
女性主义理论　3，14
女性主义立场理论　116，121-124，132
女性主义心理学　29，116，129，162
欧陆传统　135，149
欧美心理学　5，166，172
批判　77-92
批判理性主义　5，27
批判视角（和）　26
批判心理学（也见伦理—政治心理学）　20，21，25-28，29，31，36，37-38，51，101，102，105，106，109，143
平行主义者　184
普遍的　37，42，58，91，109，126，128，132，133，149，150，160，163，167，170，188，189
谱系学　8
躯体方法　66，88
权力　6，8，9，10，31，35，118，132，144，147，151，189
缺乏统一（性）　12，33，34，75-76，91，98，100，107，138，139
人本主义心理学　24，27，78，91
人格　28，48，85，95，99，111，120，131，165，167，172
"人类的实践"与权力　96，106
人类学　6，12，34，50，56，58，64，66，74，96，97，106，137，159，174，175
人文—科学心理学　20-25，26，27，

29-30，30-31，33，35，36，38，77
人文科学　73，78-79，81，84，85
认识论　vii，12，21，25，61，104
认识论的观念论者　62，66
认同　8，22，48，90，132，148，160，184
认知　50，53，78，81，86，94，118，128，160
认知心理学　6，7，27，60，73，75
三势力心理学　25
　社会建构论　9，10，12，92，102，132，140
　社会生物学　74
　社会心理学　28，29，37，65，99，150，157
　生理心理学　27，62，63，66，69，71，72，75，86，187
　生物心理学　27
　时代精神　1-3，5，70，94，176
　实验心理学　24，26，28，34，40，41，78，81，83，102，110，187
实用(主义)心理学　56，65，107，149，150
实在主义视角　34
实证主义认识论(也见自然科学心理学)　27，34，62
数学心理学　53，56，63-64
思辨心理学　23，60，64
通史　13，14
统计　67-68，88
突现　184
外部主义解释　vii，117
伟人　1，3，7
伟人主义的和自然主义的　2
文化女性主义　116
文化心理学　25，161

文化中心主义　163-171
问题化　8，31，143，172-177
问题科学　32-33
问题取向的历史学　2
先验观念论　48
先验实在论　48
现代性　136，137，142-143，149，153
现象学　27，78，92，109，116
现状　27，35，54，55，59，107，132，189
相对主义　140，148，150
想象　74，45，50，52，94，97，98
心理(学)规律　52，79，81，84，87，90，100
心理范畴　107-108，109，110，141，159，163，188
心理物理学　63，64，110
心理学的全球化　161
心理学的相关性　17，29，32，38，54，57，75，91，104，105，115
心理学的主题(也见心理学的范畴)　16，28，30，32，36，65，66，68，69，70，77，79，80，92，106，107，141
心理学化　12
心理学批判史　1，2，6，7，9，11，12-13，14，15，54，56，57，89
心理学危机　28，29，69，98-101，107
心理学新史(也见心理学批判史)　3，4
心理学中的新殖民主义　160，165-172
心理学中的性别偏见　113，114-119，121，124-127，129，131
心理学中缺乏代表性　3，4，29，38，113，114
心身问题　6，44，52，55，63，86，111，125，183
新马克思主义　103

主题索引 | 249

行为学的心理学 73

行为主义 6，14，21，25，27，31，34，60，69-75，89，98，99，111，112，120，184

形而上学心理学 20，23，44，64，70，138

性别 3，50，162

性别差异 115，122，123，124，127，128，132，133

性别歧视 7，114，117，121-124，130

性别心理学 115，122，127，129

性存在 12，98，144，147，151-153

修辞 vii，6，14，15，100，118，137，141

修正主义历史学 4

学术心理学 2，4，14，15，2，23，26，27，30，31，42，54，59，71，78，89，91，136，166

循环（的）历史学 9

医学心理学 58，63

以男性为中心的思想 117-121，122，124-129，133

意志 42，65，68

英国心理学 64-65

优生学 157，188

语言 65，67，69，70，72，96，138

元素心理学 24，86

元叙事 136，138-140，153

展演心理学 153

哲学心理学 16，20，24，39，41，42，58，95，96

哲学元叙事 139

争议 72-76

政治心理学家 26，38，55，150，181，182，186，187

政治一元论者 183

政治元叙事 139

知觉 22，44，45，59，65，94，99，106，151

知识全球化 161

殖民主义 133，136，155，156，160-162，163，164，166，173，177，178，188

制定法则的心理学 24，26，105

种族主义 4，5，7，8，31，38，130，133，136，144，157，164-165，175，188

主观精神 80，83，94

主流心理学 14，20，21，172

主体性（和） 26，35，66，67，86，87，88

专门史 13，14

自然—科学心理学 20-24，27，29-30，31-38，42，43，54，54-56，58，77

自由女性主义 115，116，121-122，123

综合的心理学 23

作为创造的感念（也见社会建构主义） 100，141

"有罪的判决" 9

"真理" 189-190

"种族"概念 155，164，165

Translation from the English language edition:
The Critique of Psychology.
From Kant to Postcolonial Theory by Thomas Teo
Copyright 2005 Springer Science＋Business Media Inc.
All Rights Reserved.

图书在版编目(CIP)数据

心理学的批判：从康德到后殖民主义理论／（加）托马斯·梯欧著；王波，曹富涛译. —北京：北京师范大学出版社，2020.10
(2023.5重印)
（批判与马克思主义心理学丛书／王波主编）
ISBN 978-7-303-25934-2

Ⅰ.①心… Ⅱ.①托… ②王… ③曹… Ⅲ.①心理学史—研究—世界 Ⅳ.①B84-091

中国版本图书馆 CIP 数据核字(2020)第 106528 号

北京市版权局著作权合同登记号：图字 01-2016-5153

图 书 意 见 反 馈	gaozhifk@bnupg.com 010-58805079
营 销 中 心 电 话	010-58807651
北师大出版社高等教育分社微信公众号	新外大街拾玖号

XINLIXUE DE PIPAN:CONG KANGDE DAO HOU ZHIMIN ZHUYI LILUN

出版发行：北京师范大学出版社　www.bnupg.com
北京市西城区新街口外大街 12-3 号
邮政编码：100088

印　　刷：	北京虎彩文化传播有限公司
经　　销：	全国新华书店
开　　本：	710 mm×1000 mm　1/16
印　　张：	16.5
字　　数：	230 千字
版　　次：	2020 年 10 月第 1 版
印　　次：	2023 年 5 月第 2 次印刷
定　　价：	84.00 元

策划编辑：周益群	责任编辑：林山水
美术编辑：李向昕	装帧设计：丛　巍
责任校对：李云虎	责任印制：马　洁

版权所有　侵权必究
反盗版、侵权举报电话：010-58800697
北京读者服务部电话：010-58808104
外埠邮购电话：010-58808083
本书如有印装质量问题，请与印制管理部联系调换
印制管理部电话：010-58805079